COLLECTION MICHEL LÉVY

ŒUVRES COMPLÈTES

DE

HENRY MURGER

ŒUVRES COMPLÈTES
D'HENRY MURGER

Publiées dans la collection Michel Lévy

SCÈNES DE LA VIE DE BOHÊME...................	1 vol.
SCÈNES DE LA VIE DE JEUNESSE..................	1 —
LES VACANCES DE CAMILLE.....................	1 —
LE PAYS LATIN...............................	1 —
SCÈNES DE CAMPAGNE..........................	1 —
LES BUVEURS D'EAU...........................	1 —
LE DERNIER RENDEZ-VOUS......................	1 —
LE ROMAN DE TOUTES LES FEMMES...............	1 —
PROPOS DE VILLE ET PROPOS DE THÉATRE.........	1 —
LE SABOT ROUGE..............................	1 —
MADAME OLYMPE...............................	1 —

LES NUITS D'HIVER, poésies complètes, 3ᵉ édition. Un vol. grand in-18.

LA VIE DE BOHÊME, comédie en cinq actes.
LE BONHOMME JADIS, comédie en un acte.
LE SERMENT D'HORACE, comédie en un acte.

BALLADES ET FANTAISIES, un joli volume in-32.

F. AUREAU. — IMPRIMERIE DE LAGNY

LES
BUVEURS D'EAU

PAR

HENRY MURGER

NOUVELLE ÉDITION

PARIS

MICHEL LÉVY FRÈRES, ÉDITEURS

RUE VIVIENNE, 2 BIS, ET BOULEVARD DES ITALIENS, 15

A LA LIBRAIRIE NOUVELLE

—

1870

Droits de reproduction et de traduction réservés

A

MONSIEUR PORCHER

INTRODUCTION

Il exista autrefois sous le nom singulier de *Buveurs d'eau* une petite société de jeunes gens qui, associant leurs espérances et leurs travaux, avaient entrepris de rétablir dans la vie d'artiste les traditions de travail indépendant et sérieux, qui s'oublient si facilement surtout quand elles ont à lutter contre les entraînements de la vogue passagère, ou contre les séductions de l'industrie. Les fondateurs de cette petite église solitaire avaient été poussés au-devant les uns des autres par le hasard des grandes villes. Tous enfants de familles pauvres, ils avaient commencé de bonne heure l'apprentissage des privations. Déjà laborieux à un âge encore voisin de l'époque des jeux, ils réfléchissaient pendant le temps réservé à l'insouciance. La fraternité qu'ils avaient cru reconnaître dans leurs goûts, la ressemblance dans leurs précédents, une sympathie éprouvée et prouvée furent d'abord les premiers liens de leur association que devait plus tard consolider un règlement. Entrés dans une carrière dont les difficultés sont proverbiales, et placés dans les conditions les plus défavorables pour y réussir, les Buveurs d'eau devaient affronter des souffrances que nous nous proposons de retracer avec la rigidité du procès-verbal. En étudiant ainsi la vie d'artiste dans un milieu particulier, notre dessein n'est pas d'entreprendre la glorification d'une certaine classe de parasites qui ont rendu le titre d'artiste si banal et si peu respecté en s'en emparant, les uns pour couvrir leur désœuvrement, les autres leur incapacité. Le groupe que nous avons l'intention de mettre en scène se composait de jeunes gens véritablement doués d'une vocation réelle qui n'avait pu être fécondée par l'étude dès l'instant où elle s'était révélée; mais ils avaient du moins la bonne foi de reconnaître cette infériorité, et c'était à la faire disparaître qu'ils appliquaient leurs efforts.

Le principal défaut des membres de cette association, c'était leur parti pris d'isolement. En se restreignant volontairement dans le cercle d'une existence uniforme, en demeurant comme ils le faisaient à l'écart de toute relation extérieure, ils perdaient nécessairement l'avantage de rencontrer ces occasions qui viennent quelquefois si utilement placer une échelle sous le pied de ceux qui tentent l'assaut des obstacles. Dans les habitudes de la vie moderne, et quand il n'est pas sorti de sa phase d'obscurité, l'artiste doit réunir au talent qui peut produire une œuvre l'intelligence et l'activité nécessaires pour la mettre en évidence. Il existe pourtant certaines natures qui reculent devant les exigences de la vie pratique. Incapables de tenter aucun effort pour constater leur existence, soit par indolence naturelle ou par ignorance des moyens à employer, elles prolongent ou perpétuent cet état d'anonymité qui est au talent ce que le boisseau est à la lumière. Les Buveurs d'eau appartenaient à cette race de solitaires obstinés auxquels suffisent les jouissances de la vie contemplative. Reclus dans la pratique de leur art, le monde finissait pour eux aux murailles de leur chambre ou de leur atelier ; aussi devaient-ils subir l'influence de l'incognito, atmosphère malsaine qui engourdit les plus actifs, qui aigrit les plus pacifiques, qui asphyxie quelquefois. A des gens séquestrés volontairement dans un lieu étroit et renfermé qui se plaindraient de manquer d'air, le premier venu répondrait : — Ouvrez la fenêtre ! Lorsque les Buveurs d'eau découragés laissaient, pour toute récrimination contre leur destinée, échapper cette plainte banale : Nous n'avons pas de chance ! on aurait pu leur répondre : — Ouvrez la porte ! car non-seulement ils la tenaient fermée, mais encore ils poussaient pour ainsi dire le verrou à l'intérieur.

Si nous avons rappelé ici quels principes dirigeaient cette singulière société, c'est qu'ils serviront plus d'une fois à expliquer ces luttes douloureuses de l'intelligence avec la nécessité, au milieu desquelles nous ramènent les récits qu'on va lire.

Avril 1855.

H. M.

LES BUVEURS D'EAU

I

FRANCIS

I. — LE DÉBUT.

Le personnage qui tient la plus grande place dans notre premier épisode, entraîné dès l'adolescence par des relations de camaraderie, avait voulu suivre la carrière des arts malgré l'opposition qu'il avait rencontrée dans sa famille. Francis Bernier s'était livré à l'étude de la peinture. Brouillé, par suite de cette obstination, avec ses parents, qui n'étaient d'ailleurs pas en état de le subventionner pendant le temps de ses études, il ne tarda pas à se trouver en face de cette fameuse *vache enragée* qui, dans la langue du peuple, symbolise la misère. Habitué à l'aisance, choyé dans sa famille par la tendresse d'une mère qui prévoyait ses besoins et se montrait avec joie docile à tous ses caprices, Francis ne put s'empêcher de trouver la transition un peu brutale, lorsqu'il se trouva abandonné à ses propres ressources. Cependant la vaine gloriole, qui, bien plus que l'amour de l'art, est le mobile des esprits vulgaires et le véritable motif des vocations improvisées, retint Francis au moment où il allait retourner en arrière. L'entourage au milieu duquel il vivait lui vanta les charmes de cette vie hasardeuse, dans laquelle on trouvait seulement la véritable indépendance, et comme Francis mettait en doute les avantages d'une liberté qui était à la veille de le faire coucher à la belle étoile et qui lui rognait ses portions tous les jours, on lui fit comprendre que cette existence dégagée des servitudes matérielles était une source de poésie intarissable, une atmosphère propice aux développements de l'imagination. Ces luttes quotidiennes avec les nécessités, on les lui présenta comme des épreuves naturelles, qui étaient au talent ce que la trempe est à l'acier. De même que le combat fait le guerrier, on lui fit entendre que cette existence faisait l'artiste ; puis, comme il n'était pas absolument convaincu, on le lui prouva avec des chansons. On le grisa avec les paradoxes malsains qui sont le fil en quatre de l'esprit et qui étourdissent si promptement les jeunes cerveaux.

Francis s'était d'abord effrayé de cette façon négative de vivre. Bientôt il finit par se réjouir et supporta gaiement les rudes épreuves de son apprentissage. Il travaillait du reste avec l'ardeur emportée de tous ceux qui commencent. De même que l'amour, l'art aussi a sa lune de miel. Les premières fatigues du travail ont le charme passionné des premiers jours de la possession. Dans cette période de fougue, les privations que Francis était obligé de supporter lui semblaient douces ; il les considérait comme autant de sacrifices dont il serait amplement dédommagé plus tard.

Accueilli sans rétribution dans l'atelier d'un maître célèbre, Francis y travaillait depuis deux ans. Un jour, après la leçon, son maître le prit à part. — Mon ami, lui dit-il, vous n'avez pas de fortune ; mais quand vous êtes venu ici pour la première fois, vous paraissiez avoir bonne volonté : c'est à cette considération que je vous ai reçu dans mon atelier. Voici deux ans que vous y travaillez ; c'est plus de temps qu'il ne me faut d'ordinaire pour formuler une opinion sur le compte d'un de mes élèves. Vous ne serez jamais un artiste. Vous agirez donc sagement en renonçant à la peinture. Vous êtes jeune encore ; vous pouvez entreprendre une nouvelle carrière et y réussir, si vous y appliquez tout le courage que je vous vois dépenser inutilement depuis que je vous connais. A compter de demain, votre place sera prise dans l'atelier.

Le moment était mal choisi pour parler ainsi à Francis, qui se croyait au contraire dans une voie excellente. Il préféra donc supposer que son maître était las de le recevoir gratis dans son atelier. Cette révélation, qui devait l'arrêter, au lieu d'être un obstacle, lui devint au contraire un éperon. Pour acquérir une conviction qui le consacre à ses propres yeux, pour donner un démenti au doute qui l'assiége, il arrive quelquefois que l'artiste s'inocule une excitation, passagère comme toute force factice, mais cependant suffisante pour produire une œuvre dans laquelle on sent palpiter quelque chose de la fièvre qui l'a inspirée. Ce fut ce qui arriva pour Francis. Il acheva en très-peu de temps deux toiles qui formaient un contraste étrange avec ses productions ordinaires. C'était de la peinture tourmentée outre mesure, inhabile, grossière, tapageuse à l'œil ; mais enfin c'était de la peinture. Les défauts et les qualités se montraient avec la même audace dans ces œuvres, qui n'étaient ni excellentes ni même bonnes ; mais il était réellement impossible de passer devant sans s'arrêter, car elles accrochaient le regard. Beaucoup de gens, après examen, ne se rendaient pas compte de cette attraction, et pourtant ils l'avaient subie.

Dès lors Francis ne douta plus de sa vocation, et comment aurait-il pu en douter encore en entendant le bruit soulevé autour de lui par ses camarades? Ces groupes de jeunes gens, que des liaisons de hasard, de plaisir ou de sympathie réunissent autour d'une même espérance, qu'elle soit chimérique ou probable, sont très-communs à Paris. On comprend ces associations;

l'isolement est un mauvais conseiller de découragement : il est bon, après une journée de travail, de serrer quelques mains amies, de vivre quelques moments dans un centre d'esprits fraternels. Aux heures de faiblesse, on puise une force nouvelle dans la persévérance commune, et le soir, en rentrant dans sa solitude, on s'y trouve moins abandonné ; l'œuvre quittée avec tristesse est revue avec plaisir. On s'endort gaiement au souvenir d'une causerie amicale qui a semé de bons rêves sous votre oreiller; le lendemain matin, on se relève plus fort que la veille,— l'esprit plus sain, la main plus agile. C'est là le bon côté de l'association ; mais, pour qu'elle produise ces utiles résultats, il faut que les membres qui la composent aient une valeur réelle, une intelligence sérieuse, et que leur sympathie procède avec une salutaire franchise. Rien de plus misérablement ridicule que les gens qui font de leurs œuvres une sébile à mendier l'éloge ; rien de plus dangereux que les gens qui s'en montrent prodigues, c'est faire le généreux avec de la fausse monnaie. Malheureusement la franchise est rare. Les gens qui se connaissent le plus intimement, et qui entre eux devraient avoir leur franc parler, semblent se ménager par un accord tacite ; s'ils essaient quelques critiques, ils ont soin de les émousser, probablement avec l'espérance qu'on usera, le cas échéant, de la même précaution à leur égard. La vanité, c'est le mal de tous ;

il y en a qui en meurent, mais le plus grand nombre en vit.

Les amis de Francis poussèrent donc des cris d'admiration. Tant que le succès doit rester entre eux, les jeunes gens aiment volontiers ces glorifications à huis clos. Confondus dans une même obscurité, ils trouvent une sorte de satisfaction à proclamer le succès d'un des leurs. C'est une espèce de menace avec laquelle ils pensent inquiéter ceux-là qui possèdent déjà une réputation dans le public. — Quand le tableau de *** sera exposé, on verra un peu, disent les uns ; quand le livre de *** sera publié, on verra un peu, disent les autres. — Le tableau est exposé, le livre se publie, et le plus souvent l'un n'est pas remarqué, l'autre n'est pas lu. Si le contraire arrive, si le public renouvelle avec un bruyant écho le succès préparé dans l'intimité de la camaraderie, il se produit alors un brusque revirement, et les camarades font la solitude autour du nouvel élu de la foule.

En attendant, les amis de Francis préparaient à ses pas un chemin pavé d'hyperboles. Où il aurait fallu dire : Ce n'est pas mal, ou seulement : C'est bien, on criait à la merveille, au miracle. On lui versait à pleine coupe le vin de l'enthousiame frelaté. Pour dernier triomphe, le hasard voulut qu'un marchand entendît parler de ses tableaux. Il vint les voir. Le marchand avait la vogue parmi cette étrange clientèle pour laquelle les œuvres d'art ne sont ordinairement qu'un accessoire du mobilier, et qui abandonne à son tapissier le soin de lui choisir une *galerie* et une bibliothèque. Cet homme, qui faisait de bonnes affaires, grâce à ses nombreuses relations, avait une boutique placée bien en vue dans un riche quartier. L'exposition dans sa montre constituait une quasi-publicité. Il achetait volontiers à bas prix des peintures de rebut qui ne pouvaient avoir accès parmi les amateurs sérieux, mais dont il trouvait le placement dans les boudoirs de la haute galanterie. Il aimait, disait-il, à lancer les jeunes gens auxquels il reconnaissait cette médiocrité souple et féconde qui produit vite et travaille sur commande. Ce mauvais lieu artistique avait des allures de mont-de-piété. Les jours où la nécessité marchait sur leurs talons, les artistes venaient y consigner des tableaux, contre lesquels ils recevaient une misérable avance. Si la somme n'était pas restituée au bout d'un certain temps, toujours très-limité, la consignation demeurait la propriété du marchand, et c'était ce qui arrivait le plus souvent. Il ouvrait en outre des crédits pour des fournitures qui pouvaient être remboursées en œuvres d'art, et par ce moyen, chaque année, il devenait possesseur d'un grand nombre de tableaux destinés à l'exposition, avant même qu'ils eussent quitté le chevalet. C'était de l'usure déguisée en protection. Néanmoins, bien que tous ces piéges fussent connus, il ne manquait pas de gens qui venaient s'y livrer **volontairement**, et qui croyaient encore lui devoir de la reconnaissance.

Ce personnage était en train de faire une belle fortune; aussi tranchait-il de l'important : il prenait des attitudes de Mécène, faisait ses affaires en voiture, et ne marchait jamais sans avoir sur lui le filet d'or avec lequel on pêche les bonnes occasions. Quand il entrait dans un atelier, les tableaux tremblaient à la muraille, comme les meubles qui devinent l'approche de l'huissier. — Je prends vos tableaux, dit-il à Francis ; c'est peut-être une affaire chanceuse. Vous n'êtes pas connu, mais vous avez une certaine manière extravagante qui me décide à traiter. Si on vous achète, je croirai que votre peinture est bonne, et je vous *donnerai* du talent. Voilà vingt-cinq louis. C'est une folie, mais je suis téméraire. Achetez-vous des habits pour venir me voir, — je tiens à ce que mes artistes soient bien mis, — et procurez-vous un fauteuil ; que je puisse au moins m'asseoir quand je viendrai chez vous. Travaillez. Si vous vous mettez au *goût du jour*, je vous avancerai de l'argent sur des toiles blanches, et je vous les fournirai par-dessus le marché.

Le marchand prit les deux tableaux sous son bras, tira de sa poche la somme promise, la jeta sur la table avec son adresse et sortit, laissant Francis ébloui par le rayonnement des vingt-cinq pièces d'or. Les poëtes, qui sont ordinairement les courtisans du mensonge, ont répété dans toutes les formes lyriques connues que la plus douce musique humaine était le son des premières paroles de la première femme qu'on a aimée. C'est là plutôt un madrigal qu'une vérité. Pour un artiste, surtout s'il est pauvre, si dans son obscurité patiente il s'est demandé cent fois, découragé en regardant son œuvre : — Toi qui dois me faire vivre, vis-tu toi-même ? ai-je en moi le souffle qui anime les créations de l'art ? et si je le possède, ai-je su te le communiquer ? — pour celui-là qui aux souffrances du labeur incertain a vu s'ajouter les fatigues, les privations, tous les maux qui s'engendrent et affaiblissent le corps, ce dur tyran de l'esprit, la plus douce musique sera celle du premier argent qu'il recevra en échange de son travail. Il y a tant de bonnes promesses dans cette mélodie intime de l'argent qui tombe pour la première fois entre les mains qui l'ont gagné, la somme ne pût-elle servir qu'à acheter des rubans verts à la muse de l'espérance !

Francis allait souvent stationner devant la boutique du marchand, pour observer l'effet que sa peinture produisait sur le public. Les opinions variaient selon la nature des gens composant les groupes, qui se renouvelaient. Quelquefois, si les critiques eussent eu des flèches, les deux toiles auraient été réduites en charpie. Dans d'autres instants, elles excitaient de bruyantes sympathies qui s'exprimaient avec une exagération tantôt raisonnée, le plus souvent ignorante Le nom de Francis, inscrit sur un cartouche ajouté aux cadres, était répété avec dédain par les uns, avec intérêt par les autres, avec curiosité par le plus grand nombre. Mettre pour la première fois son nom dans la bouche d'un de ces flâneurs parisiens qui semblent avoir le don d'ubiquité, c'est jeter un cri à l'écho ou confier un secret à une femme. Trois jours après l'exposition de ses tableaux, Francis put aspirer avec délices les premières bouffées de la célébrité. Ayant donné son adresse dans une boutique située dans le voisinage du marchand de tableaux, pour que l'on portât chez lui l'acquisition qu'il venait de faire, le maître du magasin releva la tête en inscrivant son nom, et le complimenta à propos de sa peinture, qu'il avait vue en passant. Le lendemain, dans un café, il fut témoin d'une discussion engagée à propos de lui par deux jeunes gens qu'il reconnut pour des confrères. Enfin, peu de jours après, le marchand qui lui avait promis de lui *donner* du talent tenait sa promesse, et lui adressait un petit journal d'art contenant une réclame en faveur de ses œuvres. Francis courut chez ses amis en secouant la feuille imprimée, fier comme un soldat qui a conquis un drapeau. Sa joie trouva peu d'échos; ceux-là mêmes qui s'étaient montrés le plus chauds à le louer mirent des sourdines à leurs félicitations; puis vinrent les restrictions du pédantisme qui parle à lèvres pincées et se montre avare de paroles, comme si chaque mot était perle ou diamant ; puis les conseils d'amis, les poignées de mains qui n'osent pas encore se faire griffes, et sur cinq doigts n'en offrent qu'un ; les sourires jaunes dans une bouche qui semble mâcher du citron vert ; tous les faux-fuyants de manières et de langage au fond desquels se tord, rampe et siffle, comme un plat reptile caché dans les broussailles, la souple, lâche et venimeuse bête de l'envie, qui prépare son poison avant de mordre.

Bien qu'il fût peu expérimenté, Francis aurait pu trouver la véritable cause du changement qu'il remarquait parmi ses camarades : mais comme il craignait, en remontant à la source, de découvrir quelque raison vile à ce refroidissement, il préférait ne point y prendre garde, et continuait à les fréquenter, en leur témoignant la même amitié. Deux raisons bien différentes l'empêchaient de rompre des relations dans lesquelles, d'un côté du moins, la franchise avait disparu. — Où irai-je, se demandait Francis, si je ne vais pas chez eux ? — Ah ! l'habitude, lien invisible, auquel chaque jour ajoute un fil qui le rend plus fort, et contre lequel la volonté de l'homme est cent fois impuissante, quand il veut échapper à cette captivité morale !

Et puis il faut tout dire : si l'affection qui l'attachait à quelques-uns de ses camarades était atteinte par leurs façons d'agir et de parler, la vanité, ce vorace cancer qui fait pâture de tout, trouvait amplement à se repaître dans ces témoignages d'envie qu'il excitait chaque jour parmi ses amis — car l'envie est la louange à l'état aigu. Envier quelqu'un, c'est le blesser avec une flèche trempée dans un baume qui porte une jouissance. De son trésor inattendu, une partie avait été dévorée par les dettes contractées dans les jours difficiles. Francis était jeune, il avait été élevé dans des idées qu'il avait souvent entendu qualifier de mesquines, mais auxquelles il n'avait pas renoncé cependant. — Il n'aimait pas les dettes, l'approche d'une échéance le troublait, et lui ôtait la libre disposition de son esprit. Obligé de recourir au crédit, il le sollicitait avec humilité, presque avec honte. — Sa probité rétive s'arrangeait mal de ces promesses faites sous le coup de la nécessité immédiate quand il savait ne pouvoir s'engager qu'au hasard. La première fois qu'il souscrivit un billet, il tremblait en mettant sa signature, et deux heures après il courait chez le fournisseur qu'il avait ainsi payé pour retirer son billet de la circulation, et lui rendait les objets que celui-ci avait consenti à lui livrer. Cette démarche indiquait un sentiment honnête qui ne fut pas compris du marchand. Un autre aurait consenti la vente sur simple parole, celui-là reprit sa marchandise avec le geste d'un homme qui retrouve un objet volé. —

La crainte d'avoir couru un risque le rendit même plus brutal qu'il ne l'eût été peut-être, si Francis avait manqué de parole à sa signature. — Tu as agi comme un sot, lui disait un de ses amis à propos de cette aventure. Tous les créanciers sont fils de M. Dimanche. Avec tes puérilités, quand tu payerais même argent comptant, les marchands te recevront le chapeau sur la tête. Les dettes sont une nécessité de la vie. — C'est le patrimoine des bâtards de la fortune. On a des créanciers quand on est jeune, de même qu'on a des maîtresses, parce qu'il faut vivre, et qu'il faut aimer, mais les créanciers n'empêchent pas d'être un honnête homme, de même que les maîtresses n'empêchent pas de faire un excellent mari. — Mais quand on ne peut pas payer ses dettes, disait Francis. — On finit toujours par là, répondait l'ami. Tous les gens de talent ne sont-ils pas les neveux de cet éternel oncle du Mexique qui s'appelle l'avenir ?

Toutes ces subtilités faisaient sourire Francis, mais elles ne réussissaient pas à le convaincre. — C'était toujours avec la même répugnance qu'il employait les ressources du crédit; quand il s'agissait d'un emprunt à quelqu'un de ses amis qui se trouvait passagèrement en mesure de lui être utile, il se croyait encore obligé de lui faire connaître minutieusement la raison qui l'obligeait à s'adresser à lui. On pouvait bien trouver toutes ces précautions inutiles, fatigantes, prétentieuses, peut-être. — Il y avait de l'orgueil dans ces hésitations, cela était bien possible, mais il y avait certainement de la délicatesse dans cet orgueil, et si elle n'était pas toujours comprise, elle n'existait pas moins. Francis éprouva donc une satisfaction véritable à réunir une collection de quittances, que ses créanciers ne s'attendaient pas à entendre réclamer. — Une fois libre, il se trouva plus maître du peu qu'il possédait, il disposait de son temps avec plus de laisser aller. Ce pas lourd de la dette, qui retentit comme une sommation de travail, n'ébranlait plus son escalier. A défaut d'autre il pouvait se donner le luxe de la paresse. — Il pouvait sortir et rentrer à ses heures sans redouter une visite importune. — Dans ses courses ou dans ses promenades, il n'avait plus besoin d'allonger son itinéraire, — pour éviter les *rues où l'on pave*, expression pittoresque qui, dans un certain idiome, indique les rues où l'on doit.

Riche encore de quelques louis, habitué à la sobriété, il pensa ne pas voir de longtemps la fin de cette fortune, et ne sut pas s'en montrer ménager. L'asbtinence engendre la prodigalité. Tant de convoitises jadis réprimées, tant de désirs non satisfaits réclamèrent leur part de l'aubaine, qu'il fallut bien compter avec eux. Ces créanciers sont ordinairement ceux qu'on paie les premiers, et la nature elle-même leur accorde la primauté sur les autres. Aussi chacune de ses pièces d'or semblait avoir des ailes. Il ne pouvait pas en mettre une dans sa poche, qu'elle ne fût aussitôt dans sa main, et elle n'était pas plus tôt dans sa main, qu'elle n'y était plus. Les artistes n'ont pas les mœurs des fourmis : quand ils reçoivent de l'argent, ils ressemblent au marin qui descend à terre, et si on leur parle du lendemain, ils n'ont pas l'air de comprendre. C'est qu'en effet demain est un saint qui ne se trouve pas dans le calendrier de leur insouciance.

Dans les derniers jours de cette période financière le jeune peintre contracta une liaison qui le détacha peu à peu de son ancien entourage, et aurait pu exercer une grande influence sur sa destinée d'artiste sans les précédents que nous avons fait connaître. L'histoire de cette liaison est curieuse à plus d'un titre ; les personnages qui doivent y figurer représentent quelques aspects trop ignorés d'une vie dont les misères et les joies n'ont rencontré que rarement d'historien qui osât tout dire. C'est donc par l'histoire de Francis Bernier et de son ami que nous commencerons cette série d'épisodes.

II. — L'HOMME AU GANT.

Dans les galeries du Louvre, à l'École des Beaux-Arts ou à la Bibliothèque, Francis Bernier avait rencontré plusieurs fois un jeune homme avec lequel il avait échangé de ces petits services qu'on se rend entre voisins d'étude. La physionomie de ce personnage n'exprimait cependant rien qui, au premier examen, sollicitât la confiance. Il parlait fort peu, comme les gens qui abrégent les réponses pour qu'on leur ménage les questions; il ne repoussait pas la familiarité du voisinage, mais il paraissait peu disposé à l'étendre jusqu'à l'intimité. Quelquefois Francis l'avait vu dans la compagnie de trois ou quatre autres jeunes gens qui semblaient être de ses amis. Un jour, il remarqua que l'un d'eux apportait un petit paquet soigneusement enveloppé; son voisin le glissa avec précaution sous son vêtement, et presque aussitôt, quittant son chevalet, il s'éloigna avec son ami. Cette interruption n'était pas dans les habitudes de ce jeune homme, qui ne se dérangeait jamais de son travail pendant les huit heures consacrées à l'étude. Francis, qui l'avait suivi machinalement des yeux, fut pris du désir de savoir ce qu'il allait faire. Il le suivit de loin, et fut ainsi conduit dans la galerie des Antiques. Arrivés là, les deux jeunes gens se séparèrent. Celui qui avait apporté le paquet tourna dans la direction du vestibule par lequel on sort du Louvre, et celui qui l'avait reçu s'enfonça dans les salles du rez-de-chaussée. Francis l'aperçut de loin dans l'encoignure d'une salle déserte. Se croyant sans doute bien caché par un groupe derrière lequel il s'était assis, il jeta encore un regard autour de lui pour bien s'assurer de sa solitude, et tirant alors de dessous sa vareuse l'objet qu'on venait de lui apporter, il en défit l'enveloppe.

Francis, qui ne pouvait s'approcher davantage sans être entendu ou aperçu, n'aurait rien appris sans doute, mais le premier geste de celui qui était l'objet de cet espionnage fit bientôt connaître le motif de toutes ses précautions. Francis devint tout rouge et regagna précipitamment sa place, péniblement affecté de ce qu'il avait vu. Cinq minutes après, son voisin venait aussi se remettre à la besogne. Francis n'osait lever les yeux sur lui, tant il craignait de laisser découvrir dans sa physionomie quelque chose qui pût trahir cet acte de curiosité si tristement satisfaite. Le premier moment d'embarras passé, en examinant le voisin qui s'était remis au travail avec une ardeur nouvelle, Francis aperçut quelques miettes de pain qui étaient restées dans la grosse laine de sa cravate et dans l'étoffe de sa vareuse : ce détail n'avait plus rien à lui apprendre ; mais ce qu'il avait appris en disait plus que tous les soupçons primitivement conçus à propos de la situation de ce jeune homme et de ses amis. Tous portaient, en effet, cet uniforme désolé qui atteste les indigences fièrement subies. Dans ces vêtements, spectres d'une ancienne élégance, on lisait facilement les luttes quotidiennes de l'aiguille industrieuse avec une vétusté qui était plutôt l'œuvre du temps que celle de la négligence. Ces chapeaux honteux, sans forme et d'une couleur indéterminée, on devinait qu'ils étaient touchés par des mains qui savaient saluer. Il y a entre les pauvres des classes intelligentes des affinités révélatrices qui les font se reconnaître tout d'abord ; mais une instinctive pudeur les empêche de laisser voir qu'ils ont constaté leur triste fraternité. Ils semblent craindre de se blesser mutuellement par un aveu qui pourrait être pris pour une sollicitation, et ne cessent de dissimuler que lorsqu'ils se surprennent réciproquement en flagrant délit de misère. Les gens que le destin met à l'abri de la nécessité ignorent ces nuances et ne se doutent pas de tout l'orgueil que peut contenir une poche vide. Le morceau de pain apporté avec tant de précautions et dévoré en cachette dénonçait un de ces mystérieux drames que l'égoïsme du plus grand nombre aime à mettre en doute.

La pitié n'est pas brave tous les jours, et il est des spectacles devant lesquels elle se voile. Francis lui-même, qui croyait avoir traversé les plus dures épreuves, avait du moins été épargné par celle à laquelle il savait son voisin soumis. Le visage de ce jeune homme offrait, par un caprice de la nature, une ressemblance singulière avec le portrait peint par Titien et connu sous le nom de *l'Homme au gant*. S'il eût été vêtu de la même façon, en le rencontrant dans les galeries du

Louvre, on aurait pu le prendre pour la résurrection du modèle qui avait posé pour ce chef-d'œuvre. Il n'ignorait sans doute pas cette particularité, remarquée de tous les habitués, et par un sentiment de coquetterie peut-être, il n'était sans doute pas fâché de la faire remarquer aussi aux étrangers qui visitent les galeries, car il travaillait presque toujours dans la travée dite de l'école italienne, où se trouvait placée la toile dont il était le vivant Ménechme. On l'avait donc surnommé *l'Homme au gant*, et il était souvent question de lui dans les conciliabules des jeunes femmes et des jeunes filles qui viennent au Louvre copier les maîtres, sous les yeux d'une mère ou d'une bonne, quelques-unes seules.

Quand il arrivait, plus d'une tête curieuse se levait sur son passage et le suivait d'un regard qui eût fourni d'amples commentaires à la vanité d'un fat, mais lui n'y prenait point garde et quand le hasard lui donnait une voisine, il évitait toute occasion qui pouvait amener l'échange d'une parole, et n'aurait pas même eu l'idée de faire le sacrifice de la place qu'il occupait si elle était la plus favorable pour son jour.

L'homme au gant, qui avait intrigué Francis au point de lui faire commettre l'indiscrétion que l'on sait, excitait plus que jamais la curiosité de celui-ci depuis l'aventure du morceau de pain ; mais cette curiosité, sentiment toujours répréhensible quand il n'a qu'un but frivole, était devenue presque excusable, alors qu'elle avait pour mobile un intérêt véritable qui avait hâte de trouver une occasion pour se manifester. Depuis quelques jours, Francis étudiait donc son voisin avec un soin particulier, appliquant tous ses efforts à tenter l'*abordage* de cette discrétion. Le jeune homme se tenait sur ses gardes, et toutes les fois qu'il voyait Francis disposé à franchir cette limite qui sépare la causerie banale de la confidence, il se renfermait aussitôt dans un silence et une attitude qui déjouaient toutes les formes rusées de l'interrogation.

Une après-midi, un de ses amis vint le prendre, probablement pour un motif pressé, car il rangea ses affaires en toute hâte, oubliant sur la tablette de son chevalet une lettre qu'il avait tirée de sa poche et dont il avait pris l'enveloppe pour faire un *tortillon*, sorte de petites estompes que les artistes fabriquent eux-mêmes pour l'utilité de leurs dessins. Francis attendit que la fermeture des salles eût éloigné les travailleurs, et prétextant un oubli, il obtint du gardien la permission de retourner à sa place ; il s'empara alors de la lettre, et sortit du Musée sans avoir été aperçu dans ce nouvel acte d'indiscrétion. Ce qui le rassurait, c'est que sa conscience ne lui disait rien qui pût l'alarmer : il obéissait à un de ces pressentiments opiniâtres qui magnétisent l'homme, et lui font suivre avec sécurité, pour atteindre le but qui l'attire, des chemins qu'il eût évités en toute autre occasion.

Rentré chez lui, Francis ouvrit cette lettre ; le premier regard qu'il y avait jeté lui avait appris qu'elle était de nature à lui révéler ce qu'il comptait lui demander. La date déjà éloignée, le froissement du papier, indiquaient qu'elle avait dû faire un long séjour dans les poches de son propriétaire. Voici ce qu'elle contenait :

« Paris, 25 janvier 184...

« Mon cher frère, pardonne-nous, si nous n'avons pas répondu plus tôt à ta dernière lettre, datée du Havre, c'est qu'il nous est arrivé un grand malheur, qui cependant n'a pas eu, grâce à Dieu, toutes les suites fâcheuses qui nous avaient fait trembler d'abord. Il y a un mois, grand'maman a fait une chute dans l'une des maisons où elle va travailler. On l'a ramenée chez nous avec un bras cassé. Juge un peu dans quel état nous étions tous : cet événement nous surprenait sans le sou, ce qui n'était pas bien malin. Pour ne pas nous mettre en peine, tu sais combien la mère est courageuse, elle essayait de nous persuader que cela ne serait rien. Elle s'opposa à ce qu'on fît venir un médecin, et prétendait se guérir avec de l'eau-de-vie camphrée. Elle demandait seulement qu'on lui fît brûler un cierge à l'Abbaye. Notre ami Soleil est parti pour faire brûler le cierge ; moi, j'ai couru au plus proche médecin. C'était précisément le docteur ***, qui est notre voisin.

« Nous avons été deux ou trois fois à son amphithéâtre. Tu te rappelles comme il est dur, et les atroces plaisanteries sur lesquelles il aiguise ses instruments, quand il opère. Au moment où je me présentais chez lui, il venait de rentrer de sa clinique et s'était mis à table. Dix personnes attendaient qu'il voulût bien les recevoir; la porte était défendue, et deux laquais faisaient sentinelle. Impossible d'entrer. Il y avait du monde qui devait passer avant moi, quand le docteur serait visible : c'étaient peut-être deux heures d'attente. Il me semblait que j'entendais crier grand'mère. Juge de mon chagrin... J'aurais bien été chez un autre ;... mais le docteur *** est le premier chirurgien de Paris. Tout à coup son secrétaire, je crois, sortit de la salle à manger, et, par la porte entr'ouverte en ce moment, je m'aperçus que cette pièce était de plain-pied avec un jardin. Je sortis aussitôt de l'antichambre, en disant au domestique que je reviendrais. J'avais mon plan. En passant dans la cour de l'hôtel, j'avais remarqué que le jardin possédait une entrée sur cette cour. Sans qu'on pût m'apercevoir, je me glissai dans le jardin, j'en fis le tour à moitié, j'arrivai devant la porte de la salle à manger, je l'ouvris lestement et parus tout à coup devant le docteur, que je trouvai installé en face d'une dizaine de plats, avec un domestique debout auprès de lui, la serviette sous le bras. Le docteur fit un saut, comme s'il avait vu le diable. Sa première colère tomba sur ses domestiques : il voulait tous les mettre à la porte ; il criait, il jurait si haut, que les assiettes en tremblaient. Le pauvre diable qui le servait était plus blanc que sa serviette. Moi, j'étais fort calme et bien décidé à ne sortir qu'avec le docteur. Sa fureur ne m'épouvantait pas. J'ai eu affaire à un professeur de l'École qui était bâti comme ça, et je savais comment il faut procéder avec ces natures toujours en éruption de violence. Je racontai brièvement l'objet de ma présence, je m'excusai sur mon entrée insolite, et je conclus pour une visite immédiate. Tout en lui parlant, je n'avais pas l'air de croire un instant qu'il pût mettre obstacle à mon vouloir, qui s'était montré très-impératif et pour cause. Je l'entendais rugir intérieurement, et je lisais dans ses yeux l'envie qu'il avait de me faire jeter par la fenêtre ; mais comme nous étions au rez-de-chaussée, l'intention était puérile. Mon audace l'avait tellement confondu, que, pour ouvrir un courant à la fureur qu'elle lui causait, il découpait la nappe avec son couteau. — Monsieur, me dit-il enfin, je me serais cassé le bras moi-même que je ne me dérangerais pas de mon déjeuner pour me secourir. Je me lève à cinq heures du matin, je passe la moitié des nuits ; je donne depuis vingt-cinq ans les trois quarts et demi de mon temps à la science et à l'humanité. Je ne connais les plaisirs que de nom, et le monde que pour le traverser une lancette ou un bistouri à la main. C'est bien le moins qu'on me laisse libre pendant le temps de mes repas : vous serez comme les autres personnes qui attendent dans mon antichambre et qui sont aussi pressées que vous.

« Le docteur avait dit la vérité, mais son petit discours était prétentieux, c'était de la pose ; cette infirmité des grands hommes ne l'avait pas épargné, il avait des attitudes de buste qui ne vont bien qu'au bronze, et heureusement pour tous, pour la grand'mère surtout, le docteur était encore en chair et en os. — Monsieur, lui répondis-je, les clients qui vous attendent sont moins pressés que ma grand'mère ; leur situation n'est pas dangereuse, puisqu'ils ont pu se transporter chez vous, tandis qu'il faut au contraire que ce soit vous qui veniez chez grand'mère. — Je passerai chez vous dans la journée, me dit-il, laissez-moi votre adresse. — Monsieur, répliquai-je sur le même ton d'assurance, ma mère souffre, une heure de retard, c'est beaucoup ; j'ai promis de vous ramener. — Attendez au moins que j'aie achevé mon déjeuner, et tout en parlant, je voyais qu'il mettait les morceaux doubles. — Vos repas sont trop longs, lui dis-je moitié avec gaieté, moitié avec insistance ; demandez le dessert, et allons-nous-en. — Je lui présentai en même temps son chapeau et sa canne. Il était stupéfié. — Au moins vous me permettrez de prendre mon café? — J'allais lui faire cette concession, mais je compris que c'était reculer. Avec de tels hommes, faire un pas en arrière, c'est perdre l'avantage de tous ceux faits en avant. Je le tenais entre le pouce et l'index, et il ne s'agissait plus que de serrer un peu. — On vous fera du café à la maison, lui dis-je. — Cette fois il n'y put tenir davantage et m'éclaboussa d'un éclat de rire qui eût été apprécié dans la grande hilarité olympique.

« Je l'emmenai par le même chemin que j'avais pris pour arriver jusqu'à lui. Ce grand homme, habitué à faire trembler tout son hôpital, riait comme un collégien qui fait une espièglerie en sortant avec précaution de son hôtel. — Et mes clients qui m'attendent ! Bah ! ils attendront, on m'a dit leurs noms, des bobos imaginaires. — Est-ce que nous allons loin ? — A deux pas, — lui dis-je. — C'est encore heureux ! — Chemin faisant, le docteur m'avoua naïvement que si j'avais procédé par l'attendrissement et la supplication, il n'aurait pas quitté sa côtelette. — Vous avez trouvé le joint, — me dit-il. Et il continua comme s'il se parlait à lui-même : — Ah ! la volonté, quelle force ! Appliquée aux actions les plus ordinaires de la vie, c'est un levier sûr ; appliquée à la science, c'est la moitié du génie.

— Et appliquée à l'art ? lui demandai-je curieusement.

— Je ne sais pas, me répondit-il brusquement. Les artistes sont des organisations à part ; tout le système humain est bouleversé en eux. Or tout ce qui s'éloigne de l'ordre ordinaire de la nature est un phénomène, et tout phénomène est une monstruosité. Le talent des artistes est une infirmité cérébrale. Voyez les fous ! ils sont presque tous poëtes? — Et les poëtes ! — Tous fous nécessairement. La poésie, c'est le délire soumis à des règles.

« Bien que je fusse agité par d'autres préoccupations, je ne pouvais m'empêcher d'être fier de cette familiarité chez un homme qui un quart d'heure auparavant parlait de me faire jeter par la fenêtre. Comme nous étions arrivés à la porte de la maison, il s'arrêta brusquement, me lança un regard qui m'enveloppa de trouble, et me dit d'un air trop sérieux pour être sincère : — Vous connaissez le prix ordinaire de mes visites ? — Il a, comme tu sais, la réputation d'être fort intéressé. Je restai d'autant plus étourdi, qu'il semblait attendre ma réponse pour continuer son chemin. — C'est-très cher, — continua-t-il. — Il fallait finir comme j'avais commencé. — Cela m'est égal, lui dis-je, car je ne pourrai pas vous payer. C'est ici, docteur. — Et je lui montrai l'escalier. Il arrêta encore sur moi son regard pesant ; puis, rencontrant le masque de placide conviction dont j'avais revêtu mon visage, il prit la rampe et monta le premier, leste comme un chat. Au troisième étage, il s'arrêta pour souffler. — Combien de marches? demanda-t-il. — Encore soixante-dix. — Total, cent vingt, dit le docteur. J'ai perché plus haut. Et nous reprîmes l'ascension. Arrivé au petit escalier, il se retourna vers moi. — Vous ne m'aviez pas parlé de l'échelle. Parbleu ! vous pouvez être bien sûr que je vais tâcher de raccommoder votre aïeule en une séance.

« Cette brutale façon de parler, si blessante pour un fils et surtout dans un pareil moment, car les plaintes de grand'mère commençaient à arriver jusqu'à nous, n'amenèrent aucun changement dans ma physionomie. Je devinais cet homme. Son œil aigu fouillait mon âme comme un scalpel, afin d'y sentir palpiter la colère qu'il me fallait contenir pour dévorer ce dur propos. Un mot, un geste qui eussent trahi la douloureuse émotion contenue au dedans de moi, le docteur échappait à cette influence du vouloir impérieux qui l'avait attiré, m'avait-il dit. Le jeu était cruel, mais je voulais gagner la partie. Pas un pli ne trembla dans mon masque d'impassibilité ; seulement je sentais mes larmes comprimées me retomber dans la gorge à gouttes chaudes et précipitées. Enfin nous entrâmes ; il était temps. Dès qu'il eut mis le pied sur notre seuil, le docteur devint tout autre. — Mon enfant, me dit-il tout bas, allez vous asseoir, tâchez de pleurer fort et longtemps, et cassez quelque chose, ça vous soulagera les nerfs. Savez-vous que je vous ai fait une plaisanterie dangereuse, surtout à quatre-vingts pieds du sol ? Je suis content de vous ; vous serez content de moi. Et maintenant, présentez-moi à *madame* votre mère, ajouta-t-il en retirant son chapeau. J'avais envie de lui sauter au cou ; mais il n'aimait pas l'attendrissement. Ainsi tu vois, comme je l'avais bien deviné, c'était une expérience qu'il avait tentée : ne pouvant se faire payer sa visite, pour ne pas tout perdre, il se rétribuait en étude. Eux aussi, mon frère, les savants sont-ils donc malgré eux des égoïstes passionnés condamnés par leur tyrannique idole à *chercher* partout, comme marchait le Juif païen, toujours, toujours? Le docteur s'approcha de grand'mère ; comme elle voulait se lever de sa chaise, il l'obligea à se rasseoir et lui parla avec une voix si douce, que je ne savais pas si c'était bien lui qui parlait.

« Lorsqu'il eut constaté la fracture, il parcourut d'un regard l'intérieur où il se trouvait, et parut résumer notre situation en voyant l'âtre obscur, la muraille où l'humidité dégouttait en larmes jaunes, car nous étions aux plus mauvais et aux plus tristes jours de l'hiver. L'ouragan de décembre battait de l'aile aux fenêtres mal jointes. Misère et compagnie! disait sa grimace significative ; puis s'adressant à grand'mère : — Ma bonne dame, lui dit-il, votre affaire ne sera rien. — La pauvre femme joignit les mains comme pour le remercier de cette bonne nouvelle. — Seulement, reprit le docteur, vous en aurez sans doute pour un mois ou six semaines. Je vais vous donner un mot pour le directeur de l'hôpital dont je suis le médecin en chef. On vous placera dans la meilleure salle de mon service, et vos enfants auront l'autorisation d'aller vous voir tous les jours. Si vous n'êtes pas contente des sœurs, vous me ferez signe ; je leur dirai deux mots. — En l'écoutant ainsi parler, bonne-maman était devenue toute pâle et nous regardait comme pour dire : Est-ce que vous allez me laisser partir ? — Non, non, chère mère, vous n'irez pas ! m'écriai-je en allant l'embrasser. — Qu'est-ce ? demanda le docteur, qui ne comprenait pas, et qui s'étonnait de voir sa proposition accueillie par le silence et l'embarras. — Monsieur, lui dis-je, grand'mère ne veut pas nous quitter, et nous ne voulons pas qu'elle nous quitte. — Non, jamais de la vie, tant que j'aurai mes enfants debout autour de moi, je n'irai dans cet endroit-là, dit bonne-maman. Je serais toute seule au monde, et je me verrais à l'article de la mort,... j'aimerais mieux mourir dans la rue plutôt que de passer la porte d'un hospice. Rien que ce mot-là me fait frissonner. — Mais, reprit le docteur, vous vous faites à ce propos des idées exagérées... Ces sortes d'accidents sont longs et coûteux à guérir. Vous n'êtes pas raisonnable, et vos enfants non plus, ma bonne dame. — Je ne peux pas rester plus de huit jours sans travailler,... reprit bonne-maman ; le bon Dieu le sait bien. Aussi il fera un miracle pour que je sois debout dans huit jours ; il en fera un, bien sûr. — Dans ce moment Soleil rentra. — As-tu fait ce que j'ai dit, mon garçon ? lui demanda grand'mère. — Oui,

2.

bonne-maman, répondit Soleil. J'ai allumé le cierge moi-même, et pendant qu'il brûlait, j'ai été dire *quelque chose* à la chapelle de votre patronne. — Le docteur haussa les épaules, et me prit à part : — Aidez-moi donc à décider votre grand'mère! me dit-il. C'est de la folie de vouloir rester ici. Voyez donc où vous êtes! — On vendra tout, lui dis-je, répondant à son idée. — Vous vendrez donc les murs alors! me dit-il en faisant allusion au dénûment qu'il avait devant les yeux. — Je ne me charge que d'une chose, répondis-je, c'est de vous aider si vous voulez faire croire à grand'mère qu'elle n'en a pas pour longtemps. La seule idée d'une inactivité prolongée est plus dangereuse pour elle que sa blessure. Quant aux soins et à tout ce que nécessitera son état, grand'mère a cinq ou six petits-enfants qui se remueront. Lorsque la destinée nous envoie un grand malheur comme celui qui nous arrive, la Providence apporte des ressources sur lesquelles on ne comptait pas.

« — Et vous aussi, vous croyez aux petits cierges! murmura le docteur.

« — Plus bas, lui dis-je. Quand celui qui souffre conserve encore une étincelle d'espoir, que ce soit croyance ou superstition, ne soufflons pas sur cette chétive lueur qui épargne au moins l'horreur des ténèbres ; c'est de l'impiété inutile.

« — Quoi!... reprit le docteur, passant à une autre

idée, vous êtes cinq ou six frères, et à vous tous, vous ne pouvez pas vous arranger pour que votre grand'mère puisse être dispensée de travailler ! — Grand'mère n'a que deux enfants, et mon frère est absent; les autres sont des amis que nous appelons nos frères, et qui sont pour cette pauvre femme des enfants aussi tendres et aussi reconnaissants que nous. — Je viendrai tous les jours, — me dit le docteur. Il se rapprocha de grand'mère, lui parla en des termes empreints de cette persuasion convaincante avec lesquels un médecin ferait croire à un cadavre qu'il n'a pas cessé de vivre, et lui donnant le bras pour s'appuyer, il voulut l'emmener dans sa chambre à coucher. Je me mis devant le rideau qui sépare le cabinet de la salle commune. — Non, disait grand'maman en essayant de se dégager; non, ce n'est pas la peine... Je suis aussi bien ici. — J'étais devenu rouge. Le docteur vit cette rougeur subite et s'aperçut de l'embarras de tous. Avant que j'eusse pu m'y opposer, il écarta le rideau et pénétra dans ce cabinet en disant : Un médecin entre partout ! — Grand'mère se détourna; Soleil, Olivier, qui venait d'arriver, et moi nous baissâmes la tête. Le docteur resta à peine une seconde dans le cabinet, mais cela avait suffi pour qu'il vît... Quand il reparut, il était encore plus embarrassé que nous, et bien qu'il n'aime pas le sentiment, pour sûr il cherchait son mouchoir. Il nous attira d'un coup d'œil au coin de la fenêtre ; j'y allai avec Soleil. Il nous serra les mains et ne put que nous dire d'une voix altérée : — O mes enfants, mes pauvres enfants !... Puis, changeant tout à coup de langage, il fit un tour dans l'atelier, indiqua du doigt une toile accrochée au mur, et me dit avec vivacité : — Monsieur, j'achète ce tableau.

« Soleil me regarda avec son air étonné. C'était sa fameuse toile sur laquelle il se propose de peindre depuis un an ce fameux effet de soleil qu'on ne pourra pas regarder en face. — Mais, dis-je au docteur, la toile est encore blanche. — Vous la barbouillerez avec ce que vous voudrez, des bonshommes, des vaches, des petites maisons, ça m'est égal, je n'aime pas la peinture. Faites votre prix. — Mais, Monsieur, ce serait donc une aumône !... — Si bas que j'eusse parlé, le docteur m'avait entendu. Il frappa du pied avec colère en s'écriant : Ah ! sale pavé de Paris, on ne peut pas y faire un pas sans être éclaboussé par l'orgueil ! Voilà un petit bonhomme qui parlemente avec le sien, parce que j'ai parlé avec irrévérence d'un chef-d'œuvre qui est encore à faire. Qui songe à vous offenser? qui vous parle d'aumône? Et quand même cela en serait une, ajouta-t-il tout bas en m'indiquant la blessée par un regard rapide, avez-vous le droit de la refuser ? Prenez donc vite. Et il déposa sur la cheminée un billet de deux cents francs qu'il avait pris dans sa poche, — à même, comme l'empereur prenait du tabac. — En voyant mon indécision, il reprit : Après ça, si vous ne voulez absolument vendre vos œuvres qu'à des admirateurs passionnés, gardez vos couleurs pour vous et prenez l'argent qui est là. Je consens à sauvegarder... votre... dignité. Pauvre enfant ! comme vous faites inutilement une chose mesquine d'un grand sentiment ! Je ne vous donne pas, je vous prête ; vous me ferez un billet à quinze jours — ou à quinze ans ; je vous prêterai à dix, à vingt, à trente pour cent. Vous aurez le droit de m'appeler usurier, ça vous épargnera les frais humiliants de la reconnaissance. Monsieur, votre orgueil est-il content ? le mien s'en moque ; mais au moins, acheva-t-il de façon à n'être entendu que de moi seul, votre grand'maman ne couchera plus... par terre. — J'avais mérité la semonce, j'en conviens. Que veux-tu ? quand je l'ai entendu qualifier de barbouillage une peinture que tu devais faire, — car ce travail t'avait été destiné dans ma pensée, — j'ai été blessé ; mais ce n'était pas l'instant de le laisser paraître, j'avais eu tort.

« — Pardon, dis-je au docteur avec une confusion sincère ; mais vous ne nous connaissez pas, et la misère hésite toujours devant le bienfait d'un inconnu. — Je ne suis pas un inconnu, répliqua-t-il fièrement, et toute méprise sur le sentiment qui dirige mes actions me blesse. J'avais conçu de vous une tout autre idée, je regrette que vous l'ayez démentie. — Encore une fois, pardon, lui dis-je avec supplication. — Soit, n'en parlons plus; mais écoutez un conseil : tâchez d'empoisonner ce méchant petit ver de vanité qui vous ronge... Allons, vous autres, reprit le docteur en s'adressant aux camarades, qui n'avaient pu entendre notre entretien, qu'on se mette en quatre. J'aurai à revenir ici, je ne veux pas m'exposer à attraper des courants d'air. Qu'on me bouche tous ces chemins du rhume avec de bons bourrelets. Je suis frileux, qu'on fasse flamber l'âtre. Que je voie demain, assise sur les cendres, une bonne marmite avec une volaille pour faire du bouillon à la grand'mère. Et surtout qu'on remplace ce que je viens de voir tout à l'heure dans ce cabinet par un bon lit, un vrai lit de chrétien. Pauvre femme, ajouta le docteur en se retournant vers maman, comment faisiez-vous pour dormir là-dessus? — Ah! Monsieur, répondit-elle, j'ai si peu de temps de dormir. — Toute la courageuse existence de notre vaillante mère se révélait dans cette simple parole. Le docteur, qui possède cet esprit de rapide intuition commun aux natures supérieures, comprit le rôle qu'elle jouait auprès de nous. Il la regarda avec une expression d'admiration réelle et nous avec intérêt sans doute, mais son regard divinateur, comme s'il eût pénétré le secret de notre existence, semblait nous dire : Dans cette inquiétude, dans ces témoignages de tendresse, il y a autant d'égoïsme que d'amour réel pour celle qui vous appelle ses enfants.

« Oh! mon frère, tout le monde nous le jettera donc à la face, cet odieux reproche d'égoïsme ? Quand donc viendra le jour où nous pourrons répondre autrement que par des paroles ? Quand Dieu paiera-t-il par nos mains la récompense de ce dévouement ? Et si ce jour-là venait trop tard ? Si grand'mère mourait avant que nous l'ayons faite heureuse, quels remords! pourrions-nous les supporter ? Je ne le crois pas. L'argent du docteur venu si à propos, nous permit d'entourer grand'mère de tous les soins réclamés par son état. Une princesse n'aurait pas été mieux traitée. Grand'maman avait défendu que nos parents fussent instruits de son accident. Elle savait que maman voudrait la venir voir, et redoutait les scènes qui pourraient en résulter avec notre père. Cela a failli faire une belle histoire. Ils ont manqué de se rencontrer, car le père était venu de son côté pour proposer à bonne-maman de l'emmener chez nous. Comme c'est triste à dire, mon pauvre frère, ce chez-nous où l'on ne va pas! Grand'mère était seule quand sa fille est venue. Elles causaient bien tranquillement, lorsque maman a entendu dans l'escalier la voix de son mari, qui demandait à une voisine où était notre porte. Elle s'est sauvée dans le petit grenier. Papa venait proposer à bonne-maman de la faire transporter chez lui. — Je suis bien ici, lui dit-elle, et je ne manque de rien. — Leur commerce va donc, à messieurs mes fils ? a dit notre père. Alors ils devraient bien louer une autre boutique, puisqu'ils font de si bonnes affaires, a-t-il ajouté en faisant allusion au pauvre logis. Avant de se retirer, il a forcé grand'mère à accepter un peu d'argent qu'il glissa sous le traversin. — C'est à la condition que mes gueux de fils n'en auront pas un liard, dit-il. — Quand il fut parti, il y a eu une scène terrible entre nos deux mères. Grand'mère, que la visite de son gendre avait doucement surprise, dit à maman : Ton mari m'a laissé de l'argent, je n'en ai pas besoin, et celui-là ferait peut-être faute dans votre ménage. Reprends-le. — Mais comme elle glissait dans la main de notre mère l'argent laissé sous le traversin, celle-ci poussa un cri et se mit à pleurer. Oh! mon frère, je n'ose pas te dire pourquoi. L'argent *donné* par papa se composait de monnaies qui n'ont pas cours. C'étaient des pièces de nations étrangères qui n'avaient que la valeur de leur poids. Il les avait reçues sans y prendre garde, de ses pratiques, et depuis longtemps il essayait vainement de les faire rentrer dans la circulation. Ne parlons jamais de cela, même à nos meilleurs amis, et ne nous en parlons pas à nous-mêmes. Ce sont là des choses qu'il faut oublier.

« Tous les membres de notre société se sont montrés excellents pour grand'mère. Elle avait toujours quelqu'un auprès d'elle pour lui tenir compagnie. Le soir même de l'accident, notre président est accouru pour mettre à notre disposition les fonds disponibles des cotisations communes. Il apportait une vingtaine de francs. Étant pourvu d'ailleurs, je l'ai remercié. Il a remis l'argent dans sa poche et m'a prié de lui prêter une petite somme pour acheter des gravures dont il a besoin. Je lui ai donné avec plaisir ce qu'il demandait, tout en lui faisant observer que, dans un cas de nécessité comme celui-là, il avait le droit de prendre sur les fonds de la société dont il était le dépositaire. Lazare m'a répondu qu'il avait déjà usé de cette ressource, et qu'il ne devait pas ne songer qu'à lui. Il prépare un tableau pour le Salon ; mais j'ai bien peur qu'il n'ait ni le temps ni les moyens de l'achever. Pour en revenir à bonne-maman, son état ne nous a pas alarmés longtemps. Le docteur venait la voir tous les jours après son déjeuner. Il prenait son café à la maison, c'était le prix quotidien de sa visite. En arrivant, il nous disait en riant : Faites chauffer mes honoraires, et ne mettez pas trop de sucre. Chaque jour, on découvre en lui une de ces délicatesses qu'on ne soupçonnait pas dans cette nature violente, emportée, et toujours prête à l'excès. Il sait la peine qu'on a pour descendre d'un sixième à un entresol. Souvent il est pris par de misanthropiques retours sur son passé. On dirait surtout qu'il porte dans son âme des traces de cuisants souvenirs. Il a connu l'ingratitude. Il sait notre histoire ; il accepte l'esprit de notre association. Je lui ai lu notre acte, mais plusieurs passages lui ont fait hausser les épaules. — Jeu-

gens, nous dit-il, vous bâtissez sur le sable. Vos projets promettent trop pour que vous puissiez les accomplir. Dans ces sortes d'associations qui ont pour règle de s'aider les uns les autres, quand l'un commence à s'élever au-dessus du niveau commun, ceux qui se trouvent au-dessous de lui ne peuvent s'empêcher de se demander pourquoi ils ne sont pas montés en même temps. Dans les échelles de camaraderie, celui qui a le plus de talent, c'est celui qui monte le premier, et il arrive un moment où les échelons trouvent leur rôle ridicule. Il faudrait arriver tous en même temps, mais c'est un miracle.

« J'ai protesté contre cette déplorable et décourageante manière de juger les choses. — Attendez, me dit le docteur; vous vivez dans un monde factice, dans un monde d'idées. Quand vous entrerez dans la vie réelle, vous verrez si je me suis trompé. Je ne veux pas vous retirer vos illusions, mais avant dix ans vous vous les retirerez vous-mêmes les uns aux autres.

« En écoutant parler le docteur, je me suis rappelé un fait qui lui donnait raison sur un point : comment se fait-il que le tableau de Lazare, exposé l'an dernier, et à l'achèvement duquel, deux ou trois d'entre nous avions renoncé, pour qu'il pût être envoyé à temps, — nous paraissait magnifique dans son atelier, et moins bien quand nous l'avons revu au salon ? — La disposition du jour, diras-tu ? Il était pourtant dans le grand salon, et si parfaitement en vue, qu'on le voyait tout de suite ; — mais comment se fit-il alors, en acceptant cette raison, que deux ou trois de nos amis, Soleil en tête, retrouvèrent dans ce tableau toutes les qualités qui leur échappaient, — dès que le changement des places, l'eut relégué dans une travée obscure où ils avaient mis trois jours à le découvrir. J'ai toujours eu l'idée qu'il y avait là-dessous autre chose qu'une affaire de jour, — favorable ou nuisible. Cette réflexion ne peut t'atteindre, puisque toi et moi avons été les seuls dont l'impression et l'opinion soient restées invariables. Je bavarderais avec toi pendant un volume, tant j'éprouve de plaisir à nous rapprocher par la pensée, mais il faut que je termine, et il me reste encore à te donner plusieurs détails qui peuvent t'intéresser.

« Au bout d'une quinzaine de jours, grand'mère allait beaucoup mieux et parlait de retourner à sa besogne. Il a fallu que le docteur se fâchât pour la retenir, car elle était encore loin d'avoir recouvré l'usage de son bras. Une maladresse de notre concierge a failli lui faire commettre une imprudence dont les suites eussent été peut-être plus dangereuses que le premier accident. Pendant notre absence, on a remis à grand'maman une lettre dans laquelle une des personnes chez qui elle va travailler l'informait que son absence trop prolongée la mettrait dans la nécessité de la remplacer. Grand'maman avait à peine lu la lettre, qu'elle était habillée et se mettait en route pour aller reprendre son travail. Je suis entré juste au moment où elle descendait l'escalier. Il fallait voir le docteur quand il a trouvé son appareil dérangé : j'ai cru qu'il allait tout casser dans la maison. J'ai trouvé une femme sur notre carré qui fera l'intérim de grand'mère ; de cette façon, elle conservera sa place, à laquelle elle tient surtout, car c'est une des plus lucratives. Toi aussi, cher frère, tu retrouveras la tienne parmi nous, et meilleure que tu ne l'as laissée au départ. Tu trouveras le logis bien changé. C'est une serre chaude maintenant. Comment donc, mais le luxe est représenté chez nous par un de ces grands fauteuils pour les blessés et les convalescents que le docteur nous a envoyé pour recevoir grand'mère quand elle quitte son lit ! Le paresseux Soleil est toujours fourré dedans.

« Quand ce n'est pas lui, Olivier s'y installe, pour y faire ses ronsrons élégiaques qui commencent à devenir un peu monotones, — je ne sais pas si tu es comme moi ; je trouve que ses vers parlent trop de choses qu'il ignore encore ; cela ressemble parfois au bavardage des enfants précoces, — bref, je crois qu'il commence à se fatiguer lui-même d'égrener toujours le même chapelet mélancolique, — au milieu de son chagrin, il a parfois des bouffées de grotesque, — qui indiquent en lui, une source de comique, bien **plus franc,** que son sentiment mélancolique, qui est plutôt un écho, que le vrai cri d'un cœur profondément atteint. — Léon lui a dit l'autre jour qu'il finirait par jeter sa muse par la fenêtre, et qu'il écrirait des vaudevilles, Olivier a protesté avec indignation, — c'est égal, a persisté Léon, tu en feras et tu deviendras puissamment riche, — une chose assez comique, disons le mot, ridicule, nous avons découvert qu'Olivier et Urbain qui s'étaient fâchés à propos d'une femme, se sont remis ensemble. — Ils se donnent des rendez-vous pour parler de leur ancienne passion, ils font du regret en collaboration, — c'est pourtant à propos de cette affaire que nous nous sommes brouillés avec Urbain. — Olivier a eu moins de rancune que nous, et donne tous les jours la main à celui qui l'a trahi. — Pourtant Soleil, qui est plus avant que moi dans ses secrets, assure qu'Olivier exècre Urbain et que s'il a renoué avec lui, c'est pour l'avoir sous la main, et lui jouer un méchant tour. — Je serais fâché que cela fût, je préférerais une rancune tenante, qui serait naturelle et surtout plus loyale.

« Qu'ai-je encore à te dire? Ah! le propriétaire nous a envoyé la couleur de son encre sous forme de congé, mais j'ai été payer deux termes, et il s'est fait excuser d'une mesure qui était, disait-il, une pure affaire de légalité. En apprenant que bonne-maman était soignée par le premier chirurgien de Paris, il a pris de nous une grande opinion. Il est monté l'autre jour à la maison pour avoir des nouvelles de la malade. Il a eu un mot charmant de fatuité immobilière. — J'ignorais que ma maison fût si haute, nous a-t-il dit. Sans doute à cause des embellissements que nous avons faits, il a trouvé le logement agréable et mieux disposé qu'il ne le croyait ; pourvu qu'il n'ait pas l'idée de nous augmenter ! C'est dangereux d'embellir un appartement à ses frais ; le propriétaire croit toujours qu'ils sont à son compte, et veut les rattraper sur les loyers. Il m'a quitté en me disant qu'il aurait peut-être de l'ouvrage à me donner : voudrait-il me faire repeindre son escalier ?

« A ton retour, tu trouveras bien des petites choses que nous ne possédions pas de ton temps, entre autres une bonne lampe achetée à ton intention. Nous avons acquis comme cela divers objets de grande nécessité et qui nous semblent du luxe. Si tu savais comme ça nous paraît drôle d'acheter ! pendant si longtemps nous avions fait le contraire. Aussitôt que tu seras revenu, il faudra te mettre au tableau du docteur. J'avais d'abord songé au *Bon Samaritain* de Rembrandt ; cette copie eût été un à-propos. J'ai emmené le docteur au Louvre pour qu'il fît son choix. Son opinion à propos de Rembrandt est même assez curieuse. Comme je lui montrais deux ou trois des toiles dans lesquelles se révèle le plus puissamment le lumineux génie de ce maître, le docteur, peu habitué à saisir la forme dans ces ténèbres de bitume dont le centre est seul éclairé, s'est écrié : Bah ! toujours la même chose ! une cave dans laquelle on tire un pétard. Après s'être promené dans toutes les galeries, admirant de confiance, le docteur a fixé son choix sur un Boucher de la galerie française. — *Faunes et Bacchantes jouant dans les vignes*, dit le livret, et ne se servant pas des feuilles, a ajouté le docteur en riant beaucoup. Faites-moi une copie de ça. — Comment ton sévère pinceau s'arrangera-t-il de ce badinage ?

« Cette fois je te dis bien adieu, c'est-à-dire au prochain revoir. Nous t'attendons dans quinze jours au plus tard. Quelques-uns des nôtres auront besoin de tes conseils pour les envois de l'exposition. On parle de belles choses entrevues dans les ateliers de quelques jeunes gens encore inconnus. Tant mieux, mille fois tant mieux, et bonne chance à ces nouveaux venus. Le succès est contagieux. Je t'embrasse sur les joues de grand'mère, qui vient de s'endormir dans son grand fauteuil, son chapelet entre les mains ; elle a sur les lèvres une prière pour nous : Dieu l'entende ! Pauvre sainte femme ? penser que son meilleur temps sera justement celui où elle aura tant souffert !

« Adieu, ton frère et confrère,

PAUL. »

« *P. S.* Au moment où je fermais cette lettre, j'en reçois une du docteur. Il m'a trouvé des leçons chez une de ses clientes, une étrangère très-riche, qui vient passer l'hiver à Paris, et dont une chute de cheval a livré le pied mignon aux soins de notre bon docteur. J'irai demain chez cette dame qui entre en convalescence. »

III. — LE CONVOI DU DOCTEUR.

Francis relut plusieurs fois cette longue lettre qui l'initiait à une existence dont quelques côtés seulement lui avaient été révélés précédemment, mais vagues, incertains encore. Cette fois, tout était précis comme un procès-verbal. Tous ces navrants tableaux avaient tour à tour passé devant ses yeux, et lorsque la plume du narrateur avait reculé devant certains détails, Francis les avait complétés en frissonnant dans sa pensée. Entre ses plus mauvais jours et l'horrible misère de l'homme au gant et de ses amis, quelle différence ! Tout le bénéfice de la comparaison était à son avantage. Cependant ces jeunes gens paraissaient accepter leur destinée comme une chose obligatoire. Pour arriver au but qu'ils s'étaient proposé, ils ne pouvaient prendre que ce chemin, et le suivaient tranquillement, comme en voyage on accepte les hasards d'une route que l'on sait périlleuse : pas de récriminations, pas de plaintes qui effrayent et sèment la contagion du découragement ; à peine un appel à la Providence, un courage égal et la même foi patiente dans un avenir commun. Et lui, pour quelques prvations subies, pour quelques luttes misérables avec la nécessité, combien s'était-il lamenté, que de gémissements sur la dureté du sort ! Comme sa vanité était habile à se faire un piédestal de chaque épreuve endurée ! Comme son courage de courte haleine avait oublié bien vite qu'on n'attendrit pas les obstacles, mais qu'on les franchit ! A la fin d'une bataille qui avait été meurtrière, un soldat retrouvait un frère d'armes qu'il avait perdu dans la mêlée ; encore ému par le péril qu'il avait couru, fier d'une blessure qu'il avait reçue devant ses chefs, il disait à son camarade : Tu ne t'es donc pas battu ? nous ne t'avons pas vu au feu. — J'étais dans la fumée, répondit l'autre, et, montrant un grand trou dans sa poitrine, il étendit les mains, ferma les yeux et tomba. Combien en est-il ainsi qui combattent dans la fumée de la bataille de la vie, héros anonymes que nul deuil n'accompagne quand leur destinée s'achève, et à qui le fossoyeur creuse une tombe sans savoir même quel nom il doit inscrire sur la croix !

La curiosité sympathique qui avait poussé Francis à s'emparer de cette lettre se changea, après sa lecture, en une admiration passionnée ; son enthousiasme l'entraînait dans une exagération qui grandissait au delà de toute proportion humaine les figures de ce groupe d'inconnus. Le lendemain, Francis alla au Louvre de bonne heure pour être un des premiers arrivés ; il replaça la lettre à l'endroit où il l'avait prise. Il s'était bien promis de forcer son voisin à s'ouvrir à lui, et de ne pas laisser écouler la journée sans être entré dans l'intimité de ce jeune homme. Ses projets ne purent avoir de résultat : l'homme au gant ne parut pas dans la galerie ce jour-là. Vers le milieu de la journée, le même jeune homme qui avait apporté le morceau de pain vint enlever le chevalet, le tabouret et toutes les affaires appartenant au voisin. Francis s'étant risqué à lui demander si son compagnon ne devait plus revenir au Louvre, le jeune homme répondit que *son frère* n'y paraîtrait pas de quelque temps, et s'éloigna après avoir salué Francis.

Le soir, ayant retrouvé ses amis, le peintre leur fit la description de l'homme au gant, et leur demanda s'il n'était pas connu par quelqu'un d'entre eux, sans toutefois rien trahir des renseignements qu'il possédait déjà. L'un des camarades de Francis déclara ne rien connaître du personnage en question ; il l'avait eu pour concurrent dans un concours de l'école, et savait seulement qu'il avait failli entrer en loge. Un autre ami ayant rappelé ses souvenirs, raconta à Francis que celui dont il parlait avait pendant quelque temps travaillé dans l'atelier d'un membre de l'Institut ; il avait été renvoyé à cause d'un duel avec un jeune homme de bonne famille qui fréquentait l'atelier en amateur, et qui avait hasardé une plaisanterie sur le compte d'une de ses parentes, une vieille tante ou une grand'mère. Un troisième ami remis sur la voie par ces détails, apporta aussi son contingent aux éclaircissements que cherchait Francis. Par celui-là, il apprit que son héros s'appelait Antoine, et qu'il était, avec son frère, le fondateur et le membre le plus influent d'un petit club qui avait pris le titre de *Buveurs d'eau*. — On désigne ainsi, à ce qu'il paraît, une espèce de francs-maçons de l'art, continua l'ami avec une teinte d'ironie ; on n'est admis dans leur compagnie qu'avec toutes sortes de difficultés ; ils vous soumettent à des épreuves très-dures pour le pauvre monde. Il faut d'abord improviser, si l'on est peintre, un chef-d'œuvre comme *la Transfiguration* en vingt-cinq minutes ; si l'on est sculpteur un groupe comme *le Persée* ; si l'on est poëte, un poëme comme l'Iliade. La besogne faite, on passe au scrutin. Si vous êtes reçu, on vous fait proférer toutes sortes de serments sur des pinceaux, des plumes et des ébauchoirs disposés en croix. Le génie étant une faculté d'essence divine, on s'engage à ne le point profaner en se livrant à un brutal mercantilisme ; en d'autres termes, il est défendu de gagner de l'argent avec ses œuvres. La cérémonie se termine par un grand verre d'eau qu'on avale, symbole ingénieux qui caractérise l'esprit d'une société où il n'y a que de l'eau à boire.

Dans ce grotesque résumé, Francis comprit la parodie d'une idée sérieuse qui devait être le fond de cette association, et ce qu'il venait d'apprendre, ajouté à ce qu'il savait déjà, aiguillonna encore la vivacité du désir qu'il avait de faire connaissance avec les buveurs d'eau. L'opinion exagérée qu'il avait des buveurs d'eau faisait supposer à Francis que les membres composant cette petite église artistique possédaient tous un talent supérieur, et que sans doute ils ne voudraient admettre dans leurs rangs que des associés qui leur paraîtraient des égaux. Le suffrage momentané de ses amis lui avait été sensible sans doute ; mais pendant qu'ils exprimaient ainsi leur admiration, Francis se demandait intérieurement : « Quelle sera l'opinion de l'homme au gant et de ses amis sur mon compte ? Me trouveront-ils digne d'être des leurs ? » Il arrive souvent qu'un artiste distingue dans la foule un groupe, quelquefois même un être isolé, dont l'opinion le préoccupe beaucoup plus que celle de la multitude. Les anciens buvaient aux dieux inconnus ; tel artiste en commençant une œuvre, l'a consacrée votivement aux amis inconnus, et, quand elle arrive à la publicité, il est rare que celui à qui elle a été dédiée ne s'arrête pas devant elle, subitement attiré par un mystérieux appel qui lui dit: « Ne me reconnais-tu pas? Dans cette foule qui m'environne, c'est ton regard que j'attends, c'est ton approbation que je réclame. » Et si l'inconnu s'arrête, s'il regarde, s'il approuve, dans la même minute peut-être son approbation est ressentie, devinée magnétiquement par celui qui l'attendait comme une récompense du passé, comme un encouragement pour l'avenir.

Qu'il admît ou non l'existence de ces communications mystérieuses, espèces de courants dans lesquels s'échangent les sympathies isolées, François avait agi comme ceux qui y croient. Nous avons dit l'espèce de petit succès qui se faisait autour de ses tableaux et le petit murmure qui commençait à se faire autour de son nom. Ce résultat dépassait ses espérances. Il ne tarda pas à reprendre courage, à se dire que les buveurs d'eau pourraient bien se trouver fiers un jour de l'admettre dans leurs rangs. Il n'y avait du reste rien qui ne fût très-réalisable dans cette supposition. Tous ceux qui commencent, quelle que soit d'ailleurs la branche de l'art à laquelle ils appartiennent, ne se préoccupent pas beaucoup de ceux qui continuent ou de ceux qui achèvent : ceux-là ont leur place prise et la défendent ; mais, pour les débutants qui ont leur place à prendre, l'intérêt véritable est dans le nombre des concurrents qui chaque jour augmente, et surtout dans la valeur relative du nouveau venu. Cette vérité est facile à observer et se justifie par l'empressement que tous les jeunes gens témoignent autour de l'œuvre d'un confrère qui pour la première fois se présente au jugement du public. Ce sentiment de curiosité inquiète n'est point blâmable. Toute lutte d'un artiste nouveau avec le public a un intérêt. Qu'il y ait chute ou succès, chacun se passionne et attend avec impatience la décision du souverain juge. S'il condamne, les spectateurs s'écoulent tranquillement, ceux-ci prenant parti pour le vaincu, ceux-là contre, le plus grand nombre avec indifférence. « Un homme à la mer ! » disaient-ils philosophiquement. Si au contraire il y a un vainqueur, alors toute la multitude se remue comme une fourmilière dans laquelle un oisif donne un coup de canne.

Les artistes si vains de ce titre ont parfois des accès de mesquine inquiétude. Ils ont toujours le mot progrès à la bouche dans leurs discours, et toutes leurs actions prennent le mot d'ordre de la routine. Ils parlent sans cesse de l'indépendance dans l'art, et s'ils étaient mis en demeure de formuler un code, ils seraient unanimes pour produire un traité d'une tyrannie draconienne. Si restreinte qu'eût été la première tentative de Francis devant le public, si modeste qu'en eût été l'écho, cela était suffisant pour que tous les *rapins* de Paris accourussent devant la vitrine où ses tableaux étaient exposés. — Quelques-uns, connaissant le marchand, entraient dans sa boutique pour examiner ces peintures de plus près et se renseigner sur le compte de l'auteur. Était-il jeune ? était-il riche ? Quel était son maître ? N'était-ce point un amateur comme on en rencontre quelquefois dans le monde, une de ces célébrités de salon à laquelle des triomphes d'album et des bravos gantés de blanc ont tourné la tête, et qui viennent faire une campagne de fantaisie dans le domaine de l'art, comme un dandy va faire un tour à Bade, disant au public : « Mon Dieu ! oui, j'ai fait ça en m'amusant. Qu'est-ce que vous en pensez ? Dites-le-moi franchement, et remarquez bien que ce n'est pas mon état ? » **A** quoi le public répond souvent, avec la franchise demandée, que cela se voit très-bien en effet.

Le marchand, interrogé ainsi à propos de Francis, répondait ce qui était, en ajoutant force amplifications. « Et venez encore dire que vous êtes malheureux, drôles ! ajoutait-il. Clabaudez contre la destinée et contre le public qui ne sait pas ce qu'il veut ! Il veut qu'on lui plaise, qu'on le satisfasse, qu'on s'ingénie à aller au-devant de ses fantaisies, et non pas, comme vous le faites les trois quarts du temps, à satisfaire les vôtres, qui lui importent peu. Toute bourse qui sonne est exigeante et en a le droit. Faites des concessions au public, sacrifiez au goût du jour, sans vous préoccuper s'il sera celui de l'année, et vous trouverez en moi un intermédiaire utile, complaisant, dévoué, pour mettre vos œuvres en circulation. Vous aurez un établissement bien achalandé, bien situé ; on fera à votre peinture la toilette d'un beau cadre, on la mettra sur un beau chevalet, et on la montrera aux passans sous la lumière de quatre becs de gaz. »

Merci bien, l'or de vos cadres, l'élégance de votre boutique, et la lumière de votre gaz, vous faites payer tout cela trop cher, j'aime mieux le mur de l'exposition et ma liberté.

— Oui, mais le directeur du musée, ne le fait pas d'avance, et le jury ne vous accorde pas toujours un clou au salon, à moins d'être M. tel ou tel, le public du salon ne vous cherche pas parce qu'il ignore où vous êtes, — s'il vous remarque par hasard, et qu'il ait la fantaisie d'acheter votre œuvre, — comme il ne peut pas le faire tout de suite, il oublie sa fantaisie en prenant sa canne au vestiaire, et s'il rencontre un ami dans la rue, il se borne à lui dire : J'ai vu une assez jolie chose, de qui demande l'ami, — d'un monsieur... Ah ma foi, je ne me rappelle plus, voilà à quoi ça sert les expositions, tandis que chez moi, continua le marchand, c'est autre chose, je fais l'article, je raconte des histoires attendrissantes sur l'origine de mes tableaux, — j'insinue à l'amateur qu'en achetant une belle œuvre, il en fera une bonne. J'ai une maxime que je mets presque toujours en pratique, tableau regardé, tableau qui se vendra; tableau marchandé, tableau vendu ; mais il faut savoir s'y prendre, augmenter ou diminuer à point, moi j'ai l'art *de ferrer* le chaland, comme on dit à la pêche à la ligne, et quand un amateur entre dans ma boutique, s'assoit sur mes fauteuils et regarde une toile, je passe à mon comptoir, et j'écris à mon artiste — votre affaire est dans le sac, envoyez prendre un autre châssis et mettez-vous à l'œuvre.

Cependant Francis, instruit qu'on s'était entretenu de son début dans les académies et dans les ateliers parisiens, ne mettait pas en doute que son nom ne fût arrivé dans la société des buveurs d'eau. A cette heure ils devaient avoir une opinion faite sur lui. Quelle était cette opinion? il eût donné la moitié de son succès pour la connaître. Dans l'espérance que l'homme au gant avait repris ses travaux au Louvre, et qu'en s'y prenant bien il pourrait peut-être savoir par lui ce qu'il était si pressé d'apprendre, — il parcourut les galeries sans rencontrer celui qu'il cherchait, il interrogea les familiers du lieu, il s'informa même auprès des gardiens, et partout reçut la même réponse.

Un jour, en passant sur le quai, Francis fut arrêté par le passage d'un convoi qui devait être celui d'un personnage important, car au milieu de la foule qui l'accompagnait, les curieux désignaient des illustrations de toutes les classes de la société, et particulièrement les membres les plus célèbres de la Faculté de

Médecine. L'attitude du cortége était silencieuse et recueillie. Ce n'était pas un mort vulgaire que ce char funèbre portait au lieu du repos. Ce devait être un de ces hommes dont le nom était appelé à vivre dans la mémoire humaine bien après que le temps l'aurait effacé sur la pierre de son monument, car ses funérailles avaient l'apparence d'une marche triomphale vers la postérité, et la physionomie générale de ceux qui formaient le cortége indiquait que la perte de ce défunt était un deuil public. Francis allait demander qui on enterrait là ; mais tout à coup il se frappa le front comme un homme qui devine. Entre les derniers rangs de la file qui suivait le convoi, il venait d'apercevoir un groupe isolé, au milieu duquel marchait l'homme au gant donnant le bras à une vieille femme plus que simplement mise ; un autre jeune homme, que Francis reconnut pour être le frère Paul, soutenait aussi les pas de la pauvre femme. Ces trois personnes, qui étaient peut-être les seules dont les vêtements ne fussent pas d'une couleur conforme à la cérémonie, avaient, comme signe de deuil, enroulé un morceau de crêpe autour de leur bras gauche. Derrière eux marchaient cinq ou six jeunes gens, la tête nue et le visage grave. Francis comprit alors qu'il assistait aux obsèques du docteur ***, dont il avait appris le décès par les journaux, et il eut le pressentiment que les jeunes gens qui accompagnaient les deux frères et leur aïeule devaient compléter la société des buveurs d'eau. L'artiste retira son chapeau, traversa la chaussée, et prit rang derrière le groupe sans qu'aucune personne parût prendre garde à sa présence.

On arriva ainsi dans la rue de la Roquette, qui conduit au Père Lachaise. Comme on commençait à passer devant les marbriers et fournisseurs d'ornements funèbres, qui sont très-nombreux aux alentours des nécropoles, l'homme au gant, que nous appellerons désormais de son véritable nom d'Antoine, laissa la grand'mère au bras de son frère Paul, et vint se mêler à ses amis. Bien que Francis ne fût qu'à deux pas derrière lui, il ne l'aperçut pas. Antoine eut avec les buveurs d'eau une courte conversation, à la suite de laquelle Francis remarqua que chacun d'eux fouillait dans sa poche. Après avoir recueilli l'offrande commune, Antoine quitta les rangs, et Francis le vit entrer chez un marbrier. Peu d'instants après, Antoine vint reprendre sa place auprès de sa grand'mère ; il avait à la main une grosse couronne d'immortelles. La pauvre femme parut étonnée ; mais son fils lui dit quelques mots tout bas, et l'aïeule, se retournant du côté des buveurs d'eau, leur adressa un triste sourire de remerciement.

Quand on pénétra dans le cimetière du Père Lachaise, une grosse pluie, qui menaçait depuis les premières heures de la journée, commença à tomber.

Malgré l'état du temps, on n'abrégea aucun des détails de la cérémonie, et tous les honneurs funèbres furent rendus à la dépouille de l'homme illustre et utile que la terre allait recouvrir. Les buveurs d'eau et leur grand'mère s'étaient frayé un passage jusque dans le voisinage de la fosse, sur laquelle de belles paroles furent prononcées par des confrères qui avaient été les rivaux du défunt, car où commence la mort, la justice commence; c'est une des premières restitutions que fait l'éternité. Un homme dont l'éloquence était connue achevait une oraison funèbre, dans laquelle il retraçait en magnifiques images la vie glorieusement remplie du docteur. Il s'efforçait surtout de rappeler à la foule qui l'écoutait le caractère élevé du défunt. Après l'avoir montré grand, il le montrait humain; il indiquait la trace de ses pas dans les évangéliques sentiers de la charité. Faisant allusion aux fonctions publiques que le docteur avait exercées pendant sa vie; comme un vivant symbole de l'éternelle misère et de la souffrance éternelle, il évoquait la sombre figure du Lazare populaire, l'hôte des grabats où n'entre pas le jour, le patient inconnu de l'espérance; il le montrait, au réveil du lendemain, écartant les rideaux de sa couche moribonde et appelant d'une voix endolorie l'homme dont la parole lui donnait le courage, et qui ne pourrait plus lui répondre; il mettait en relief toutes les belles actions de cette existence trop vite accomplie; il ouvrait les mansardes des quartiers laborieux, et faisait voir le prolétaire couvrant d'un crêpe l'outil qui mettait du pain dans la main de ses enfants, et que la science du grand praticien avait replacé dans la sienne.

Au milieu de ses paroles qui semblaient tomber d'une lèvre touchée par le charbon sacré, une apparition qui venait matérialiser les images de sa péroraison attira les yeux de l'orateur en même temps qu'elle troublait l'attention de l'auditoire. Une vieille femme, dont les sanglots avaient déjà été entendus plusieurs fois, parvint à s'échapper d'entre les mains de deux jeunes gens qui la retenaient ; franchissant le vide formé autour de la fosse qu'on achevait de combler, elle plaça une couronne d'immortelles sur la croix provisoire qu'on venait d'y planter, et les vêtements ruisselants de pluie, elle s'agenouilla auprès de la fosse, dans la boue, dans l'eau, joignit les mains et pria.—Messieurs, dit l'orateur en s'adressant aux spectateurs déjà gagnés par une émotion puissamment excitée, que pourrais-je dire de plus qui valût ces larmes, cette couronne, cette prière ! Suivons l'exemple que nous donne cette femme ; — à genoux, messieurs, et prions avec elle. —Et l'orateur illustre, s'inclinant, fit un de ces gestes d'autorité qui lui étaient familiers. Toute la foule obéit. La scène avait un caractère de grandeur véritablement saisissante ; aussi peu de gens échappèrent à l'impression qu'elle venait de causer, Francis moins que tout le monde.

Antoine et Paul allaient peut-être s'unir à l'acte de reconnaissance publique de leur grand'mère ; mais l'aîné des deux frères fut distrait par une courte conversation qui était venue jusqu'à ses oreilles. L'orateur, son discours achevé, était rentré dans la foule et y avait rejoint un personnage qui semblait attendre ses ordres. C'était le sténographe chargé de recueillir ses paroles pour un journal. — L'épisode est dramatique, bien arrangé, dit le jeune homme en félicitant celui qui d'une tombe venait de faire une tribune. — Parfaitement, répondit l'orateur ; mais je n'étais pas averti, et l'entrée de cette bonne femme m'a coupé le paragraphe final, qui résume tout le morceau. Je tiens à ce qu'on l'imprime ; emportez donc ce feuillet, et ajoutez-le à votre travail, dit l'orateur en glissant une page manuscrite dans la main du sténographe qui remercia et disparut.

Cette révélation fut un soufflet brutal donné à l'admiration que cette brillante oraison funèbre avait éveillée dans l'âme de l'aîné des deux frères, en même temps qu'une injure faite à la sincérité de leur douleur ; leur grand'mère était prise comme une comparse de comédie funèbre. Cela pouvait donc arriver, que la terre du lieu saint fît concurrence aux planches de la scène. Antoine et Paul se regardèrent avec une égale tristesse. Dans leur rougeur commune, ils reconnurent le stigmate de la même insulte. Tous deux franchirent le cercle et s'approchèrent de leur grand'mère, qui priait toujours agenouillée.

— Retirez-vous, lui dit Paul d'une voix vibrante d'indignation, vous vous donnez en spectacle. — Et nous aussi, ajouta Antoine en essayant de la faire relever. — L'aïeule regarda ses deux petits-fils avec étonnement; elle vit leur figure bouleversée, toute rouge encore; la colère semblait brûler leurs lèvres. — *Est-ce bien mes enfants qui me parlent ainsi?* semblaient dire ses yeux encore pleins de larmes.

— Ne voyez-vous pas que tout le monde nous regarde? dit Paul.

— Que pense-t-on de nous? continua Antoine, qui jetait un regard courroucé vers les spectateurs.

— Ne suis-je donc pas venue pour qu'on me voie.... murmura la vieille femme. Vous avez peur qu'on nous regarde, vous rougissez,... vous êtes honteux,... tremblants,... comme si vous étiez surpris faisant une mauvaise action.

Un terrible éclair, dont le feu sécha ses dernières larmes, monta aux yeux de l'aïeule. — Retirez-vous, dit-elle en écartant les deux jeunes gens, je vous comprends... Pauvre homme, ajouta-t-elle en regardant la fosse, pardonne-moi si je n'achève pas ma prière! Mes fils l'ont interrompue, parce que ma reconnaissance les humilie. Tu l'avais bien dit, mon bienfaiteur, leur misérable orgueil a tué tout ce qu'ils avaient de bon. Ton bienfait est encore chaud dans leurs mains qu'ils ne s'en souviennent déjà plus.

— Ma mère, ma mère, s'écrièrent les deux jeunes gens d'une voix altérée, si vous saviez!

— Je sais, reprit la mère, que vous avez vos chapeaux sur la tête devant cette tombe encore fraîche. — Et d'un geste rapide, elle étendit ses deux mains, arracha le crêpe qui était au bras de ses deux enfants, en jeta les lambeaux en disant d'une voix étouffée : — Otez cela, mes fils; c'est assez de l'ingratitude sans le mensonge. O mon Dieu, mon Dieu, s'écria-t-elle, vous maudissez ma vieillesse; vous ajoutez la douleur à la douleur. Mes enfants que j'aimais tant, mes enfants sont des ingrats ! Ah ! vous m'avez brisé le cœur, acheva-t-elle faiblement.

Cependant la foule commençait à se dissiper; la solitude s'étant faite autour d'eux, Antoine et Paul purent expliquer à leur grand'mère le véritable motif de leur conduite. Elle écouta leurs raisons, et son visage retrouva un peu de sérénité en voyant l'empressement qu'ils mettaient à se justifier du reproche d'ingratitude; mais son âme simple comprenait mal le mouvement d'orgueil qu'ils n'avaient pu réprimer. Dans un pareil jour et dans un pareil lieu, elle eût souhaité que ses enfants eussent fait comme elle abnégation de ce sentiment d'amour-propre qui les avait distraits de leur douleur. Néanmoins son cœur tendre reçut le contrecoup du cnagrin qu'elle avait dû causer à ses petits-fils, et elle voulut s'excuser; mais ils lui fermèrent la bouche avec une caresse. On rejoignit le groupe des buveurs d'eau, qui s'étaient tenus à l'écart, et on reprit ensemble le chemin du retour.

Francis, abrité par un parapluie, se promenait dans les environs en ayant l'air de chercher son chemin. Il attendait que les buveurs d'eau passassent devant lui pour se rencontrer d'assez près avec Antoine, qui ne saurait alors s'empêcher de le voir et sans doute de le reconnaître. La rencontre eut lieu, comme Francis s'y attendait bien. Antoine marchait précisément en arrière du groupe et causait avec un de ses amis. La grand'mère et le frère Paul tenaient la tête. La pluie avait redoublé, et les terrains détrempés rendaient la marche très-pénible ; aussi le moment était-il peu favorable pour aborder une conversation familière. Cependant, comme Francis ne pouvait pas choisir ses instants, il profita de l'occasion et songea à en tirer tout le parti possible. Accueilli assez froidement par Antoine, qui ne l'avait réellement point aperçu, ni dans le convoi, ni pendant l'inhumation, Francis lia péniblement les paroles les unes aux autres pendant tout le temps que l'on mit à sortir du cimetière. On ne disait rien, mais on parlait. A la barrière, des cochers, qui stationnaient sur le boulevard extérieur, voyant arriver plusieurs personnes, supposèrent qu'on allait leur faire signe.

mais on passa auprès des fiacres sans s'arrêter.

— Quel malheur que grand'mère ne puisse pas supporter le mouvement de la voiture ! dit Antoine, comme pour répondre à l'étonnement que Francis avait laissé paraître en voyant que les buveurs d'eau continuaient la route à pied. Cette pluie qui ne cesse pas ! Francis souffrait réellement de voir cette pauvre femme exposée à ce déluge glacial. Il savait parfaitement à quoi s'en tenir sur le motif allégué par Antoine pour s'excuser auprès d'un étranger de n'avoir pas pris une voiture. — Monsieur, dit-il avec vivacité, permettez-moi de vous proposer mon parapluie, et veuillez le porter à madame votre mère, il la préservera toujours un peu pendant le temps qu'elle mettra à rentrer chez elle. — Antoine voulait refuser ; mais Francis insista avec tant de cordiale simplicité, qu'il finit par accepter, et remercia Francis avec une effusion qui prouvait combien il était content qu'il eût cette idée. Il porta le parapluie à la grand'mère, qui se retourna en arrière pour remercier aussi. Francis la salua par une respectueuse inclination. — Mais, dit Antoine en revenant, vous, monsieur, vous allez être privé...

— Je suis jeune, dit Francis. Il allait ajouter : Et bien couvert, mais il se retint.

— Alors, dit Antoine, comment vous remettre votre parapluie ?

— Voici mon adresse.

Et il tira de son portefeuille une carte qu'il remit au jeune homme. Francis pensait qu'il allait la regarder, et se disposait à observer sur sa physionomie l'effet que produirait son nom ; mais Antoine prit la carte, la glissa dans sa poche sans la voir, et remercia de nouveau.

On était arrivé sur la place de la Bastille. C'était là que Francis avait dit qu'il s'arrêterait. Il salua ses compagnons de route, s'inclina avec respect devant la grand'mère, et s'éloigna par un côté opposé à celui que suivaient les buveurs d'eau.

IV. — LES BUVEURS D'EAU.

Rentré chez lui, Francis fit la toilette de son atelier. Il savait que dans toute première entrevue qui a un but intéressé, l'influence des lieux n'est pas étrangère. Il pensait que l'intimité serait plus difficile à établir, si la première pensée d'Antoine en entrant chez lui l'obligeait à faire une comparaison qui donnât trop d'avantage à son intérieur. Il fit donc disparaître toutes les choses qu'il avait acquises récemment et qui donnaient à son atelier un aspect trop meublé ; il cacha les quelques fantaisies de demi-luxe qui était sans utilité pour son travail, il retira des murailles les toiles commencées dont il avait constaté lui-même la faiblesse, il changea de place et exposa dans une meilleure lumière celles qui lui semblaient de nature à lui attirer un compliment. Au bout d'une heure, toute apparence de recherche, toute préoccupation de bien-être domestique avaient disparu. Il avait calculé que cette mise en scène se chargerait de révéler tout d'abord à l'hôte qu'il attendait une conformité d'existence qui lui servirait de point de départ pour en arriver à ses fins.

Le lendemain dans la matinée, Antoine vint comme il l'avait promis la veille. Francis était bien en scène, comme on dit en termes de théâtre. Antoine avait parcouru d'un prompt regard l'atelier, et l'examen avait paru être favorable. Le premier quart d'heure fut employé en banalités; mais étant chez un confrère, la politesse exigeait qu'Antoine donnât quelque attention aux études qu'il avait devant les yeux. Antoine suivit l'usage, d'autant plus qu'il y avait sur le chevalet une toile qui était placée trop bien en vue pour qu'on ne devinât pas dans quel dessein. Antoine loua avec intelligence ce qu'il voyait. Quand une chose lui paraissait défectueuse, il la signalait, comme pour donner plus d'importance à ses éloges; mais on sentait l'embarras, l'indécision dans ses paroles.

Francis ne se méprit pas sur le compte d'Antoine. Celui-ci le payait, avec une apparence d'intérêt, d'un léger service qu'il lui avait rendu. — Les pieds lui brûlent chez moi, il voudrait déjà être dans l'escalier, et si j'avais une pendule, il regarderait l'heure, pensait Francis. Ce qui l'étonnait surtout, c'est qu'Antoine ne lui parlait point des tableaux récemment exposés par Francis. Dans tous les arts, les jeunes gens qui commencent à se produire ont la prétention qu'on doit connaître leurs œuvres, et qu'elles sont l'objet de la préoccupation générale. Aussi le silence que l'on conserve devant eux équivaut à la plus amère des critiques ; l'ignorance équivaut à une injure. Ne pouvant admettre qu'Antoine ne connût pas ses tableaux, Francis en concluait que, s'il n'avait pas saisi cette occasion de lui complaire, c'est que son opinion n'était pas favorable, et intérieurement il trouvait que la société des buveurs d'eau, représentée en ce moment par Antoine, était bien difficile. Cependant on sortit de ce terrain vague. Francis eut l'adresse de glisser, à propos d'un maître dont on avait parlé, une critique dont il exagéra la violence avec intention. A la vivacité avec laquelle on lui répondit, il devina qu'il avait touché un ressort, et qu'Antoine, venu en visite officielle chez un étranger vis-à-vis duquel il voulait rester étranger, allait enfin se montrer ce qu'il était réellement. Antoine ne pouvait voir toucher à ses idoles sans les défendre, et il lui était impossible d'aborder une discussion d'art sans qu'il se passionnât. Une fois emporté, sa franche nature brisait tous les liens de la réticence, sa personnalité entière se révélait, non-seulement comme artiste, mais aussi comme homme. Au ton dont son confrère avait commencé, Francis avait deviné que la séance serait longue. Il démasqua un placard, prit deux bûches et alluma du feu dans son poêle.

— Tiens, dit naïvement Antoine, vous avez donc du bois?

— J'ai séance toute cette semaine, et comme j'ai reçu quelque argent de deux tableaux, j'ai fait une provision de chauffage.

— Et nous allons causer, comme des bourgeois, le dos au feu?

— Pardieu, interrompit Francis, nous devrions bien compléter le proverbe, et nous mettre aussi le ventre à table.

— Mais, dit Antoine embarrassé...

— Quoi! répliqua Francis avec gaieté, pas de façons. Vous n'avez pas déjeuné sans doute aussi matin, moi non plus. C'est une besogne plus agréable quand on la fait à deux.

Antoine n'avait aucune raison pour refuser, et il en avait une pour accepter : il accepta. — C'est bien, dit Francis intérieurement, si la glace n'est pas encore brisée entre nous, au moins elle est fêlée. — Il héla son portier par la fenêtre, et un quart d'heure après Antoine et Francis réalisaient le proverbe bourgeois qui est si souvent une utopie pour les artistes pauvres.

Derrière eux, le poêle ronflait, et devant eux la table était mise. La discussion interrompue reprit de plus belle. Les deux amis, — c'était le nom qu'ils se donnaient déjà, — causaient encore, comme la nuit arrivait. — Maintenant, dit Francis, allons dîner. Ce soir aussi vous êtes mon hôte. — Un seul mot peindra le degré d'intimité auquel ils étaient arrivés. Antoine, voyant que Francis le conduisait dans un grand restaurant, l'arrêta sur le seuil, et lui dit très-franchement :
— Vous allez faire des sottises ; je ne veux pas être votre complice. Il vous en coûtera au moins vingt francs pour nous faire asseoir pendant une heure dans ces beaux salons où nous ne serons pas à notre aise pour parler, surtout des choses dont nous avons à parler.

— Baste, pour une fois ! dit Francis.

— Non, vrai, continua Antoine, et puis au fait, je puis bien vous dire cela... j'aurais comme un remords de m'attabler là dedans pendant qu'on jeûne à la maison. Faites mieux, allons dans un endroit modeste. En passant devant chez nous, je remettrai à mon frère quelques sous que vous allez me prêter. Demain, je vous les rendrai ; j'ai à toucher un mois de leçons.

— Faites mieux encore dit Francis ; allons prendre votre frère et vos amis s'il s'en trouve chez vous.

— Cela ne se peut. Vous seriez gêné et eux de même. Quand ils vous connaîtront par moi, nous verrons. D'ailleurs, mon frère veut travailler ce soir ; s'il a de quoi souper et devant lui quatre heures de feu, de lumière et de tabac, vous lui aurez rendu service.

Francis glissa une pièce d'or dans la main d'Antoine, qu'il accompagna jusqu'à sa porte. — Attendez-moi cinq minutes, dit celui-ci. — Pendant qu'il se promenait dans la rue, Francis remarqua que le frère d'Antoine sortait de la maison, accompagné de l'un des jeunes gens qu'il avait vus la veille au convoi. Peu de temps après, il les vit rentrer. L'un d'eux portait une falourde sur le dos, et l'autre avait un pain sous le bras. Francis se tint à l'écart pour qu'on ne le reconnût pas. Au bout de cinq minutes, Antoine était redescendu. — C'est moi qui vous mène, dit-il à Francis. — Et il le conduisit dans une espèce de brasserie où l'on mangeait. Si le repas se prolongea, ce ne fut point la faute des plats ; Antoine s'était opposé à tout extra. Comme on se levait pour partir, Francis vit avec étonnement que son convive payait le garçon qui les avait servis. — Que faites-vous ? lui demanda-t-il.

— Laissez, répondit Antoine. — Et quand ils furent dans la rue : — Voici votre monnaie, dit-il en rendant à Francis ce qui restait de la pièce d'or.

Le dîner payé, Francis calcula que les buveurs d'eau n'avaient pas dû prendre plus de deux francs sur le louis. — Vous ne m'avez donc pas compris tout à l'heure ? dit-il d'un ton de reproche à son compagnon.

— C'est vous plutôt qui ne m'aviez pas compris. Je vous avais demandé quelques sous.

— Mais puisque cela ne me gêne pas... reprit Francis.

— Mais cela nous gênerait, nous ! répliqua Antoine de façon à faire comprendre que toute insistance lui était désagréable. Et comme Francis allait hasarder une nouvelle objection : — Écoutez, continua-t-il, ma conduite a sa raison d'être. Vous avez vu avec quelle liberté j'ai agi avec vous. Nous sommes dans des termes que nous n'aurions pas prévus ce matin. La transition a été rapide ; mais cette promptitude même est un gage de la franchise qui nous a mis la main dans la main. Le temps donnera un autre nom aux sentiments que nous pouvons avoir l'un pour l'autre. Le temps fait pour les amitiés ce qu'il fait pour les vins, qui se dépouillent en vieillissant d'une verdeur sèche qui empêche d'apprécier toutes leurs généreuses qualités. Quand l'habitude nous aura appris à nous connaître, nous perdrons aussi, naturellement et sans effort, tous les petits doutes, toutes les craintes qui suivent le premier pas que deux sympathies font au-devant l'une de l'autre. Et maintenant, mon cher ami, puisque vous paraissez y tenir, comme j'y tiens moi-même beaucoup de mon côté, allons voir vos tableaux. J'y aurais été déjà, si j'avais eu occasion d'aller dans ce quartier, car mon frère m'en a parlé comme d'une chose... heureuse.

On arriva devant la boutique de Morin. Antoine examina les tableaux et ressentit cette impression qu'on nomme *le coup de fouet ;* mais il se remit de ce premier moment de surprise et jugea les deux toiles comme elles étaient jugées par les gens sérieux qui les avaient examinées.

— Eh bien ! lui demanda Francis, que pensez-vous de mon début ?

— Je ne peux pas vous vanter à propos de vos peintures. Elles m'ont surpris d'abord ; mais ces deux toiles ne supportent pas un examen consciencieux. Les parties saisissantes, qui ont dû vous paraître des qualités, ne sont que d'habiles parodies, des défauts communs aux maîtres que vous suivez. Vous êtes tombé dans le piége éternel tendu par les chefs d'école. En regardant vos tableaux tout à l'heure, je me demandais si vous étiez en état de renouveler ce tour de force, et si vous retrouveriez cette habileté au premier commandement de votre volonté. Je vais vous dire une chose qui vous surprendra : je souhaite qu'elle vous manque, et qu'à la première tentative que vous ferez, vous en soyez réduit au tâtonnement, à l'essai, à l'étude enfin. Alors vous rentrerez dans la véritable voie ; vos progrès étant le résultat de la recherche et non d'un hasard, vous en retirerez des profits durables que vous pourrez appliquer utilement et sérieusement. Vous allez me répondre que le sentiment et l'inspiration peuvent suppléer à l'étude; mais l'inspiration, quand il s'agit d'un premier début, se formule avec plus de naïveté. Dans ces circonstances, c'est l'idée impatiente qui n'attend pas qu'elle soit mûrie par le travail de l'art, c'est le diamant qui n'attend pas le lapidaire et se révèle diamant par sa première étincelle. Ce n'est pas là votre histoire. Vous n'êtes pas naïf, car votre peinture est pleine de ruses ; vous n'êtes pas original, puisqu'on sent chez vous, et malgré vous peut-être, des préoccupations étrangères. Ces tableaux ne sont pas le résultat d'une inspiration ; on l'aurait sentie dans vos œuvres précédentes. Qu'est-ce donc alors? Un accident; et cet accident sera heureux selon le parti que vous allez prendre.

Francis gardait le silence, mais il ne paraissait qu'à demi convaincu. — Morin, reprit Antoine, se connaît, on ne peut le nier, dans cet art d'à-peu-près qui lui procure une fortune : il veut faire de vous ce qu'il a fait de plusieurs. Il vous fera produire beaucoup ; il vous entretiendra dans une apparence de bien-être que vous ne trouverez pas sûrement, si vous rompez avec lui. Il a des influences qui l'aideront à vous procurer des succès dont il aura besoin pour donner à votre nom une valeur commerciale, car c'est l'affaire importante pour lui ; il vous lancera dans un monde qui est au monde ce que ses marchandises sont à l'art. Si vous refusez de produire pendant quelque temps, il s'offrira lui-même à bercer le hamac de votre paresse, sûr que vous en sortirez bien vite pour arriver à son comptoir. Le familier, l'ami, le complaisant, auront disparu alors ; vous vous trouverez en face d'un patenté qui vous ouvrira ses livres en vous disant que vous commencez à prendre trop de place dans la colonne de votre passif, et qu'il serait temps de rétablir la balance. Le temps où vous vous contentiez de peu, souvent même de rien, sera bien loin derrière vous ; vous aurez pris goût aux plaisirs coûteux, aux satisfactions d'amour-propre, aux éloges stupides qui vous font rougir, mais que les faux artistes ont besoin d'entendre résonner autour d'eux pour travailler, comme les mules qui s'excitent au bruit de leurs grelots, vous serez fait à l'atmosphère dissolvante de cette flânerie parisienne qui bat du matin au soir monnaie de frivolités, frappée à l'effigie de la médisance en cours, traité avec indifférence par vos confrères qui n'accepteront votre réputation que comme une affaire de vogue inintelligente, vous parlerez d'eux en crevant une vessie de fiel, sur leurs ouvrages, vous voudrez vous venger de leurs dédains en leur prouvant qu'une de ces œuvres qu'ils n'admettent pas, vous rapporte plus que ne pourraient le faire en un an leurs travaux sérieux, patients, et obscurs, c'est alors que pour allonger d'un zéro votre crédit chez Morin, vous consentirez à vous remettre à la besogne, et Morin qui vous tiendra alors en sa puissance, ne vous laissera plus même la liberté du caprice, il vous dira : Je ne veux plus de ceci, il me faut de ça, et il vous enverra le programme de votre tableau au coin de la toile. Puis un beau jour, quand il aura épuisé votre veine, il vous dira que vous baissez, il vous humiliera par les succès préparés à de nouvelles recrues qui auront plus tard le même sort que vous, et à la fin il vous proposera de vous rendre votre liberté, à moins qu'il ne vous plaise d'accepter un emploi de broyeur dans sa fabrique. Vous voudrez essayer de vous passer de lui ; mais il arrivera que vous vous trouverez partout opposé à vous-même. On vous évincera précisément à cause de votre réputation compromettante. Vous vous reprendrez alors d'une belle passion pour les études graves ; mais l'art, qui a horreur de ces adultères, vous renverra aux brocanteurs de bas étage. Vous tomberez sur la table des commissaires-priseurs, et vous serez péniblement adjugé entre un lot de ferraille et un lot de chiffons. Que ferez-vous alors, découragé, dédaigné, méprisé, trop avancé dans la vie pour pouvoir la recommencer, subissant à votre tour la pitié de ceux que vous avez connus autrefois obscurs, misérables, et que vous rencontrerez maintenant heureux et célèbres, possédant en réalité la chose dont vous n'avez eu que l'ombre, tandis que vous serez réduit à peindre des stations de la croix à cent francs la douzaine pour les fabriques d'églises villageoises

Ces alarmants pronostics n'avaient pas réussi à persuader Francis. — Mais, dit-il à Antoine, il faut vivre cependant. — Ne viviez-vous pas avant de connaître Morin ? répondit celui-ci. — Sans doute, répliqua Francis, mais ce n'était pas sans peine ; je ne sais pas comment je ferais, si je devais recommencer une semblable existence. Pourtant, se hâta-t-il de dire, si j'étais soutenu, encouragé par l'exemple, si je vivais, comme vous, dans un milieu d'enthousiasme, au centre d'affections actives comme celles qui vous environnent, à cet incessant contact avec des intelligences fraternelles, j'acquerrais peut-être une foi qui me manque, j'en conviens, une persévérance qui résisterait à toute séduction dangereuse ; mais je suis isolé : j'avais des amis qui se sont détachés de moi ; j'ai horreur de la solitude et de l'ennui. Alors, vous comprenez?

— Parfaitement, répondit Antoine ; il faudrait que vous vécussiez au milieu de nous. C'est cela que vous vouliez me demander ? Vous aurez entendu parler de notre petite réunion, et Dieu sait les quolibets qu'on fait pleuvoir sur nous : il est facile de médire de ce qu'on ne connaît pas, plus facile encore de ce qu'on connaît mal. Je vous dirai la vérité sur notre association. Si son esprit répond à l'idée que vous vous en êtes faite, mes amis et moi nous entreprendrons votre sauvetage ; mais il faut que vous sachiez à quoi vous vous engagez en prenant place parmi nous.

Antoine expliqua alors longuement à Francis les mystères d'une existence que celui-ci connaissait déjà en partie. Il profila l'une après l'autre les figures de tous ses amis. Selon lui, tous n'avaient pas de talent encore prouvé. — Nous avons, disait-il, parmi nous des poëtes dont la muse balbutie encore; mais elle balbutie juste. Il en est d'autres, reprit Antoine, et il se mit franchement du nombre, dont les œuvres déjà accentuées se montrent filles de bonne race. Quant à notre pauvreté, nous la subissons comme on accepte le froid pendant l'hiver, seulement notre hiver est rude, on ne peut le nier. Aussi notre espérance n'est-elle pas une poétique figure, comme la dépeignent les allégories : c'est une chétive compagne qui soupire ses consolations plutôt qu'elle ne les chante. Chez nous, les jours se suivent et se ressemblent, il en est beaucoup depuis trois ans dont nous avons pu mesurer la longueur sur un proverbe très-connu. Il y a pourtant des gens qui nous disent : Il est bon que les jeunes gens connaissent cette vie-là, cela leur trempe le caractère. — Oui, dans du vinaigre. — Pour nous, si nous avons échappé à cette amertume, par laquelle les gens les mieux doués trahissent involontairement leur malheur, c'est grâce à l'exemple de résignation que nous avons au milieu de nous, dans la personne de notre grand'mère.

Je vous dirai son histoire en deux mots, et vous ne

pourrez vous empêcher d'admirer le rôle qu'elle joue parmi nous. Il y a trois ans, elle vivait chez nos parents, achevant tranquillement sa vie laborieuse dans le repos de la vieillesse, comme un bon ouvrier qui a fini sa journée. Un soir, comme nous ne voulions pas prendre l'état auquel notre père nous avait destinés, ayant appris que nous allions travailler dans un atelier de peinture, il nous dit à la fin du dîner : « Vous avez mangé mon pain pour la dernière fois ; allez vivre ailleurs, et comme vous pourrez : vos malles sont faites. — Et la mienne aussi, dit notre grand'mère en se levant de table. Je pars avec mes petits-enfants. » Notre mère pleurait, mais la grand'mère était calme : elle monta dans sa chambre, fit un paquet de ses hardes et nous rattrapait comme nous passions, pour n'y plus revenir, le seuil de la maison paternelle. — Pourquoi nous partions, où nous allions, qu'est-ce que c'était que l'art, — humble ignorante, elle ne le comprenait pas ; tout ce qu'elle comprenait, c'est que nous serions seuls et que nous étions jeunes et faibles. Comment repousser cette tendresse ? comment lui faire entendre qu'elle serait un embarras pour notre exil hasardeux ? Hélas ! nous n'avions rien compris. Deux jours après notre installation dans notre premier atelier, le véritable dévouement de cette âme héroïque se révéla dans toute sa simplicité : grand'mère avait cherché de l'ouvrage, et elle en avait trouvé. Elle avait paru bien vieille, mais comme Antée retouchant la terre, cette laborieuse créature avait retrouvé de la force en touchant l'ouvrage. — Mes pauvres enfants, nous dit-elle, vous avez pris un état qui ne vous rapporte rien, mais qui vous plaît, c'est le principal. Moi, j'en sais un à la portée de tous les gens qui ont des bras, il nous aidera à vivre. Quand vous gagnerez de l'argent et que vous serez heureux à votre fantaisie, vous m'achèterez un grand fauteuil ; je m'assoirai dedans pour ne plus bouger, et je mourrai heureuse en regardant votre bonheur. — Nous voulions l'empêcher de travailler et l'obliger à retourner dans notre famille, mais nos supplications furent inutiles. Elles nous arrêta d'ailleurs par un mot : « Est-ce parce que vous rougiriez d'avoir une grand'mère qui travaille chez les autres ? » nous dit-elle. Que répondre, sinon accepter ce dévouement ?

Pendant les dix-huit mois qui suivirent notre départ de la maison paternelle, ce fut cette pauvre femme, dont l'âge serait deux fois celui de mon frère et le mien, qui nous fit vivre avec le gain de son travail ; et maintenant encore, si le secours de ses bras venait à nous manquer, il faudrait peut-être que nous fissions à nos principes des concessions mortelles pour l'art ; en un mot, nous serions forcés de rechercher aussi la protection d'un Morin. Or, c'est à toute concession de cette nature que s'oppose l'esprit de notre société. Chacun dans sa spécialité se refuse parmi nous à faire autre chose que celle pour laquelle il se croit créé, et attend patiemment, pour produire l'œuvre qui signalera son avénement, qu'il ait réuni tous les éléments et acquis la force nécessaire. Il en est parmi nous qui seraient déjà en état de tirer de leurs travaux un bénéfice matériel de nature à apporter un soulagement non-seulement à leur position, mais à celle de tous, car dans notre famille rien n'est à un seul, tout se partage en entrant. Toutefois ceux-là, n'ayant pas derrière eux l'autorité d'un nom fait, seraient obligés de subir des prétentions inintelligentes, des conseils opposés à leur façon de comprendre, et, préférant se maintenir dans leur intégrité, ils attendent que leur jour soit venu. On nous taxe d'un orgueil cynique : ce sont propos d'ignorants ou de malveillants. Notre orgueil n'est pas si niais qu'on le suppose. Nous accepterons, d'où qu'elle vienne, toute protection franchement offerte, toute sympathie qui, ne s'effrayant pas de l'apparence, ira au fond des choses et ne demandera pas à notre reconnaissance une attitude servile et un langage offensant pour nous-mêmes. Nous nous plions facilement aux nécessités d'une existence difficile, mais nous refusons de nous plier à une morale plus commode à pratiquer qu'à justifier. Nous ne sommes pas des puritains exagérés, et nous changerions très-volontiers notre existence contre une meilleure, en tant que la métamorphose s'accomplirait sans préjudice de nos idées sur l'art. Nous sommes des hommes et nous sommes jeunes ; cette séquestration en dehors des plaisirs et des jouissances de notre âge nous est souvent pénible ; nous connaissons l'assaut des tentations, mais nous le repoussons, et ne pouvant les trouver ailleurs, nous plaçons nos jouissances et nos plaisirs dans notre travail même.

Voyant que Francis l'écoutait avec intérêt, Antoine voulut répondre devant lui à toutes les objections dirigées contre la société des buveurs d'eau. On nous accuse d'égoïsme, continua-t-il, parce que nous laissons travailler notre grand'mère, qui est vieille ; mais ce grand cœur donne un démenti aux accusations. Elle sait que son dévouement est la base de notre avenir, et sa face rayonne de fierté quand elle voit le courage que nous puisons en elle. Entre nous, nous nous aidons dans toute la mesure de nos moyens. Il y a un an, j'avais le désir d'aller faire un petit voyage pour étudier d'après nature : chacun de mes camarades s'est frappé volontairement de l'impôt d'une privation nouvelle ; on m'a fait les frais de mon voyage. La plus grande franchise règne parmi nous. Nos opinions n'ont jamais qu'un visage. Nous sommes le plus possible d'humeur égale et gaie, parce que la tristesse ne sert à rien et que nous avons pour principe que tout ce qui est inutile est nuisible. Nous avons de grands défauts, qui ont

pris le parti de vivre en bonne intelligence plutôt que
de se quereller pour se corriger mutuellement. Nous
respectons toutes les opinions qui touchent l'art, quoique opposées aux nôtres. Beaucoup parmi nous suivent
un sentier différent, mais le but est le même, et tout
en nous soumettant avec religion aux règles de l'association, chacun conserve son indépendance. Nous
sommes cités dans nos familles comme des modèles
de désordre ; c'est à peine si l'on ose prononcer nos
noms devant nos sœurs, et notre existence est unie,
calme, moralement régulière : ce sont les habitudes
d'une communauté, l'abstinence comprise. Nous évitons les nouvelles connaissances : une figure nouvelle,
c'est le plus souvent un caractère nouveau, et nous craignons une dissonance dans notre harmonie. Au reste,
on nous recherche peu, et nous nous occupons des
autres encore moins qu'ils ne s'occupent de nous. Malgré notre isolement, nous nous tenons au courant de
tout ce qui se produit dans le monde de l'art. Chacun
à son tour va aux nouvelles et nous les apporte. On lit
les livres nouveaux, et quand une œuvre dramatique
amène la foule dans un théâtre, on s'arrange pour que
celui d'entre nous que ce succès peut intéresser assiste
à une représentation. Ces rares plaisirs, on les perpétue
le plus qu'on peut par le souvenir. Nous sommes comme
les enfants qui ne sont pas habitués à voir des joujoux :
nous économisons nos joies et nous les faisons durer

le plus possible ; quand le son est éteint, on écoute l'écho. Doit-il quelque jour sortir quelqu'un et quelque chose de notre association? L'avenir le dira. Y aura-t-il jamais parmi nous un grand artiste? J'en doute. Quand nous faisons respirer nos muses, nous voyons qu'elles ont le souffle court. Nos productions ont le goût du terroir; jusqu'à présent, elles sont maladives. Aussi ne pensons nous pas que nous enfanterons de grandes choses, mais nous pourrons en produire de sincères. Malgré les brouillons, les inutiles, les parasites, les saltimbanques et toute la dangereuse engeance qui s'est abattue dans l'art comme des sauterelles sur un champ, la formule définitive de l'art moderne se trouvera quelque jour. En attendant, il y a des gens patients, utilement laborieux, convaincus autant qu'on peut l'être dans une époque d'incrédulité, vivant à l'écart du tumulte des faiseurs de théories, peu soucieux de triomphes puérils, et résignés humblement à leur rôle modeste. Nous sommes de ces gens-là ; c'est notre mérite, et c'en est un. Voulez-vous le partager avec nous, maintenant que vous savez ce que nous sommes? acheva Antoine en regardant Francis.

— C'est mon plus cher désir, répondit celui-ci.

— Eh bien ! fit Antoine, j'arrangerai votre réception, mais réfléchissez encore, car vous voyez par ce que j'ai dit que jusqu'à présent les bénéfices de notre association sont assez négatifs.

V. — LA RÉCEPTION.

Comme on était arrivé à une heure avancée de la nuit, les deux jeunes gens, qui avaient en causant remonté et descendu au moins dix fois la rue de l'Est dans toute son étendue, se séparèrent enfin, convenant de se revoir prochainement. Dès le lendemain, Francis reçut la visite d'Antoine. — Vous savez la nouvelle ? lui dit celui-ci.

— Quelle nouvelle ?

— Vos tableaux sont vendus.

— Comment le savez-vous ? demanda Francis.

— Parce que je sors précisément de chez la personne qui les a achetés. J'étais là quand on est venu les livrer. Ils sont maintenant dans le salon de cette princesse russe à laquelle je donne des leçons… A propos, interrompit brusquement Antoine, vous ne m'aviez pas dit que vous aviez déjà traité avec Morin pour aller peindre des dessus de porte dans la campagne d'un de ses clients.

— Il n'a jamais été question de cela entre nous, dit Francis étonné.

— C'est pourtant ce que Morin a répondu à la princesse, qui désirait vous parler. Il a même dit que vous deviez déjà être parti.

— Pourquoi diable a-t-il inventé cela ? se demanda tout haut Francis.

— La vente était conclue depuis quinze jours, fit Antoine. Seulement Morin avait obtenu de la princesse que les tableaux seraient laissés encore quelque temps en montre.

— Savez-vous combien elle a payé mes tableaux ? demanda Francis.

— Assez cher, répondit Antoine en souriant ; mais vous êtes mon ami, et je vous ai donné le premier coup d'épaule de la camaraderie en disant à la princesse que c'était bon marché. Morin a reçu quinze cents francs.

— Ah ! je comprends maintenant, s'écria Francis, je comprends pourquoi il ne m'a pas parlé de cette vente et pourquoi il craint que je ne me rencontre avec cette dame. Il veut que j'ignore l'énorme gain que lui rapporte sa première affaire avec moi.

— C'est bien possible, et surtout dans le caractère de l'homme, dit Antoine, et je pensais quelque chose de semblable. Au reste, j'ai certifié que vous étiez encore à Paris, et j'ai donné votre adresse à mon élève. Si cette dame veut vous faire une commande, comme cela est supposable, vous pourrez traiter sur un bon pied et jouer à Morin le tour de lui rogner son énorme escompte. La princesse est fort riche et ne regarde pas à l'argent : elle vous en a donné la preuve, ajouta Antoine.

Le mot siffla à l'oreille de Francis, et cette plaisanterie sur l'heureuse vente de ses œuvres lui déplut, mais il ne montra pas son dépit.

— Et vous pensez que cette dame a l'intention de me commander quelque chose ? demanda-t-il.

— Peut-être veut-elle que vous lui fassiez deux pendants à votre *Printemps* et à votre *Hiver*. Au reste, maintenant qu'elle sait où vous trouver, elle vous fera demander. A propos, dit Antoine, nous vous invitons à dîner pour ce soir à la maison ; on pendra la crémaillère pour votre réception. J'ai reçu mon mois de leçons chez la princesse. Le mois prochain ne sera pas si bon, car cette dame est forcée d'interrompre pour une quinzaine de jours : il lui est arrivé de Russie des parents qui lui prennent tout son temps.

— Est-elle jeune ? demanda Francis.

— Elle est jeune, jolie et veuve, parfaitement polie. Elle fait de la peinture à peu près comme je ferais de la tapisserie, et oblige tous ses amis à prendre des billets pour des loteries où l'on gagne ses tableaux. J'en ai pris une fois, et j'ai eu la politesse de gagner. S'il y a un grain de vanité mondaine dans ces fantaisies, les pauvres en profitent. Son mari a été tué dans le Caucase, et depuis qu'elle est libre, elle use de sa liberté en femme qui a connu l'esclavage. Elle a d'excellent tabac, et elle brûle chez elle des parfums d'Orient.

— Et tout cela ne vous monte pas à la tête? demanda Francis.

— Si, dans les commencements, parce que je n'étais pas habitué aux odeurs, mais je commence à m'y faire, répondit Antoine.

— Ce n'est pas cela que je voulais dire, fit Francis. Je vous demandais si, vous trouvant fréquemment en tête-à-tête avec une femme que vous dites jolie, familière et capricieuse.... Enfin est-ce que vous ne parlez jamais que de peinture!

— Nous parlons de toute sorte de choses, dit Antoine, et comme la princesse fait de l'opposition à son gouvernement, nous disons du bien de la Pologne. Pendant l'heure de la leçon, je suis le maître de la princesse, et tout uniment son serviteur très-humble quand elle est finie. Vous m'inquiétez, ajouta Antoine en riant. Est-ce que vous auriez l'intention de demander la princesse en mariage? Ce ne serait pas là mon compte, car naturellement ce serait vous qui lui donneriez des leçons, et alors notre marmite deviendrait comme par le passé un vase de pur ornement.

Les deux jeunes gens se séparèrent en se serrant la main et prirent rendez-vous pour le même soir, où Francis devait être présenté à toute la société des buveurs d'eau. Francis, ayant à cœur la conduite de Morin à son égard, se rendit chez lui pour en avoir l'explication; mais aux premiers mots, celui-ci lui coupa la parole : — Je voulais vous ménager une surprise, mais vous ne m'en donnez pas le temps. Comme je ne néglige aucune occasion d'être agréable à mes artistes, vous auriez lu demain dans un journal : « Madame la princesse de ***, connue par son goût éclairé pour les arts, a fait l'acquisition des deux toiles de M. Francis Bernier qui attiraient ces jours passés la foule devant les splendides magasins de M. Morin, qui sont le rendez-vous ordinaire de tous les amateurs de Paris. » C'est court, mais c'est clair : tout le monde aurait eu son compte, et vous auriez eu le vôtre largement, et en autre monnaie, continua Morin ; car, ayant vendu vos deux toiles beaucoup plus cher que je ne l'espérais, j'avais résolu de vous faire participer à l'aubaine. Il faut que tout le monde vive, mon jeune ami. — Et Morin glissa dans la main de Francis un fin et frissonnant papier que celui-ci mit tranquillement dans son portefeuille.

Francis, disposé par Antoine à se méfier de Morin, suspecta un piège dans la générosité de celui-ci, et ne tarda pas à en découvrir le motif quand il entendit le marchand lui commander deux pendants aux tableaux vendus.

— Je vous les achète d'avance, dit Morin.

— A quelles conditions? demanda Francis.

— Mais, reprit le marchand, il me semble que vous n'avez pas à vous plaindre des premières conditions que je vous ai faites? Quand je propose une affaire à un artiste, à lui d'accepter ou de refuser ; mais, l'affaire conclue, je traite comme je l'entends avec mes clients. Il est bien entendu que je gagne sur le marché, mais nous ne vivons pas dans les nuages : chacun vit de son état et cherche à en bien vivre.

— Alors vous ne devez pas trouver étonnant que je fasse comme tout le monde, dit Francis, et que je préfère, par exemple, traiter directement avec la personne qui désire avoir deux pendants aux tableaux qu'elle a achetés : en faisant l'affaire moi-même, je bénéficierai naturellement du gain que vous auriez fait sur moi. Vous l'avez dit vous-même : chacun vit de son état et cherche à en bien vivre.

— Mon cher monsieur, dit Morin, je suis allé vous prendre dans votre grenier, je vous ai mis en bonne posture, je voulais vous mettre dans une meilleure. Vous vous croyez déjà assez grand garçon pour vous passer de moi ; à votre aise. La délicatesse avec laquelle j'ai agi avec vous me servira de leçon.

— Alors, dit Francis, j'aurai l'honneur d'informer madame la princesse de *** que je ne suis pas à la campagne, comme il vous a plu de le lui dire, et que je me tiens à sa disposition.

— Vous êtes parfaitement libre, dit Morin.

Francis revint chez lui, et de là se rendit à la maison d'Antoine, où il était attendu. Tous les buveurs d'eau y étaient réunis et l'accueillirent de telle façon qu'il se trouva promptement à son aise. On fit un repas modeste, mais cette simplicité était de la part des convives l'objet de plaisanteries qui donnaient à entendre que chacun d'eux n'était pas habitué à un semblable ordinaire. La réception de Francis s'accomplit sans aucune des formalités ridicules dont il avait entendu parler. On ne lui demanda aucun serment : seulement le président de la société, un peintre qui s'appelait Lazare, le prit à part et lui donna lecture de l'acte d'association. C'était, formulée en articles, la répétition de la profession de foi qu'Antoine lui avait faite la veille. Lazare lui fit relire une seconde fois l'article 5, qui était ainsi conçu : « Le but de la société étant principalement de maintenir chacun de ses membres dans la stricte intégrité de son art, aucun d'eux ne pourra s'en éloigner ni se livrer à des productions dites de commerce, quel que soit d'ailleurs le bénéfice qu'il pourrait en retirer... »

— Mais, interrompit Francis, à quoi peut-on reconnaître qu'on s'éloigne de cette intégrité ? Où s'arrête l'art ? où commence le métier ? Quand on a du talent on le prouve dans toutes ses productions, et une œuvre ne perd aucun de ses mérites parce qu'elle a été payée.

— Il ne s'agit pas de cela, dit Lazare. Quand on a du talent, en eût-on même beaucoup, on risque de le compromettre en se livrant aux faciles improvisations, à l'inutile excès d'habileté, qui éloignent de l'étude sérieuse, pour un temps moins productive que les travaux frivoles dont le placement offre moins de difficultés. En faisant du *fac-simile,* on arrive à ne plus savoir faire du vrai, on commence par duper les autres on finit par se duper soi-même. Voilà l'explication de notre article 5. Si vous n'avez pas compris, dit Lazare avec une apparence d'ironie, levez la main, je ne demande pas mieux que de répéter.

— J'adhère à cet article comme aux autres, répliqua Francis, et je connaissais déjà en partie toutes les clauses de votre contrat. Venir ici, c'était vous dire que je les acceptais.

— Alors, continua Lazare, il ne vous reste plus, si cela est actuellement dans vos moyens, qu'à verser la petite cotisation spécifiée par le dernier article. Ces fonds, qui malheureusement n'ont jamais le temps de se grossir, sont tenus à la disposition des membres qui peuvent en avoir besoin pour leurs travaux. Ils ne peuvent recevoir aucune autre destination, et les nécessités de la vie matérielle, si pressantes qu'elles soient, n'autorisent aucun de nous à y recourir. Ceux qui n'ont pu verser la cotisation aux époques convenues sont tenus à remplir les lacunes dès qu'ils en ont acquis les moyens. La caisse ne prête pas d'argent : elle refuserait quarante sous à vingt minutes d'échéance.

Comme c'était précisément le premier jour du mois, deux membres de la société, les seuls qui gagnassent régulièrement quelque argent, versèrent leur cotisation entre les mains du président-caissier. — Ceux qui ont quelque chose à me demander peuvent prendre la parole, dit Lazare, qui était aussi le caissier de l'association.

— Moi! j'ai quelque chose à demander, dit le peintre Soleil, qui habitait le même logis que les deux frères Antoine et Paul.

— Explique-toi, dit Lazare.

— Eh bien! fit Soleil d'un air très-embarrassé,... je voudrais,... mais tu ne voudras pas...

— Quoi, quoi? fit le caissier impatienté, parle toujours.

— Eh bien, s'écria Soleil tout d'un trait, comme un homme qui demande quelque chose d'énorme,... je voudrais quatre francs pour acheter du *cadmium.*

— Demande un million, va, pendant que tu y es, fit Lazare. Tu commences à devenir fatigant et ennuyeux avec tes couleurs de convention.

— Je ne peux pas m'en passer pour mes soleils couchants, insista l'autre.

— Eh bien ! fais des soleils couchés.

Ce refus jeta le pauvre Soleil dans une tristesse moitié sérieuse, moitié comique. Il prétendait que l'absence de cette couleur fort coûteuse l'empêchait de travailler.

— Oui, disait-il à Lazare, tu dis du mal du cadmium, parce que tu ne sais pas t'en servir ; tu veux m'empêcher de me faire une position.

Et Soleil alla douloureusement s'asseoir dans un coin. Un éclat de rire général accueillit sa sortie.

— Donne-lui ses quatre francs, dit Antoine à Lazare, sans cela il s'obstinera à ne pas travailler.

Lazare desserra en rechignant les cordons de sa bourse. — Tiens, dit-il en appelant Soleil, voilà ton affaire.

— Serait-il vrai ? s'écria celui-ci, et toute la joie d'un désir satisfait rayonna sur son visage.

Francis raconta ensuite à ses coassociés sa rupture avec le marchand et le motif de cette séparation. — Vous comprenez, dit-il, que j'aime bien mieux m'entendre avec les amateurs qui me commanderont de la peinture. Les règlements ne s'opposent pas à ce que j'accepte des commandes ! demanda-t-il avec une intention railleuse.

— Ma foi, c'est selon, répondit Lazare. Si l'on vous commandait des tableaux-pendules, je vous rappellerais à l'article 5 ; mais est-ce que les amateurs font déjà la queue dans votre escalier?

— Je n'en suis pas là, dit Francis en rougissant, mais j'ai l'espérance de placer deux pendants à mon *Hiver* et à mon *Printemps*.

— En effet, dit Antoine, je crois que la princesse

avait le dessein de vous les demander. A propos, continua-t-il en montrant à Francis un pastel dont le verre était brisé dans un coin, si vous voulez voir le portrait de cette dame, le voici. Elle me l'a donné l'autre jour pour que je fasse une retouche à la robe, qui a été un peu effacée. C'est l'œuvre d'un de nos compatriotes qui s'est établi en Russie et qui y a fait fortune. Quant à moi, je ne lui confierais pas ma palette à nettoyer.

— Est-ce ressemblant? demanda Francis en regardant le portrait.

— Il faut être juste, fit Antoine, la chose a ce mérite. Qu'en dites-vous?

— C'est une bien jolie femme que votre élève, dit Francis. Il faut avouer que ces types aristocratiques ont en eux quelque chose d'idéalement séducteur.

Au milieu de la soirée, la grand'mère revint de sa besogne. Elle n'était pas seule, un vieux soldat l'accompagnait. — J'ai rencontré le cantinier devant la caserne, dit-elle, et je l'ai amené pour qu'on fasse son compte.

— Ah! vous voilà, père 56°? dit Antoine. Qu'est-ce qu'on vous doit ce mois-ci?

— Voilà ma *taille*, dit le soldat en tirant de sa poche une carte comme celles qui servent à marquer les points au piquet.

— Soixante-six pains, dit Antoine, voilà seize francs cinquante. Savez-vous, père 56°, que nous avons eu une quinzaine déplorable! On trouvait toute sorte de choses dans le pain, excepté de la farine.

— J'ai ouï dire en effet, dit le soldat, que la manutention ne faisait pas son devoir avec l'armée; mais le ministre de la guerre a été faire un tour dans les bureaux des *riz-pain-sel* et leur a dit : « Je vous autorise à ne pas voler le gouvernement, qui est le père du soldat; j'entends trouver tous les jours sur ma table un échantillon des vivres militaires, et la première fois qu'il me tombera sous la dent une substance malveillante, comme qui dirait de la paille ou n'importe quoi, je vous envoie tous traîner vos guêtres devant un conseil de guerre! » — Paraîtrait, continua le soldat dans son langage pittoresque, que depuis ce temps-là la manutention nous envoie du vrai pain de gruau. Après ça, moi, ça m'est égal, je vends ce pain-là, mais je n'en mange pas. J'ai pris le boulanger du bourgeois.

Cette explication, qui révélait un nouveau détail de cette vie de misère, assombrit le visage de Francis. — Comment! vous en êtes réduits là? dit-il à Antoine en le prenant à part.

— A quoi? demanda celui-ci. Ah! au pain de munition! Mais depuis que ce brave ministre s'est fâché contre ceux qui altéraient les vivres, le pain est parfaitement bon, et puis, quand il est mauvais, on en mange moins : c'est encore une économie.

— C'est égal, dit Francis, c'est triste.

— Ah! dame! fit Antoine, il est certain que ça ne ressemble pas à l'abbaye de Thélème.

— Dites-moi, reprit Francis, me voici des vôtres, et vous m'avez dit hier : « Tout ce qui vient chez nous se partage en entrant. » Partageons.

Et il montra le billet de cinq cents francs qu'il avait reçu de Morin.

— Vous vous pressez trop, dit Antoine avec vivacité, d'appliquer à vous-même une formule qui n'est qu'une façon d'exprimer la fraternité qui règne entre nous. Si nous étions dans une mauvaise passe, je pourrais profiter d'une offre dont je vous remercie au nom de tous ; mais nos petites affaires vont assez bien, et d'ailleurs vous aurez besoin de cet argent pour vous. Peut-être serez-vous longtemps sans en gagner, maintenant que vous avez rompu avec Morin. Il faut donc songer à l'avenir et ménager vos fonds, pour que vos travaux, qui peuvent rester improductifs, ne se trouvent arrêtés que le plus tard possible. Avec une pareille somme, vous pouvez être votre maître pendant près d'un an, et un an d'études sérieuses vous serait bien profitable.

— Un an! dit Francis; c'est impossible.

— Mettons six mois alors, puisque vous aimez le luxe, dit Antoine en riant.

— Bah! s'écria Francis, je puis faire un peu de prodigalité, puisque je suis à la veille d'avoir une commande qui sera sans doute bien payée.

— A votre place, dit Antoine, au cas où je recevrais cette commande, je demanderais du temps pour l'exécuter.

— Mais je n'ai pas autre chose à faire.

— Si, dit Antoine, vous avez à faire des progrès.

— Vous croyez?

— J'en suis sûr, reprit Antoine. Et pendant que je suis en train de vous donner des conseils qui ont votre intérêt pour but, je vous conseillerai de prendre un atelier dans un autre quartier que celui où vous habitez. Venez dans notre voisinage : cela vous sera plus commode pour nos relations, ensuite vous trouverez par ici des loyers moins chers et la vie à meilleur marché ; mais le principal avantage que vous tirerez de ce changement c'est que vous ne serez pas soumis quotidiennement aux tentations que vous pouvez rencontrer à chaque heure et à chaque pas dans le brillant et bruyant quartier où vous logez maintenant. Le spectacle du bien-être, alors même qu'on n'est pas envieux, fait encore paraître plus triste une existence destinée aux privations. Malgré soi, on subit l'influence du milieu ; autant vaut qu'il soit favorable. Habitant par ici, vous vous épargnerez bien des comparaisons pénibles. En voyant des gens vivre à ne rien faire, on retrouve plus lourd à la main l'outil du travail qui vous fait à peine vivre.

— J'y songerai, dit Francis.

— Songez-y bientôt, acheva Antoine.

Comme il était fort tard, Francis se disposa à se retirer. Avant de partir, il alla serrer la main à ses nouveaux camarades.

— Ma foi! dit Lazare à ses amis quand le nouveau sociétaire fut sorti, voilà un garçon qui ne me va que tout juste : on dirait, à ses manières, qu'il prend tous les jours un bain d'empois. Il faudra s'occuper de le friper un peu.

VI. — LA PRINCESSE RUSSE.

Pendant le chemin, Francis résumait ses impressions de la soirée. A part Lazare, tout le monde l'avait accueilli avec une apparence de cordialité ; mais il avait remarqué dans les paroles et les façons d'agir de ses coassociés quelque chose qui indiquait vaguement la protection. Il acceptait la franchise entre gens destinés à vivre familièrement, et cependant il eût souhaité que cette liberté d'opinion prît un peu plus de précautions pour s'exprimer. Deux ou trois fois dans la soirée on avait eu occasion de parler de sa peinture, et on s'était montré aussi prodigue de conseils, dont il ne contestait pas l'utilité, qu'on s'était montré avares de termes qui eussent au moins constaté une intention bienveillante. « Après tout, se dit Francis, je n'ai pas vu qu'ils fissent beaucoup de chefs-d'œuvre. » Et, se rappelant quelques passages des conversations qui avaient rempli la soirée, Francis se disait encore : « Ils ont beau protester, il y a dans l'esprit de chacun d'eux une source d'aigreur cachée sans qu'ils s'en doutent, un peu de déclamation dans leurs discours, et certainement de l'affectation dans leur simplicité. Des gens qui ne les connaîtraient pas et qui n'auraient pas vu ce qu'ils font, seraient même autorisés à supposer que leur dédain pour de certaines œuvres a sa cause dans l'impuissance où ils sont d'en produire de semblables. Je ne dis pas que cela soit, ajouta mentalement Francis, comme pour protester contre une opinion offensante envers ses amis; je crois seulement qu'on pourrait le dire. »

Comme il rentrait chez lui, son concierge lui remit une lettre qui avait été apportée dans la soirée par un valet en grande livrée. — Je sais ce que c'est, dit Francis en montant son escalier quatre à quatre ; il rompit le cachet, courut des yeux à la signature et n'en trouva pas. C'était un billet dans lequel la princesse *** lui demandait si ses occupations lui permettaient de venir lui donner des leçons. Elle le priait de répondre, afin qu'elle sût si elle devait conserver ou congédier son professeur actuel : pas un mot de plus. Francis demeura désappointé ; il croyait à une commande de nouvelles peintures, et la princesse ne lui parlait même pas de ses tableaux qu'elle avait achetés. Ce désappointement l'atteignait dans ses intérêts d'abord, et le ton de la lettre le blessait dans sa vanité ; ce n'était pas même une lettre, mais un billet strictement poli, six lignes de pattes de mouches élégantes disaient rapidement ce qu'elles voulaient dire, et pas de signature.

— Grande dame et Tartare par-dessus le marché ! murmura Francis en froissant le billet, je ne lui répondrai seulement pas. — Il comprit cependant combien ce silence serait de mauvais goût, et il commença par écrire sept ou huit lettres dans lesquelles il s'essayait à une impertinence sèche et digne. Il trouva enfin une forme de refus qui lui parut satisfaisante, et se promit bien de l'envoyer dès le lendemain. Il était tellement préoccupé de cette aventure, qu'il ne lui vint pas à l'idée un seul moment que le meilleur motif qu'il eût de refuser des leçons à la princesse, c'était Antoine : la pensée lui en vint seulement le lendemain au matin. Ce tardif souvenir modifia les termes de son refus ; il écrivit une nouvelle lettre et remplaça le ton dépité par celui du regret. Il ne précisait rien, mais il éveillait des doutes sur la véritable cause du refus : c'était un *non* qui paraissait fâché de ne pas dire *oui*.

Francis pensa qu'il serait plus convenable de faire porter cette lettre que de l'envoyer par la poste ; puis il réfléchit qu'il avait justement affaire dans le quartier de la princesse et qu'il pourrait déposer la lettre à son hôtel. Il s'habilla, et, s'imaginant que le temps était

fort beau, il fit quelque toilette. Quand il arriva dans la rue, le temps avait changé. Francis prit une voiture à une station voisine. Comme il remettait sa lettre au concierge de la maison que la princesse habitait, celle-ci sortait précisément en voiture ; Francis l'aperçut à la portière, la reconnut aussitôt, et ajouta tout haut :
— Cette lettre vient de la part de M. Francis Bernier.
— La princesse, qui aurait pu entendre, ne s'était pas arrêtée, et l'équipage était sorti du vestibule. Francis resta contrarié, mécontent de lui-même ; sa conscience lui reprochait toutes ces hésitations, qui avaient fini par une capitulation.

Revenu chez lui, il essaya de travailler ; mais il n'était pas en train. Au moment où il allait sortir, il vit entrer Antoine, et fut malgré lui embarrassé par sa présence. — Je viens vous annoncer, dit le buveur d'eau, que je vous ai trouvé rue Notre Dame des Champs un atelier deux fois plus grand que le vôtre et moitié moins cher. Vous avez la vue sur des jardins, et vous serez à dix minutes de chez nous. L'atelier sera libre dans quinze jours. Je l'ai retenu et j'ai donné des arrhes.

— Vous avez eu tort, dit Francis avec vivacité ; je ne connais pas cet atelier ; il peut ne pas me plaire.

Antoine ne s'offensa pas de cette vivacité. — Tous les ateliers se ressemblent à peu près, dit-il, et pourvu que le jour soit favorable, cela suffit.

— Celui-là est trop haut, dit Francis.

— Comment ! répliqua Antoine en souriant, je ne vous ai pas dit l'étage ; c'est au rez-de-chaussée.

— Trop humide alors.

— Ah ! mon ami, répliqua Antoine, dites-moi donc tout de suite que vous ne voulez pas que nous soyons voisins.

— Je ne dis pas cela, fit Francis un peu impatienté ; mais j'ai mes habitudes dans ce quartier.

— Mais depuis hier, insista Antoine, il est quelques habitudes auxquelles vous vous êtes engagé à renoncer.

— Ah ! mon cher, répondit Francis, je commence à trouver un peu tyrannique une société qui empêche les membres qui en font partie d'habiter où il leur plaît ; d'ailleurs, je n'ai pas vu cet article-là dans ce qu'on m'a lu hier.

— Effectivement il manque, dit Antoine ; mais c'est un tort.

— Comment trouvez-vous cela ? demanda Francis en indiquant l'ébauche de la composition à laquelle il travaillait.

— Tiens, dit Antoine, une allégorie de *l'Automne!* Avez-vous déjà reçu la commande de la princesse ?

— Non, dit Francis, la princesse m'a écrit ; mais il ne s'agissait pas d'une commande. Ramassez un de ces papiers qui sont par terre, vous verrez de quoi il était question.

Antoine ramassa une des cinq ou six lettres écrites la

veille par Francis. — Ah ! dit le jeune homme avec une certaine émotion, la princesse désire prendre des leçons avec vous. Eh bien ! j'ai agi en bon camarade, puisque je lui ai donné votre adresse.

— Mais vous voyez comment je lui ai répondu ? dit Francis.

— Vous ne lui avez pas toujours répondu cela, puisque la lettre est encore ici.

— Celle-là et les autres n'étaient que des brouillons, répliqua Francis.

— Ah ! et vous avez fait tant de brouillons pour répondre non ? — Et Antoine regarda son coassocié avec une fixité inquiétante.

— Enfin, dit Francis en baissant les yeux, la princesse a mon refus entre les mains ; vous pouvez être tranquille.

Antoine se retira moins tranquille cependant qu'il n'affectait de le paraître. Les deux jeunes gens avaient senti que quelque chose venait de se briser dans leur intimité de fraîche date. Francis demeura deux ou trois jours sans rendre visite aux buveurs d'eau, et comme aucun d'eux ne vint le voir non plus, cet éloignement réciproque fit naître une égale froideur chez l'un et chez les autres. — Antoine semble me bouder, et c'est mal, disait Francis en lui-même, car enfin j'ai agi loyalement et en bon camarade.

Un soir, il reçut une lettre signée de Lazare : c'était

une convocation officielle à une séance extraordinaire de la société. Francis avait rencontré dans la journée un de ses anciens amis, qu'il avait emmené dîner avec lui : il arriva un peu tard chez les buveurs d'eau. — Nous vous attendions pour commencer la séance, dit le président Lazare. Nos réunions officielles sont rares, c'est le moins qu'on y soit exact.

— J'ai été retenu par un ami, dit Francis en s'excusant, et d'ailleurs j'habite un peu loin.

— Tous vos amis sont ici, arrivés avant vous, continua Lazare, et par conséquent aucun n'a pu vous retenir. Quant à l'éloignement de votre domicile, cette question fait précisément l'objet de la réunion, à laquelle vous êtes convoqué. Antoine qui était chargé des fonctions de rapporteur, donna lecture d'un article additionnel, qu'il proposait d'ajouter à l'acte de société, cet article se composait de deux lignes : — « Attendu que pour entretenir les relations de camaraderie, qui font l'esprit de la société, il est utile que les membres qui en font partie, se rencontrent très-fréquemment, et que les rapprochements sont plus faciles, quand on habite un centre commun. Chacun des buveurs d'eau devra avoir son domicile dans le quartier habité par le président représentant le siége de la société. » — Mais si le président déménage tous les trois mois, dit Francis. — L'objection est prévue, répondit Lazare, — Comme j'ai un logement peu coûteux et qui me platt, j'ai passé un bail qui a encore plusieurs années à courir. — La proposition est mise aux voix. — Tous les buveurs d'eau levèrent la main à l'exception de Francis. — La proposition est acceptée à l'unanimité moins une voix et prend dès l'instant où elle est votée force d'article dans le règlement. — Le frère d'Antoine comme secrétaire inscrit l'article accepté par la société. — Dans le cas actuel, reprit Lazare, comme l'exécution de cet article, peut trouver des empêchements, un délai de trois mois est accordé aux membres de la société, qui se trouveraient en dehors du règlement.

La séance levée, Francis se retira assez froidement.

— Et vos commandes? lui dit Antoine en le reconduisant.

— Mais, dit Francis, je ne les ai pas reçues, et je le regrette. Mon cher Antoine, quand vous verrez la princesse, tâchez donc de savoir au juste quelles sont ses intentions à mon égard.

— J'attends moi-même qu'elle me fasse prier de retourner chez elle, car elle n'a pas encore repris ses leçons, dit Antoine.

Quinze jours après cette soirée, c'est-à-dire un mois jour pour jour après l'interruption de ses leçons, Antoine reçut un billet de forme affectueuse, mais qui renfermait un remerciement définitif. Le prix de douze cachets accompagnait cet envoi. Comme elle était arrivée précisément pendant l'absence d'Antoine, la grand'mère avait distrait quelques francs de la somme qu'elle supposait être le paiement d'un travail. Dans la journée, Antoine avait précisément été voir Francis, auquel il voulait emprunter une gravure. Francis venait de rentrer au même instant ; il était vêtu avec beaucoup d'élégance. Une paire de gants blancs était posée sur un meuble. Antoine n'avait pas encore dit un mot, que son odorat fut saisi par le subtil parfum de l'essence de rose. — Est-ce que vous êtes allé à Constantinople, depuis qu'on ne vous a vu? demanda-t-il à Francis. — Et, s'étant approché de celui-ci, il reconnut que ce pénétrant parfum se dégageait de ses vêtements. — Vous avez un habit qui sent la commande, ajouta le buveur d'eau.

— C'est vrai, répondit Francis... J'ai reçu des nouvelles.

— Moscovites? interrompit Antoine... Et la princesse vous a-t-elle dit si elle reprendrait bientôt ses leçons!

— Demain, murmura Francis.

Ce fut en rentrant chez lui qu'Antoine trouva la lettre de remerciement. Il devint très-pâle quand on lui montra l'argent, et entra dans une véritable fureur en s'apercevant que la somme était entamée d'une douzaine de francs. — Il faut renvoyer cet argent tout de suite, avait dit Lazare, qui se trouvait en ce moment chez Antoine, et répondre à cette dame qu'un artiste n'est pas un domestique à qui on donne un mois de gages en le renvoyant. Bien que cela soit contre les règlements, s'il me restait de l'argent en caisse, je te l'aurais donné; mais je suis à sec.

— C'est aujourd'hui le 1ᵉʳ novembre ; Olivier et Léon recevront leurs appointements : nous leur emprunterons, dit Paul.

Malheureusement, reprit Lazare, c'est aujourd'hui fête de la Toussaint. Nos amis ne seront payés que demain ou après peut-être, et il faut que les cent vingt francs soient renvoyés avant ce soir à la princesse.

— Que pourrait-on bien vendre? demanda Antoine. Tout à coup il aperçut Soleil occupé à se chauffer voluptueusement, les mains serrées contre le tuyau d'un poêle qui jetait une douce chaleur dans l'atelier. — Ote-toi de là, dit Antoine en troublant brusquement la béatitude de son ami, et il défit avec une tenaille les fils qui fixaient le tuyau au mur. — Mais pourquoi touches-tu au poêle? dit Soleil. Il va très-bien pour la première fois qu'on l'allume.

— Aide-moi à l'éteindre, répondit Antoine, qui retirait les bûches à moitié consumées et les trempait ensuite dans un seau d'eau que lui avait apporté son frère.

— Comment, comment! on éteint le feu? demanda Soleil.

— On ne peut pas vendre le poêle tout allumé.

— C'est vrai, ajouta Lazare, on ne le paierait pas

plus cher. — Et ayant compris l'intention d'Antoine, il disparut brusquement.

— On va... vendre le poêle ! fit Soleil en joignant les mains.

— Si tu le permets, dit Antoine, et même sans ta permission.

Lazare remonta avec un marchand de bric-à-brac, qui parlementa longtemps avant d'offrir la moitié du prix que le poêle avait coûté.

— Il n'aura pas fait long feu, celui-là, murmura tristement Soleil pendant que le marchand emportait son acquisition.

Deux heures après, la princesse recevait son argent avec un mot très-digne, et le soir, en rentrant chez lui, Francis trouvait dans sa serrure un petit papier qui ne contenait qu'une ligne : « Nous avons l'honneur de vous informer que votre démission est acceptée. Le président de la société des B. D. »

— Ma foi, dit-il philosophiquement, je leur souhaite bonne chance ; mais j'aime autant continuer mon chemin au milieu d'une route agréable que d'aller m'enfoncer volontairement dans des ornières. Quant au but, nous verrons plus tard qui d'eux ou de moi sera arrivé le premier. Leur article 5 est ridicule, et vouloir vivre en s'y soumettant, c'est essayer de nager avec une pierre au cou.

Que devint-il cependant, après cette rupture avec les

buveurs d'eau ? Ce qu'il était prédestiné à être : un artiste médiocre, bon garçon peu prétentieux quand l'âge lui vint, et ne prenant sa réputation que pour l'erreur d'une vogue dont il profitait comme le plus honnête homme peut profiter d'une erreur qui en définitive ne fait de tort à personne.

II

HÉLÈNE.

Le principal personnage de ce récit est déjà connu : c'est l'artiste que nous avons désigné sous le nom d'Antoine ou *l'homme au gant*. Antoine avait habité la Normandie : voici à quelle occasion et dans quelles conditions. Un matin il s'était réveillé avec l'idée qu'il avait besoin de voir la mer. Un caprice qui tombe dans la cervelle d'un artiste, quand celui-ci n'a pas le moyen de le satisfaire ou la force de le repousser, est le plus tumultueux trouble-travail qu'on puisse imaginer. Comme la tyrannique obsession de ce désir lui causait une préoccupation qui fut remarquée par ses amis, Antoine dut leur en révéler le motif.

— La distance qui existe entre Paris et le Havre est de cinquante lieues, dit Lazare ; mais elle est aussi de cinquante francs. En faisant le voyage à pied, c'est le moins que tu puisses dépenser pour séjourner une quinzaine de jours dans le pays ; temps strictement utile pour voir et profiter de ce que tu auras vu. Il faut donc que tu accordes à la caisse sociale un délai pour qu'elle puisse économiser ce gros chiffre.

La proposition du trésorier de la société dépassait toutes les espérances d'Antoine, car distraire au profit d'un seul membre une somme qui aurait pu, partagée, être utile à plusieurs, n'était pas un fait ordinaire. *L'homme au gant* aurait pu attendre que ses propres ressources lui permissent de se passer du secours de la caisse sociale; mais il eût peut-être été forcé d'attendre trop longtemps. Rendu d'ailleurs égoïste par la violence de son désir, il accepta la proposition qui lui était faite, et désormais assuré de faire ce voyage, il commença à éprouver tous les symptômes d'un état particulier qu'on pourrait appeler la fièvre du départ. Il aurait été question d'un passage aux Indes, qu'il ne se fût pas montré plus préoccupé. Il amassait des renseignements sur la province qu'il devait parcourir; il arrêtait chaque jour un nouvel itinéraire et se livrait à de prodigieux calculs, pour régler l'emploi de son budget et amoindrir le chiffre de ses dépenses quotidiennes, afin d'augmenter, ne fût-ce que d'une journée, la durée de cette pérégrination.

On pourra s'étonner de toutes ces puérilités à propos d'une excursion de quelques jours dans un pays que les facilités de communication ont mis aux portes de Paris; mais jusque-là les promenades d'Antoine n'avaient point dépassé la limite des environs de la capitale, si riches en paysages variés, et qui seraient encore plus beaux, s'ils étaient interdits aux citadins. Cette fois il s'agissait d'un véritable voyage. Le jeune peintre savait qu'il ne repasserait pas le soir la barrière par laquelle il serait sorti le matin. Un premier voyage a beaucoup de ressemblance avec une première passion ; c'est la même recherche de sensations nouvelles unie à la même prodigalité d'illusions : la malle d'un premier voyage en renferme presque autant qu'une première lettre d'amour.

Outre le bénéfice qu'il pourrait comme artiste retirer de cette excursion ayant pour but un spectacle encore inconnu et l'un des plus beaux que puisse offrir la nature, Antoine devait être initié aux jouissances de la vie errante. Piéton enthousiaste, il battrait d'un pied libre ces grands chemins où l'imprévu se multiplie, tantôt pour le plaisir des yeux, tantôt pour l'étonnement de l'esprit. Étouffé dans l'âpre atmosphère de l'atelier, il respirerait à loisir l'air fortifiant qui souffle dans les campagnes maritimes. Pendant une semaine ou deux, il aurait quotidiennement dans sa poche une réponse régulière aux impérieuses exigences de la vie matérielle, et brisé par les courses de la journée, il goûterait chaque soir le tranquille et profond repos que procurent les saines lassitudes. Telles étaient les séductions qui donnaient à ce voyage les proportions d'un événement. Et en effet, le plaisir est relatif et se mesure moins par la somme de jouissances qu'on en retire que par la difficulté que l'on éprouve à se procurer de telles jouissances, qui, pour des gens placés dans certaines conditions, sont autant de fruits défendus.

L'impatience d'Antoine était arrivée à un tel degré, qu'il ne pouvait passer devant un chemin de fer ou rencontrer une diligence sans tressaillir. Il ressemblait aux enfants auxquels on a promis de les conduire au spectacle, et qui applaudissent par anticipation rien qu'en lisant les affiches. Un soir enfin, Lazare annonça à Antoine qu'il pouvait faire ses derniers préparatifs, et lui remit la somme fournie par la société pour les frais du voyage. A cette somme le trésorier des buveurs d'eau ajoutait quelques petites économies personnelles. Ce qu'il y avait de privations dans ces deux ou trois pièces de cinq francs, Antoine pouvait mieux que personne le comprendre. — Tu me remercieras en me rapportant une belle étude normande, avait dit Lazare. Je te recommande la ferme de mon parrain entre Criquetot et Étretat. Mon parrain ne t'empêchera pas de copier sa maison ni ses pommiers; mais s'il te fait seulement cadeau d'une pomme, je consens à en avaler les pépins. En voilà un vrai Normand : quand il m'a tenu sur les fonts, il ne m'a pas même donné un de ses noms, il aurait craint d'en être privé; au reste, un brave homme à qui je n'ai rien à demander, puisqu'il ne me doit rien!

Le soir fixé pour le départ, toute la société des buveurs d'eau accompagna Antoine au chemin de fer, qu'il devait prendre jusqu'à Mantes pour de là continuer sa route à pied jusqu'au Havre, en passant par Rouen, la ville aux maisons vieilles. En disant adieu à tous ses amis, Antoine ne put s'empêcher d'éprouver comme une espèce de remords. Pendant qu'il cheminerait gaiement, suivant sa fantaisie, ceux qui lui faisaient ces heureux loisirs continueraient leur vie de lutte patiente, rendue momentanément plus difficile peut-être par le manque de cet argent que son caprice enlevait à leur nécessité. Il fut un moment sur le point de renoncer à son voyage, et de le remettre à une époque où les circonstances seraient plus favorables; mais le dernier coup de la cloche du départ appelait les voyageurs dans les salles de l'embarcadère. Antoine n'eut pas le courage de la résistance; il échangea un dernier adieu avec ses camarades, et suivit la foule qui se précipitait.

Dans le wagon des troisièmes classes où il était monté, il n'avait que deux compagnons de route : c'étaient un homme d'une cinquantaine d'années et une jeune personne dont le visage offrait avec le sien une ressemblance qui la disait sa fille au premier regard. Tous deux semblaient appartenir à une condition tenant le milieu entre la classe ouvrière et celle des petits négociants parisiens retirés des affaires. La façon dont ils étaient vêtus l'un et l'autre révélait un dédain trop apparent de la mode en cours pour qu'il fût volontaire. La longue redingote verte du père avait dû être taillée sur un patron bien antique, et les plis nombreux dont elle était encore frippée indiquaient une récente réclusion dans une armoire publique malheureusement célèbre. Les autres vêtements offraient le même aspect de vétusté neuve qu'on remarque dans les objets vieillis par l'abandon dans lequel on les laisse plutôt que par l'usage qu'on en fait. Quant à la jeune fille, le contraste de sa personne et de son costume était encore plus frappant : elle était habillée d'une robe en étoffe d'été, dont la couleur et le dessein eussent fait sourire de pitié une grisette de province. C'était assurément quelque défroque étrangère appropriée à sa taille sans aucune préoccupation de coquetterie. Elle était coiffée d'un petit chapeau de paille commune, à peine garni d'un étroit ruban. Une espèce de pardessus en lainage grossier, des bottines de coutil et des gants de fil, complétaient ce costume, porté cependant avec autant de laisser-aller que s'il eût été le prospectus de la dernièr-élégance.

Dès que le convoi se fut mis en marche, les deux voyageurs retirèrent d'un panier qu'ils avaient avec eux, du pain, un petit morceau de viande froide, une bouteille, une timbale, et le père et la fille commencèrent un repas improvisé auquel l'appétit de chacun d'eux sembla faire un égal honneur. Comme s'il croyait avoir besoin de s'excuser, l'homme à la redingote verte dit assez haut à sa fille pour que ses paroles fussent entendues d'Antoine : — C'est bien heureux que j'aie eu la précaution d'emporter quelques provisions. Un jour de départ, on a tant de choses à faire, qu'on ne peut même pas trouver l'instant de déjeuner. N'as-tu rien oublié, Hélène? acheva-t-il en se retournant vers sa fille.

A ce nom d'Hélène, Antoine, qui jusque-là n'avait point pris garde à la jeune voyageuse, leva les yeux sur elle. Voici en deux mots quelle était la cause de cette soudaine attention. Antoine avait eu une petite sœur ainsi appelée, qu'il avait beaucoup aimée, et qui était morte à six ans, écrasée sous la roue d'une lourde charette en revenant de l'école. Aussi, chaque fois qu'il entendait prononcer devant lui ce nom d'Hélène, il ne pouvait s'empêcher de penser à cette enfant, dont la mort précoce et affreuse avait été l'un des plus grands chagrins de sa vie. Dans ce moment, le souvenir de ce triste événement, qui le pénétrait toujours d'un mélancolique regret, lui parut encore plus douloureux. Il lui gâtait le début de son voyage. — Si mon Hélène vivait encore, elle aurait l'âge de celle-ci, pensait-il en regardant l'homonyme de sa sœur occupée au rangement d'un petit sac de voyage qu'elle tenait sur ses genoux. C'était une jeune fille de dix-huit ans, ni belle ni jolie, — une tête d'expression, comme disent les artistes, et qui aurait pu poser pour la figure de l'Étude dans un tableau allégorique. La fleur de la jeunesse paraissant déjà pâlie sur ce visage sérieux aux traits immobiles, dont les grands yeux noirs faisaient songer à l'épithète qu'Homère applique au regard de Junon. Cependant sous la froideur de ce masque réfléchi, derrière ce front encadré par les bandeaux inégaux d'une chevelure brune et un peu rare, on devinait l'intelligence. Les sourcils largement dessinés formaient un arc sévère annonçant la volonté et l'énergie. Ce qui manquait à cette physionomie comme grâce féminine, était remplacé par un sentiment de fierté quasi virile qui mettait au moins la distinction là où l'on aurait pu remarquer l'absence de douceur. Cette figure pouvait ne pas être sympathique à première vue, mais à première vue elle pouvait exciter la curiosité. Antoine, qui avait étudié les systèmes scientifiques qui font des signes du visage autant d'indices révélateurs du caractère, avait remarqué, en observant sa voisine, les traces visibles d'une fatigue récente dont il était par expérience personnelle en état d'apprécier l'origine. Il croyait reconnaître dans ce teint légèrement blêmi, non les pâles couleurs de la maladie, mais ce hâle particulier qui résulte des longues veilles pendant lesquelles la fumée de la lampe s'incruste en fine poussière dans l'épiderme.

Dès qu'on fut sortie des limites de la banlieue parisienne, la jeune fille se mit à la portière et regarda la route avec autant de curiosité étonnée que si elle n'avait jamais vu ni eaux, ni bois, ni champs, ni ciel. Elle semblait aspirer avec délices la fraîcheur du vent qui échevelait dans les eaux du fleuve les saules penchés sur la rive. En la voyant ainsi offrir son visage aux caresses de cette brise un peu vive, Antoine devinait le besoin d'un poumon affamé de l'air sain qui circule librement entre les grands horizons. Aux prières de son père, qui lui recommandait de ne point trop se pencher hors du wagon dans la crainte de quelque accident, elle répondait avec l'impatience mutine des enfants que l'on trouble dans leur plaisir. — Si tu savais comme ce bon air me fait du bien ! s'écria-t-elle tout à coup en frappant dans ses mains, et elle retira son chapeau pour mieux ressentir les effets de ces souffles bienfaisants.

Cependant on avait dépassé la forêt du Vésinet, et le train suivait le cours de la Seine, dont les bords commencent, de ce côté, à offrir de charmants aspects. Le père, ayant remarqué que le paysage était plus beau, vu de la portière dont il occupait un des coins, appela sa fille qui se tenait à la portière opposée, pour lui céder sa place. Hélène s'empara du *coin* que venait de lui céder son père, mais elle parut hésiter un moment, en s'apercevant que pour profiter de l'avantage de la portière qui était assez étroite, il fallait risquer un voisinage assez immédiat avec Antoine. L'artiste, devinant sans doute quelle raison retenait sa curieuse voisine blottie dans son coin, lui céda la jouissance pleine et entière de cette ouverture, complaisance dont elle profita sur le champ en remerciant le jeune homme plus encore par la joie qu'elle fit paraître que par le sourire qu'elle lui adressa.

Bien qu'on fût en route depuis une heure à peine, un changement sensible s'opérait dans la physionomie d'Hélène. Un pâle vermillon colorait ses joues, l'œil était devenu brillant, la lèvre humide. Sa parole pressée vibrait d'animation juvénile. Elle s'efforçait de faire partager à son père l'enthousiasme que lui causaient les beautés du panorama dont les mobiles tableaux se déroulaient devant elle. Ses questions, ses étonnements naïfs, semblaient indiquer que c'était la première fois qu'elle était mise en contact avec une nature véritablement rustique. Cette gravité un peu froide qu'Antoine avait d'abord remarquée chez la jeune fille était remplacée plus visiblement, à chaque élan nouveau du train parti à toute vapeur, par une animation, une vivacité de mouvements qui paraissaient autant de symptômes d'un bien-être oublié depuis longtemps par la voyageuse, s'il n'était pas entièrement nouveau pour elle. A la hauteur de Poissy, le train en croisa un qui descendait. — Ah! les pauvres gens! s'écria Hélène, comme je les plains de retourner à

Paris ! — Antoine ne put s'empêcher de sourire, car sans le savoir la jeune voyageuse venait d'exprimer une idée qu'il avait eu en même temps qu'elle. Cette conformité d'impressions excita la curiosité d'Antoine, curiosité sans but, qui était le résultat du penchant naturel à certains esprits, de faire de toute chose offerte par le hasard un élément d'activité. L'artiste se demanda pour quelle raison cette jeune fille paraissait si heureuse de fuir Paris, et pourquoi elle semblait redouter d'y retourner. Là-dessus il bâtit mille suppositions, dont aucune ne le satisfit sans doute, puisque cette curiosité, qui avait commencé par n'être qu'un passe-temps, devint un réel désir de savoir qui étaient, ce que faisaient et où allaient les voyageurs que le hasard lui donnait pour compagnons.

Il cherchait depuis quelques minutes un moyen adroit pour entrer en conversation avec le père, quand celui-ci vint fournir lui-même le prétexte après lequel courait l'imagination peu inventive de l'artiste. Au bout d'une heure de causerie, Antoine savait que son compagnon de route était un ancien entrepreneur de travaux publics, ruiné par des spéculation malheureuses, resté veuf avec une fille à laquelle il avait fait donner une brillante éducation pendant l'époque de sa prospérité. Quand les mauvais jours étaient venus, celle-ci s'était hâtée de convertir en une science sérieuse et plus étendue les connaissances qu'elle avait acquises dans une grande pension à Paris. Elle voulait se livrer à l'instruction publique, et travaillait depuis deux ans à obtenir les diplômes nécessaires pour le professorat. A la suite d'un examen brillant, autant pour la délasser un peu des laborieuses études qui lui avaient été nécessaires que pour la récompenser de son succès, son père lui donnait quelques jours de vacances, et profitait de ce voyage pour lui faire prendre quelques bains de mer.

Antoine allait peut-être en apprendre plus long, car le père d'Hélène se montrait volontiers disposé à la confidence ; mais le train s'arrêta brusquement, et le conducteur vint ouvrir la portière en criant : *Mantes ! Mantes !* Antoine était arrivé à sa première étape ; il prit son sac, son bâton, salua ses compagnons de route et descendit du wagon. Dix minutes après, le train se remettaient en route. Le père et la fille étaient restées seuls.

— Je regrette que ce jeune homme qui vient de descendre n'ait pas continué à voyager avec nous, dit le père ; sa conversation m'intéressait. C'est un peintre qui va en Normandie faire des études. Il est fort poli. As tu remarqué, Hélène? depuis que nous sommes partis de Paris, il avait à la main une cigarette tout-apprêtée, pourtant il n'a pas fumé. Je lui ai cependant dit de l'allumer, il n'a pas voulu; c'est à cause de toi.

Hélène, occupée à regarder les premières campagnes de la Normandie, ne répondit pas ; mais peu de temps après elle sentit remuer sous son pied un objet qu'elle ramassa aussitôt.

— Le voyageur qui est descendu à Mantes a oublié cela, dit-elle en montrant un petit album de poche. Il y a des dessins dans ce cahier. Ce jeune homme y tient peut-être ; il faudra déposer cet album à la prochaine station, on le renverra à la station de Mantes où ce monsieur aura peut-être l'idée de le faire réclamer.

— Tu as raison, dit le père en feuilletant l'album, qui renfermait quelques croquis à la plume ou au crayon. Voici des renseignements dont nous pourrions profiter, Hélène, dit-il en désignant à la jeune fille une page qui contenait de l'écriture et des chiffres.

— Mais tu as tort de lire dit la jeune fille avec vivacité, c'est une indiscrétion.

— Quel grand mal y a-t-il à lire cela ? C'est un itinéraire de voyage dans le même pays que nous voulons visiter. Ce jeune homme est artiste, il doit connaître les endroits curieux ; nous qui avions l'intention de faire à peu près la même route, nous profiterons des renseignements qui lui ont été donnés, et qu'il nous donnera à son tour, sans que cela lui cause aucun préjudice. Je vois déjà des indications d'hôtels à Rouen, au Havre et à Trouville ; nous qui ne savions pas où descendre, nous irons dans ces maisons-là.

— Mais dit la jeune fille avec inquiétude, tu sais que nous devons nous montrer très-modérés dans nos dépenses. Ce monsieur, qui n'a pas les mêmes raisons que nous pour compter avec sa bourse, veut peut-être descendre dans des endroits où nous serions obligés de faire une dépense qui excéderait nos moyens.

— Oh ! fit le père, ce jeune homme ne paraît pas riche.

— Son costume ne prouve rien, répondit Hélène. Les artistes n'ont pas grand soin de leur toilette, surtout en voyage. Ils ont en outre la réputation d'être fort prodigues et de dépenser leur argent aussi facilement qu'ils le gagnent. Si tu veux m'en croire, nous ne profiterons pas de ces renseignements.

— En voici pourtant un, dit le père, qui ne contrarie pas nos projets d'économie. Et il montra à Hélène une note ainsi conçue : — « A Rouen, sur le quai, en face du nouveau pont, les remorqueurs du commerce transportent des marchandises au Havre, et consentent à embarquer des voyageurs. — Prix : 1 fr. 50 c. — Départ le matin à six heures. — Demander les capitaines de l'*Atlas* ou de l'*Hercule*.

Hélène prit dans sa poche un petit carnet qu'elle ouvrit. Après avoir lu quelques lignes qui s'y trouvaient écrites, elle dit à son père : — Les bateaux qui font le service régulier, et que nous devons prendre, coûtent six francs par personne ; en nous embarquant sur ces remorqueurs, nous réalisons une économie.

Cette fois je suis de ton avis. — Et elle prit note sur son carnet du renseignement fourni par l'album d'Antoine.

— Ma pauvre enfant, dit le père d'Hélène, je crois bien que ce jeune homme n'est pas plus riche que nous, et qu'il a les mêmes raisons que nous pour voyager au meilleur compte possible. Si tu veux me croire, tu copieras tous ces renseignements, qui lui ont probablement été donnés par quelqu'un qui connaît le pays et a les habitudes du voyage, car je sais par lui-même qu'il a quitté Paris pour la première fois.

— Mais si nous allons dans les mêmes endroits où ce jeune homme se propose d'aller, réfléchit Hélène, nous devons nécessairement le rencontrer, et cela ne lui paraîtra-t-il point singulier de nous trouver partout où il sera ?

— Nous ne nous rencontrerons pas, répondit son père, par cette raison que ce monsieur, qui voyagera à pied, n'arrivera dans tous les endroits qu'il s'est fait désigner que deux ou trois jours après que nous les aurons quittés, et même en supposant que nous dussions le revoir, qu'est-ce que cela peut nous faire ?

Hélène, trouvant probablement que son père avait raison, ne fit plus aucune objection ; elle copia l'itinéraire d'Antoine sur son carnet, et cette besogne achevée, remit sa tête à la portière, bien décidée à ne pas perdre un seul détail du paysage ; quant à son père, il s'endormit profondément.

Pendant que le train qu'il venait de quitter fuyait vers Rouen, Antoine, descendu à Mantes, avisait au bord de la Seine une espèce d'auberge dont l'enseigne promettait bon gîte et bon repas, et comme il était trop tard pour qu'il pût continuer sa route, il entra dans ce rustique bouchon pour y passer la nuit et y prendre sa nourriture. Une servante joufflue, qui semblait échappée d'une toile de Rubens, le débarrassa de son sac, qu'elle emporta dans la chambre qu'il devait habiter, en même temps que l'aubergiste l'invitait à se désaltérer. Cet aubergiste qui s'approchait de lui avec son pichet de cidre frais tiré, c'était la Normandie qui s'avançait au-devant de l'artiste voyageur, son breuvage national à la main. Un peintre romantique n'aurait pas manqué de boire en portant un toast à cette terre glorieuse et féconde ; Antoine fit moins de façons et but tout simplement parce qu'il avait soif.

L'idée lui vint ensuite de prendre un croquis de l'auberge où il venait de s'arrêter, et qui était dans une situation très-pittoresque. C'est alors qu'il s'aperçut de la perte de son album, et cela non sans une vive contrariété. Le jeune peintre était ainsi privé d'un itinéraire tout tracé auquel la précaution de Lazare avait ajouté des indications qui permettaient à Antoine de ménager le plus possible les ressources de son menu budget. Comme celui-ci commençait tant bien que mal à prendre son parti de cet accident, le hasard du voyage lui offrit bientôt comme compensation la bonne fortune d'une rencontre avec une connaissance parisienne. C'était un jeune homme qui avait été le camarade d'Antoine à l'époque où celui-ci fréquentait l'École des Beaux-Arts. Il se nommait Jacques, et retournait au Havre, où il avait des travaux d'ornementation à terminer à bord d'un navire appartenant à un grand seigneur anglais. Il était descendu à Mantes pour donner en passant une marque de souvenir à une femme qui habitait cette ville, et avec laquelle il avait eu jadis une liaison qui s'était prolongée pendant deux années. Jacques devait continuer sa route par le train de nuit.

Les deux anciens camarades renouvelèrent connaissance et se racontèrent réciproquement leur vie depuis l'époque où ils avaient cessé de se voir. Cette existence était la même à peu de variantes près. Seulement, depuis trois ans le sculpteur Jacques avait renoncé à la statuaire pour se livrer à l'ornementation, branche de l'art qui se rapproche plus immédiatement des besoins de l'industrie. Il avait acquis dans cette partie une habileté véritable, qui le faisait rechercher dans les principaux ateliers de Paris. C'était à lui que l'on réservait tous les travaux qui s'écartaient de la commande ordinaire.

— Que voulez-vous? dit-il à Antoine; j'avais rêvé

mieux que cela ; mais au bout du compte je suis encore heureux d'avoir pu trouver une ressource dans mon talent. Mes ébauchoirs me font vivre. J'ai des travaux en abondance. Si cette veine de prospérité se continue, dans trois ou quatre ans j'aurai amassé quelques économies qui me permettront de revenir à la sculpture et d'aborder avec toutes les conditions que réclame cet art, matériellement le plus coûteux de tous, une tentative sérieuse dont le résultat me fixera définitivement sur l'avenir qui m'est réservé comme artiste.

Ayant appris qu'Antoine avait le dessein de visiter la Normandie, Jacques parvint à décider le peintre à partir avec lui pour Rouen le soir même. — J'ai une affaire dans cette ville ; elle ne me prendra pas plus d'une heure, je me mettrai ensuite à votre disposition pour vous piloter dans le vieux Rouen, et dans un seul jour vous en verrez plus avec moi qu'un cicerone ne pourrait vous en montrer en une semaine. Au lieu de gagner le Havre par petites étapes comme vous en avez le dessein, je vous proposerai de nous y rendre tout d'une traite, en prenant le bateau qui fait le service régulier. Ce sera pour vous une occasion de voir les bords de la Seine jusqu'à son embouchure : c'est très-beau. Vous passerez avec moi une semaine ou deux au Havre : c'est tout ce qu'il me faut pour terminer mon travail. Une fois ma besogne achevée, nous battrons les chemins de compagnie. Je suis content de moi, je m'accorderai volontiers quelques vacances. D'ailleurs nous voici dans une saison où j'ai peu de travaux. Cela vous convient-il ? acheva Jacques

Comme le plaisir du voyage est ordinairement doublé, si on peut le partager avec un esprit sympathique dont les sensations se font l'écho des vôtres, Antoine était fort disposé à accepter la proposition qui lui était faite, bien qu'elle dérangeât un peu ses plans. Il crut cependant devoir faire à son compagnon la confidence de certaines mesures économiques qui lui étaient imposées par la modicité de son budget. Il craignait surtout qu'un séjour prolongé dans la ville du Havre ne fît à ses finances une brèche trop sérieuse. Jacques le rassura pleinement à ce sujet. Habitué à courir les grands chemins, le sculpteur connaissait particulièrement les ressources du trajet et les moyens de vivre au meilleur compte possible. Il eût fait d'avance la carte de sa dépense dans une auberge, rien qu'à en regarder l'enseigne. — D'ailleurs, dit Jacques à Antoine, pendant tout le temps que vous resterez au Havre, vous n'aurez besoin d'ouvrir votre bourse que pour des dépenses de luxe. *Le Roi Lear* nous offrira à tous les deux le gîte et le couvert : un excellent lit dans une jolie cabine et deux repas excellents à la table du capitaine Thompson, qui, d'après les ordres de mon client, lord W..., propriétaire du *Roi Lear*, m'a offert une hospitalité aussi cordiale que somptueuse, que je vous propose de partager, si vous n'avez pas de répugnance à dormir sous la protection du pavillon britannique.

— Mais je n'ai pas les mêmes raisons que vous pour être hébergé par la Grande-Bretagne.

— Je vous en trouverai d'excellentes pour ménager votre susceptibilité, dit le sculpteur. Je vous ai connu autrefois très-habile dessinateur : vous pourrez abréger ma besogne en me donnant de temps en temps un coup de main ; nous compterons ensemble après.

— Je vous rendrai ces petits services à une condition seulement, c'est que vous n'en ferez aucune, répondit Antoine. Mais que dira-t-on de nous voir arriver deux là où vous êtes attendu tout seul ?

— C'est ce qui vous trompe, fit Jacques. J'ai prévenu le capitaine Thompson que je ramènerais de Paris un camarade pour m'aider, et après-demain soir ce brave marin fera ajouter deux couverts à sa table.

Antoine n'avait plus dans son amour-propre, qui était ultra-scrupuleux, aucune raison pour protester contre les arrangements qui lui étaient proposés ; il se décida à profiter de l'aubaine, et le soir, à onze heures, il montait avec Jacques dans un train d'où, vers deux heures du matin, ils descendirent à Rouen.

La nuit était magnifique ; un plein clair de lune répandait sur la vieille cité normande cette lumière si favorable aux grands effets. Bien qu'ils éprouvassent le même besoin de sommeil, les deux artistes ne purent résister au commun désir d'aller courir les rues. Tourmenté par cette fièvre d'impatience commune à tous les voyageurs novices, Antoine donna rapidement un à-compte à cette curiosité qui s'empare de l'esprit lorsqu'on arrive pour la première fois dans une ville où l'histoire et l'art d'un autre temps ont laissé de nombreuses traces. Après avoir parcouru principalement les quartiers qui ont le mieux conservé le caractère de leur date, les deux voyageurs prirent quelques heures de repos et retournèrent voir le lendemain, sous la lumière d'un grand soleil, la vieille ville, confusément devinée pendant leur promenade de la nuit. Lorsque Jacques eut terminé les affaires qui avaient motivé sa station à Rouen, au moment de partir pour le Havre, il apprit que le service de la compagnie des bateaux avait été momentanément suspendu. Antoine, qui avait été séduit par la perspective du voyage par eau, éprouva quelque contrariété à prendre la voie de terre. Ce fut alors qu'il se rappela les remorqueurs du commerce que lui avait désignés son ami Lazare. Jacques avait connaissance de ces bateaux, dont les capitaines consentent quelquefois à prendre, moyennant une rétribution insignifiante, des passagers qui ont plus de temps que d'argent à dépenser, car ces paquebots, qui sont presque toujours lourdement chargés et qui remorquent quelquefois d'autres navires jusqu'à l'embouchure du fleuve, sont exposés à mettre un jour ou deux pour effectuer un voyage qui peut se faire en six ou huit heures. — Comme c'est le seul moyen qui nous reste pour aller au Havre par eau, et que je désire que vous voyiez les bords de la Seine, prenons les remorqueurs, dit Jacques. Je vous avertis seulement que nous n'y aurons pas nos aises et que nous risquons de rester un peu longtemps en route. Quant à moi, je n'ai pas annoncé mon retour à heure fixe.

— Je ne suis ni plus difficile ni plus pressé que vous, répondit Antoine.

III. — L'ATLAS.

Les deux artistes descendirent sur le quai, et voyant le remorqueur l'*Atlas* qui commençait à chauffer, ils demandèrent le capitaine, qui consentit à les recevoir à son bord et les prévint qu'ils eussent à embarquer des vivres. On partait dans une heure.

Au moment où Jacques et Antoine revenaient à bord, ce dernier laissa échapper un mouvement de surprise en apercevant sur le pont de l'*Atlas* les deux voyageurs avec lesquels il avait fait le trajet de Paris à Mantes.

— Vous connaissez ces personnes? demanda Jacques, qui avait vu son camarade saluer Hélène et son père, assis à l'arrière sur un ballot.

Antoine raconta comment il avait rencontré les voyageurs.

— Ce sont probablement des gens du pays, dit Jacques, car sans cela ils ignoreraient que les remorqueurs prennent des passagers.

— Non, fit Antoine, ils viennent de Paris, et c'est la première fois que la jeune fille voyage. J'ai su cela par son père, avec qui j'ai causé dans le wagon.

— En tout cas, ils ne ressemblent guère à des Parisiens. Elle est singulièrement vêtue. Voyez donc sa robe. Je connais un fauteuil qui est habillé de la même façon.

Sans qu'il sût pourquoi, cette plaisanterie fut désagréable à Antoine ; aussi n'y donna-t-il pas cette réplique du sourire qui est un encouragement offert à celui qui plaisante.

— Mais à propos, reprit Jacques, puisque ces voyageurs étaient seuls avec vous dans le wagon où vous avez laissé votre album, ils pourraient peut-être vous en donner des nouvelles.

— Ils l'ont vu dans mes mains et savent qu'il m'appartient. S'ils se sont aperçus de mon oubli, ils m'en parleront sans doute.

Au même instant, les deux ou trois matelots qui composaient l'équipage de *l'Atlas* détachèrent les amarres, et le remorqueur vira lentement pour aller prendre le milieu du fleuve.

— Route ! cria le capitaine au mécanicien. — Les

grandes roues commencèrent à se mouvoir, et le bateau, qui partait sur lest, fila avec assez de rapidité pour qu'on eût bientôt perdu de vue la flèche aiguë de Saint-Ouen. Pour échapper aux scories que la cheminée du remorqueur faisait pleuvoir sur leurs têtes, le père et la fille quittèrent l'arrière du bateau, où se trouvaient Antoine et Jacques, qui causaient en fumant avec le capitaine. — Si nous allons ce train-là, disait celui-ci, nous entrerons au Havre à trois heures, à moins qu'il ne se rencontre en rivière des navires qui réclament le remorquage, ce qui retardera nécessairement notre marche.

— Pensez-vous que la mer soit calme quand nous y arriverons ? demanda le voyageur à la longue redingote. Et il ajouta plus bas, en désignant Hélène : — C'est à cause de ma fille que cela m'inquiète, c'est la première fois qu'elle s'embarque.

— Eh ! eh ! fit le capitaine, nous avons une grande marée aujourd'hui, et si le nord-ouest s'en mêle, comme cela en a l'air, nous pourrions bien danser un peu quand nous aurons passé la barre.

Cette nouvelle, qui fut rapportée à Hélène par son père, parut préoccuper la jeune fille.

— Est-ce que vous craignez réellement du mauvais temps ? demanda Antoine au capitaine.

— Monsieur plaisante, interrompit Jacques, le vent

est au sud, et tout ce que nous pouvons craindre c'est une pluie d'orage pour la fin de la journée.

— Votre ami m'a compris, dit le capitaine en riant ; mais quand il m'arrive des passagers qui n'ont pas navigué encore, je leur fais un peu peur d'avance, cela me distrait. Cependant, ajouta-t-il, la marée sera un peu forte.

— Singulière façon de plaisanter, dit tout bas Antoine à Jacques. Je suis sûr que cette jeune personne s'attend à rencontrer du mauvais temps, et cette crainte peut suffire pour gâter tout le plaisir de son voyage.

Le cas de retard qui avait été prévu se réalisa bientôt. Un caboteur et un brick anglais réclamèrent le remorquage de *l'Atlas,* dont la marche se trouva trop ralentie pour qu'on pût arriver à Quillebeuf assez à temps pour profiter de la marée. Aussi le capitaine fit relâcher à La Meilleraye, où l'on arriva un peu avant le coucher du soleil: Comme il était impossible de passer la nuit à bord, les passagers descendirent à la plus voisine auberge, où l'on dîna en commun. Après le repas, prolongé par l'interminable café normand, que la coutume du pays arrose d'un si grand nombre de libations aux noms bizarres, on sortit pour aller faire un tour de promenade sur le bord de l'eau. La soirée était magnifique et dans la brise, un peu rafraîchie par la pluie qui venait de tomber, on sentait déjà un souffle salin. La Seine, vastement élargie à cet endroit, et les mouettes qui volaient au-dessus des eaux bruyantes, annonçaient l'approche de l'Océan. Le soleil se couchait lent et majestueux derrière les hautes futaies du grand parc de La Meilleraye, qui paraissait être l'asile choisi par tous les oiseaux de la contrée. Peu à peu, les derniers feux du couchant s'éteignirent en passant par toutes les dégradations de lumière qui préparent l'arrivée du crépuscule, dont les ténèbres indécises enveloppèrent bientôt le fleuve et ses rives. Retentissements sonores des marteaux dans les chantiers, souffle régulier de la forge aux vitres ardentes, aigres gémissements de l'essieu, vibrations des clochettes du troupeau revenant de l'abreuvoir, tous les bruits de la journée affaiblirent progressivement leurs rumeurs familières, dont les vagues murmures s'étouffèrent avec l'accord harmonique d'un *decrescendo*. A l'exception du capitaine de *l'Atlas* et du père d'Hélène, qui étaient fort insensibles aux spectacles de la nature, l'aspect mélancolique qu'elle revêt à ces pâles heures du soir pénétrait les trois jeunes gens, qui marchaient ensemble sans se parler, sans se voir peut-être, isolés dans une rêverie commune. Ce fut Antoine qui le premier rompit le silence.

— Quel malheur que nous n'ayons pu continuer notre route ! nous serions entrés en mer par cette belle nuit.

— Bah ! répondit Jacques, vous avez bien le temps de la voir, la mer.

— Il me semble, reprit Antoine, que nous aurions aussi bien pu dormir la nuit sur le remorqueur et y prendre notre repas, puisque nous avions des provisions. Cela aurait toujours économisé les frais d'auberge.

— Parlez plus bas, lui dit Jacques; il n'est pas utile qu'on sache le secret de notre bourse.

Antoine se retourna, et à quelques pas derrière lui il aperçut Hélène, qui s'était arrêtée, assise sur une barque échouée, écoutant le refrain lent et monotone avec lequel les matelots du brick anglais accompagnaient une manœuvre.

— Il faut avouer que nous ne sommes guère galants, ni l'un ni l'autre, de laisser cette demoiselle toute seule.

— Il est vrai que je ne m'étais pas aperçu qu'elle nous accompagnait, dit Jacques.

— Je l'ignorais aussi, ajouta Antoine.

Comme ils parlaient, ils virent Hélène, qui retournait sur ses pas, sans doute pour aller à la rencontre de son père ; mais l'un de ses pieds s'étant embarrassé dans une amarre qu'elle n'avait pas vue, elle fit un faux pas et tomba à terre. Antoine et Jacques accoururent près d'elle. Hélène s'était déjà relevée ; sa chute ayant eu lieu sur un sable amolli par le remou de la vague, elle avait seulement un peu mouillé ses vêtements. Elle rassura les deux jeunes gens, qui semblaient craindre qu'elle ne fût blessée. — Je croyais mon père derrière moi, dit-elle, et son accent trahissait l'embarras qu'elle éprouvait à se trouver seule avec deux inconnus.

— Voici monsieur votre père qui vient avec le capitaine, dit Jacques, apercevant la silhouette des deux hommes à une vingtaine de pas.

— Tu me laisses seule ! dit la jeune fille à son père, qui venait de la rejoindre.

— Comment seule ! interrompit le capitaine en désignant Antoine et Jacques. N'avez-vous pas deux cavaliers ?

— Nous venons seulement de rejoindre mademoiselle, dit Antoine avec empressement

— Est-ce que tu veux rentrer ? demanda le père d'Hélène.

— Mais non, s'écria-t-elle avec vivacité, en se rapprochant de lui comme pour lui prendre le bras.

— Va devant, lui dit son père. Nous causerons avec le capitaine. Cela ne t'amuserait pas, dit-il d'un air singulier qui fut sans doute compris par sa fille, car elle se pencha à son oreille et lui dit très-bas et très-vite :

— Voilà encore que tu racontes tes affaires à une personne que tu ne connais pas ! — Elle acheva ces paroles avec un petit mouvement d'impatience.

— ... Je vous disais donc, capitaine, reprit le bonhomme en continuant sa conversation, que mon associé était un coquin, ce que je prouve dans un mémoire.

— Allons ! murmura Hélène en s'éloignant,... le voilà parti !

— Permettez-moi de vous offrir mon bras, lui dit Antoine en la voyant marcher toute seule.

Elle s'appuya légèrement sur le bras qui lui était offert et continua sa promenade en ralentissant le pas de façon à ne laisser qu'une très-courte distance entre elle et son père. Mais celui-ci possédait une manie commune à certains bavards : quand il causait en marchant, il s'arrêtait devant son interlocuteur ; puis, pour mieux faire pénétrer son raisonnement, il secouait rudement celui qui l'écoutait par le collet de son habit, et marquait chaque point du discours en lui frappant sur l'épaule. Les petites stations qu'il imposait au patient capitaine de *l'Atlas* s'étaient renouvelées assez fréquemment pour qu'il se trouvât encore une fois assez éloigné de sa fille. Qu'elle s'en fût aperçue ou non, Hélène semblait ne point y prendre garde ; elle continuait à marcher tranquillement au bras d'Antoine, avec qui elle causait. Entraînée par le besoin que les natures naïves ont de s'épancher, elle lui faisait les confidences de ses impressions depuis qu'elle avait commencé ce voyage. — Quel malheur que nous n'ayons pas pu entrer en mer par cette belle soirée ! dit-elle avec regret. Peu d'instants auparavant, Antoine avait fait la même réflexion avec son ami Jacques. Celui-ci en fit tout haut la remarque. Cette communauté de regrets établit une espèce de sympathie qui rompit l'état de gêne que ressentent deux personnes étrangères mises momentanément et par hasard au bras l'une de l'autre. La causerie devint sinon intime, au moins familière. Jacques y prenait part ; il avait quelquefois dans sa façon de s'exprimer des figures qui amenaient le sourire sur les lèvres de la jeune fille, pour qui ce langage était nouveau. Comme la fraîcheur qui montait de la rivière lui causait un léger frisson, Jacques lui couvrit les épaules avec une vareuse qu'il portait sur son bras. Hélène voulut refuser d'abord et faisait un mouvement pour retirer ce vêtement ; mais Antoine boutonna rapidement la vareuse sous le cou de la jeune fille.

— Mais décidément mon père m'abandonne, dit-elle en se retournant.

— Il nous suit, dit Jacques. J'aperçois le feu du cigare du capitaine.

— Il ne faut pas que ce soit ma présence qui vous gêne, reprit Hélène en s'apercevant que ses deux compagnons avaient abandonné leur pipe.

— Je suis *éteint* dit Jacques, et je n'ai pas de feu sur moi.

— Allez vous rallumer au cigare du capitaine, fit Antoine très-naturellement.

— Compris ! murmura le sculpteur à l'oreille de son ami et en lui poussant le coude.

Antoine devina que son ami avait supposé qu'il voulait se ménager un tête-à-tête. — J'irai moi-même chercher du feu, dit-il avec vivacité, et il mit Hélène au bras de Jacques, au moins aussi étonné que sa compagne.

— Tâchez donc de ramener mon père, dit celle-ci. Nous allons vous attendre, ajouta-t-elle avec une certaine intention.

Antoine mit deux ou trois minutes à rejoindre le père d'Hélène, qu'il trouva encore arrêté avec le capitaine, auquel il parlait avec une volubilité extraordinaire. — Je viens vous demander du feu, capitaine, dit Antoine. Mademoiselle votre fille vous attend, ajouta-t il en se retournant vers le père d'Hélène.

— Allez toujours. Nous vous rejoignons, répondit celui-ci. — Et rappelant le jeune homme au moment où il allait s'éloigner, il lui remit une espèce de pardessus qu'il avait sous son bras. — Donnez donc, je vous prie, ce manteau à ma fille. Je crains qu'elle n'ait froid.

En se retirant, Antoine entendit le bonhomme qui disait à son compagnon : — Oui, capitaine, c'est comme j'ai l'honneur de vous le dire. Je suis arrivé à Paris avec quatorze francs, et j'ai remué des millions... — Comme il se hâtait et que le chemin était un peu obscur, Antoine accrocha par mégarde à une branche basse qui lui faisait obstacle le vêtement qu'on venait de lui donner pour Hélène. Après l'avoir dégagé, comme il le retournait en tous sens pour voir s'il ne l'avait pas déchiré, un objet s'échappa de la poche du pardessus. En se baissant pour le ramasser, Antoine reconnut avec surprise que c'était l'album oublié par lui dans le wagon. Il ralentit un peu son pas, assez intrigué par cette découverte, et se demandant pourquoi ni Hélène ni son père ne lui avaient parlé de cette trouvaille. Il ne voulut pas cependant reprendre l'album, et le remit dans la poche d'où il était tombé. — Ils ne peuvent ignorer que cet album m'appartienne, pensait-il, car pendant le voyage ils me l'ont vu entre les mains. Pourquoi ne pas me le rendre ?... Après cela, il peut se faire qu'ils n'y aient point songé. Attendons.

En achevant ces réflexions, Antoine rejoignit Hélène et Jacques, qu'il retrouva à l'endroit où il les avait quittés. — Voici un manteau que votre père m'a chargé de vous remettre, mademoiselle, dit-il à Hélène.

— Comment, mon père n'est pas venu avec vous ! fit celle-ci avec étonnement.

— Je l'ai laissé au milieu d'une conversation très-animée avec le capitaine ; au reste ils nous suivent.

— Allons toujours alors, dit Jacques en remettant la jeune fille au bras de son ami. Nous ne pouvons pas nous perdre, puisque le chemin est tout droit.

Hélène avait substitué à la vareuse que Jacques lui avait mise sur les épaules le vêtement que venait de lui apporter Antoine. Tout en causant, celui-ci se préoccupait d'amener à propos dans la conversation quelque parole qui pût rappeler à sa compagne, au cas où elle n'y songerait plus, qu'elle avait en sa possession un objet qui ne lui appartenait pas. Comme on passait devant un puits entouré d'une grille qui paraissait très-curieusement ouvragée, Antoine dit à Jacques : — Voilà, je crois, une jolie chose ; si j'en ai le temps demain, avant de partir, je viendrai faire un tour par ici avec mon album.

— Je croyais que vous l'aviez perdu dans le chemin de fer, répondit Jacques.

— Vous savez bien que j'en ai acheté un autre à Rouen.

Hélène ne dit pas un seul mot. Seulement Jacques remarqua qu'elle avait fait un mouvement. Le silence qu'elle gardait devant cette réclamation indirecte embarrassa singulièrement Antoine. Son album ne contenait aucun dessin achevé. Ce n'étaient pour la plupart que des croquis, renseignements pris en trois coups de crayon. Un grand nombre de feuillets convertis en memento renfermaient des adresses, des dates, des calculs, toutes les notes de la vie familière. Quel intérêt pouvait donc avoir cette jeune fille à vouloir garder ces feuillets insignifiants ? Il ne se l'expliquait pas, et avait grande envie de le demander à Hélène ; il se contint cependant et remit à un autre moment pour lui faire cette réclamation. La fraîcheur devenant plus sensible, Hélène pria les deux artistes de la ramener à son père, qu'elle voulait décider à rentrer.

Le capitaine ne put dissimuler sa satisfaction quand le retour des trois jeunes gens vint mettre un terme au bavardage de son obstiné passager. Hélène prit le bras de son père, et l'on regagna l'auberge, où chacun se disposa à se mettre au lit, car le capitaine avait demandé les pilotes pour quatre heures du matin. Antoine et Jacques se retirèrent dans une chambre commune. Comme ils n'avaient aucun désir de sommeil, ils se mirent à leur fenêtre et causèrent quelque temps en fumant. Antoine ne put s'empêcher de raconter à son camarade comment il avait découvert que la jeune voyageuse avait trouvé son album.

— Mais puisqu'elle paraît ne pas vouloir le rendre, le trouvant sous ma main, je l'aurais tout simplement gardé, dit Jacques. C'était votre droit.

Une transition de causerie rappela aux deux amis l'incident de la promenade qui, pendant quelques minutes, avait laissé Hélène seule avec Jacques.

— A propos, demanda Antoine, pourquoi donc supposiez-vous que je voulais vous éloigner pour rester seul avec cette demoiselle ?

— Cette supposition était bien naturelle, répondit le sculpteur ; vous vouliez m'envoyer à cent pas derrière vous pour chercher du feu, et vous aviez l'amadou dans votre poche : c'était me dire clairement : Va te promener. Au reste, vous avez pu voir que j'y allais de bon cœur.

— C'est pourtant vrai, j'avais le feu sur moi, fit Antoine en retrouvant dans sa poche la boîte d'amadou. Je vous affirme cependant que je l'ignorais. Je croyais au contraire que vous l'aviez conservé.

— Alors, reprit Jacques, il n'était pas utile de vous éloigner pour aller chercher du feu ailleurs ; il fallait m'en demander.

— C'est que je voulais vous prouver que votre supposition de tête-à-tête n'était pas fondée.

— Ah ! murmura le sculpteur, qui veut trop prouver ne prouve rien.

Voyant que son ami semblait encore conserver une arrière-pensée à ce propos, Antoine insista pour le dissuader. Jacques répondit à cette insistance par un éclat de rire. — Que de mal vous vous donnez pour rien ! dit-il à Antoine. Vous ressemblez à un homme qui prendrait une lieue d'élan pour franchir un caillou. En tout cas, ajouta-t-il, si c'était vous qui au lieu de moi fussiez resté seul pendant ces quelques minutes avec mademoiselle Hélène, il est probable que vous n'auriez pas été aussi bête que moi. Figurez-vous que sans y prendre garde, et plutôt pour dire quelque chose, je me suis mis à me plaindre de l'humidité et de la fraîcheur de la soirée, de façon que mademoiselle Hélène, à qui je venais de prêter ma vareuse, s'est excusée de m'en avoir privé et m'a proposé de me la rendre. Aussi vous avez vu avec quelle précipitation elle m'a restitué mon vêtement, quand vous lui avez apporté cette singulière enveloppe qu'elle appelle un manteau.

—Mais, mon ami, interrompit Antoine, votre réflexion justifiait cet empressement.

— Je ne dis pas non, fit Jacques ; c'est égal, la jeune personne est un peu susceptible.

Pendant que les deux jeunes gens s'occupaient ainsi d'Hélène, celle-ci, avant de rentrer chez elle, avait pris son père à partie et lui faisait des remontrances à propos de l'abandon dans lequel il l'avait laissée pendant la soirée, et le grondait aussi au sujet de la singulière manie qu'il avait de prendre le premier venu pour confident de ses affaires. — Comment peux-tu croire que de tels récits puissent intéresser un étranger? lui disait-elle. A quoi cela sert-il de revenir sans cesse sur des événements que tu devrais au contraire t'appliquer à oublier, puisque le souvenir te trouble ? — Il s'ensuivit entre le père et la fille une discussion à laquelle celle-ci renonça la première, car elle ne se sentait plus maîtresse de son impatience et craignait de se laisser emporter plus loin que ne lui permettait d'aller le respect filial. Les deux amis l'entendirent rentrer chez elle et fermer sa porte, au moment même où ils regagnaient leurs lits, se rappelant qu'ils devaient être debout au point du jour.

Le lendemain, à quatre heures, un matelot de *l'Atlas* vint réveiller tous les passagers. Comme ils descendaient dans la salle commune, l'aubergiste les pria de lui communiquer leurs passeports, ou, s'ils n'en étaient pas pourvus, de s'inscrire eux-mêmes sur le registre de police. Il se passa alors une petite scène qui pendant quelques minutes parut tenir Hélène sur les épines. Son père, à qui l'on avait remis le registre pour qu'il s'inscrivît, ne terminait pas ses préparatifs : il trouvait l'encre trop épaisse, la plume trop grosse ; il ne comprenait pas l'utilité de ce qu'on lui demandait ; enfin il se décida. Voyant qu'il mettait à écrire beaucoup plus de temps que cela n'était nécessaire, sa fille passa sa tête par-dessus son épaule, pour voir ce qu'il écrivait.

— N'en mets pas si long, lui dit-elle tout bas, ce n'est pas utile.

— Laisse-moi donc, je sais ce je fais, lui répondit-il en la repoussant.

Hélène se mit à battre avec son pied des appels d'impatience. Elle voyait Antoine et Jacques se parler tout bas, et devinait que son père était l'objet de ces propos qu'elle supposait ironiques. Son père finit par déposer la plume ; un autre ennui commença pour la jeune fille. En réglant le compte, M. Bridoux entama une discussion avec l'aubergiste ; il traitait celui-ci avec une familiarité qui semblait n'être pas de son goût, il comptait et recomptait sa note, dont le chiffre était une bagatelle. Voyant que l'on avait marqué deux bougies qui restaient presque entières, il exigea qu'on les lui laissât emporter.

— Mais ce n'est pas l'usage, lui faisait observer Hélène, rendue confuse par ces minuties.

— Comment! ce n'est pas l'usage de profiter de ce qu'on paie? s'écria son père, voilà qui est fort.

Sur un signe de son maître, la servante, qui était allée chercher les bougies, les remit au père d'Hélène en le priant de ne pas l'oublier. Le bonhomme était occupé à chicaner l'aubergiste, qui lui avait rendu parmi sa monnaie une pièce à peine marquée; il en réclama une autre. On la lui donna.

— N'oubliez pas la fille, dit la servante, qui le voyait resserrer son argent dans une bourse longue d'une aune.

— Çà en a tenu, çà, mon brave, fit le père d'Hélène, remarquant que l'aubergiste regardait sa bourse avec curiosité.

— Tant mieux pour vous! répondit celui-ci.

Hélène se mordait les lèvres jusqu'au sang. Son père, toujours poursuivi par la servante, se décida à lui mettre quelque chose dans la main. La Normande lui fit une révérence moqueuse, et montrant le décime qu'il lui avait donné, elle ajouta: — Merci, Monsieur, c'est pour les pauvres.

Antoine, à qui l'on avait passé le livre de police, ne put s'empêcher de sourire en voyant une longue énumération qui remplissait plusieurs lignes et qui était à peu près ainsi conçue : « M. Denis-Désiré Bridoux, ancien entrepreneur des travaux du gouvernement, ancien prud'homme des métiers de Paris, ancien propriétaire, ancien juré, et mademoiselle Hélène Bridoux, sa fille, actuellement professeur diplomée au second degré par la Sorbonne de Paris, tenant un cours pour les jeunes personnes qui se destinent à l'instruction publique. On s'inscrit à Paris, rue... n°... Se rendant aux bains de mer. » Jacques se livra à toute sorte de plaisanteries à propos de cette notice singulière. — En parlant de toutes ses anciennetés, il a oublié de parler de sa redingote qui paraît dater des croisades. C'est égal, ajouta le sculpteur ; il est encore malin : il a fait une annonce à sa fille, mademoiselle la bachelière ès-lettres.

Cette gaieté déplut à Antoine, qui se demandait intérieurement quand et par qui il avait entendu citer le nom qu'il venait de voir sur le registre. Au moment où les deux jeunes gens réglaient leur compte, le capitaine de *l'Atlas* entra dans l'hôtellerie accompagné des pilotes de la Meilleraye, qui devaient passer à son bord et à celui des deux autres navires remorqués par *l'Atlas*; ils venaient boire la goutte avant de s'embarquer.—Vous m'avez amené un singulier voyageur, capitaine, lui dit l'aubergiste ; il a coupé les liards en quatre avant de payer sa dépense, et il a écrit son histoire sur mon registre.

— Ah! parbleu, s'écria le capitaine en jetant un coup d'œil sur la note laissée par M. Bridoux; je la connais, son histoire : il m'a tenu pendant deux heures à me la raconter hier au soir.

— Mais si cela vous ennuyait, il ne fallait pas l'écouter, monsieur, dit tranquillement Antoine.

— Mais ce n'était pas possible, répliqua le capitaine sans se formaliser de l'interruption. Figurez-vous que le gaillard m'avait jeté le grapin après mon habit; il a fallu tout avaler. Par exemple, s'il lui prend la fantaisie de recommencer tantôt, je le fais fourrer dans la soute au charbon.

Comme le capitaine achevait de parler, Antoine, en levant les yeux sur la glace qui était au fond du comptoir, aperçut Hélène qui se tenait debout sur le seuil de l'auberge. A la confusion peinte sur son visage et à ses manières embarrassées, le jeune homme devina qu'elle avait dû entendre les propos tenus par le capitaine sur le compte de son père.

— Qu'y a-t-il pour votre service, Mademoiselle? demanda sèchement l'aubergiste.

— Pardon, Monsieur, répondit Hélène; c'est que j'ai oublié mon ombrelle dans la chambre; si vous vouliez avoir la bonté de l'envoyer chercher.

— Voilà la clé de la chambre, dit l'hôtelier en jetant une clé sur le comptoir; montez vous-même.

— Ne vous donnez pas la peine, Mademoiselle, interrompit Antoine en prenant la clé ; j'ai quelque chose à aller chercher chez moi ; je descendrai votre ombrelle en même temps.

Avant qu'elle eût pu accepter cette complaisance, Hélène vit Antoine disparaître dans l'escalier. Jacques l'avait regardé tout étonné. — C'est pour l'instant que la jeune personne aurait besoin d'ombrelle, dit le capitaine tout bas à l'oreille du sculpteur, car elle a l'air de piquer un fameux coup de soleil.

La phrase n'était pas achevée, qu'Antoine était redescendu et remettait à Hélène l'objet oublié par celle-ci.

— Qu'aviez-vous donc laissé dans votre chambre ? lui demanda Jacques avec une intention malicieuse.

— Mon album, répondit Antoine.

— Décidément, vous n'avez pas de chance avec vos albums ; vous les oubliez partout, dit le sculpteur assez haut pour être entendu de mademoiselle Bridoux, qui était à peine sortie.

— Allons, mes enfants, et vous, messieurs, en route ! dit le capitaine en s'adressant aux pilotes et à ses passagers.

On gagna le canot de *l'Atlas*, mouillé à quelques toises de la rive. M. Bridoux et sa fille étaient déjà dans le canot, qui accosta *l'Atlas* en quelques coups d'aviron. Le remorqueur ne possédait pas d'escalier d'embarquement ; deux ou trois tassaux espacés le long du bordage formait une saillie qui suffisait aux matelots pour monter à bord ou en descendre. M. Bridoux, qui n'avait pas le pied marin, se plaignit tout haut de la difficulté qu'on devait éprouver pour monter.

— Quand on veut ses aises, on ne navigue pas sur un bateau qui ne transporte que des marchandises ; les barriques et les boucauts ne demandent pas d'escalier, dit sèchement le capitaine. Cependant, comprenant l'embarras dans lequel se trouverait la jeune fille, il fit descendre une échelle dans le canot pour qu'elle pût monter plus facilement. Son père profita de la circonstance ; il monta après elle, assez embarrassé par les longues basques de sa redingote. A peine sur le pont, Hélène courut reprendre la place qu'elle y occupait la veille ; son père alla se placer ailleurs : ils semblaient se bouder ; un quart d'heure après, l'on était en route. Placés de chaque côté du bateau, deux matelots plongeaient alternativement dans l'eau la longue perche métrique qui sert à en mesurer la profondeur, et proclamaient à haute voix le résultat de chaque coup de sonde. Attentif à ces indications répétées d'une voix monotone, le pilote, les yeux fixés sur le timonnier, lui indiquait, selon le mouvement imprimé à sa main, la marche qu'il devait suivre. Tous ces détails de navigation étaient nouveaux pour Antoine et excitaient sa curiosité. Quant à M. Bridoux, il paraissait fort inquiété par les opérations de sondage.

— Nous sommes donc dans un passage dangereux ? demanda-t-il aux deux jeunes gens.

Jacques lui expliqua que les bancs de sable, souvent déplacés par le mouvement des eaux, nécessitaient l'emploi des pilotes; M. Bridoux alla porter ce renseignement à sa fille, qui se borna à lui répondre qu'elle aurait pu le lui fournir elle-même.

Après avoir dépassé Caudebec, où l'on s'arrêta quelques instants pour prendre de nouveaux pilotes et déposer ceux de La Meilleraye, Antoine et Jacques, dont l'appétit était aiguisé par l'air vif du matin, s'installèrent sur une grande caisse renversée pour y déjeuner avec les vivres embarqués la veille. M. Bridoux, qui avait eu la même idée et au même instant, demanda aux deux jeunes gens la permission de profiter d'un coin de leur table improvisée; il alla chercher auprès de sa fille le cabas qui contenait ses provisions. Hélène parut contrariée de ce déjeuner en commun, et refusa de prendre part à ce qu'elle considérait comme une indiscrétion de la part de son père. La véritable raison de ce refus, c'est qu'elle redoutait que M. Bridoux ne renouvelât auprès des deux amis quelque récit du même genre que ceux à propos desquels le capitaine de *l'Atlas* s'était exprimé avec la rancune d'un homme ennuyé.

Cet incorrigible penchant à une intimité trop immédiate, qui entraînait M. Bridoux à jeter dans l'oreille d'un étranger bon nombre de choses, parmi lesquelles il s'en trouvait d'utiles à taire, était chez lui doublé d'une autre mauvaise habitude : il répondait quelque fois avec certaines formes de familiarité qui pouvaient n'être pas du goût de tout le monde, et choquer des gens susceptibles ou mal disposés. Si délicatement qu'elle eût essayé de lui faire entendre raison, Hélène avait presque toujours échoué auprès de son père. Il ne pouvait comprendre qu'en appelant *mon brave homme* ou *mon cher*, quelqu'un avec qui il causait depuis cinq minutes, il blessait au moins certains usages, s'il ne blessait pas la personne avec laquelle il employait ces locutions. Quand sa fille lui faisait quelques observations à cet égard, il avait coutume de répondre qu'il s'était trouvé en relations très-souvent avec de grands personnages, et que jamais ses façons d'agir ou de parler n'avaient porté atteinte à ses intérêts ou à l'estime qu'on faisait de sa personne. Hélène l'aurait confondu de surprise, et certainement il ne l'aurait pas crue, si elle avait tenté de lui prouver que, vu la nature de ses relations avec les grands personnages en question, ceux-ci avaient toute autre chose à faire qu'à prendre garde à ses façons d'être ou de n'être pas. D'ailleurs, loin de les blesser, l'ignorance de certains usages chez leurs inférieurs est au contraire une espèce de flatterie aux yeux des gens qui, par leur position, pensent être les seuls destinés à les connaître et à les pratiquer. Fille de sens, et du meilleur, Hélène souffrait de savoir que son père pouvait souvent trahir à l'observation des moins clairvoyants un manque de tact dont l'origine était un défaut d'éducation. Sa situation était d'autant plus pénible quand elle se croyait obligée de lui faire quelque remontrance, qu'elle craignait d'amener dans l'esprit de son père cette réflexion assez naturelle : que les bienfaits de cette éducation qu'il lui avait procurée n'étaient pas sans amertume pour lui, puisque Hélène en faisait usage pour remarquer les imperfections de la sienne.

Plus qu'en toute autre circonstance, la fille de M. Bridoux était contrariée de voir son père engager, si courtes qu'elles dussent être, des relations avec les deux jeunes gens que le hasard leur donnait depuis deux jours pour compagnons de voyage. En leur qualité d'artistes, elle pensait que les deux amis devaient avoir cette disposition à la moquerie qui est traditionnelle dans les ateliers, et elle redoutait que son père n'allât à la rencontre de quelque plaisanterie désobligeante. Cependant, lorsqu'elle avait des craintes semblables, la préoccupation d'Hélène n'avait ordinairement que son père pour objet. Elle s'affectait de toute remarque malicieuse faite sur le compte de M. Bridoux; mais ce n'était qu'indirectement. Cette fois, et sans qu'elle se l'avouât peut-être, c'était pour elle-même qu'elle avait peur. Elle tremblait que certains propos paternels n'attirassent sur elle une curiosité embarrassante, et c'était pour y échapper qu'elle avait refusé d'accompagner M. Bridoux.

En voyant celui-ci revenir seul, Antoine lui avait demandé si sa fille ne viendrait pas.

— Plus de curiosité que de faim! répondit le père d'Hélène. La chère enfant ne sait plus où elle en est. Elle déjeune des yeux. C'est naturel : depuis six mois qu'il est question de ce voyage, vous comprenez, elle est toute désorientée; le grand air la grise. Ce n'est pas surprenant, quand on reste depuis trois ans toute la sainte journée le nez dans ses livres, et jamais la moindre distraction. Elle profite de son bon temps, elle a raison. Depuis que nous sommes en route, elle ne peut pas dormir, tant elle est inquiète de ce qu'elle verra le lendemain; la veille de notre départ, elle avait passé la nuit à faire sa robe; ah! mon Dieu, en six heures ç'a été taillé et cousu; elle n'est pas couturière pourtant, mais elle a de l'idée, acheva M. Bridoux en se frappant le front.

— Elle est très-originale, cette robe, dit Jacques, à qui son ami lança un coup d'œil.

— Oui, répondit naïvement M. Bridoux, on n'en voit pas beaucoup de pareilles; c'est un fond de magasin qu'on m'a laissé pour presque rien, parce que l'étoffe est passée de mode. Dam! vous savez, chacun connaît sa bourse, n'est-ce pas? J'ai pris le coupon tout entier; il m'en restera pour faire un rideau ou un couvre-pied.

— Ou une housse de fauteuil, interrompit Jacques d'un ton qui lui attira un nouveau regard d'Antoine.

— Oh! je n'ai plus de fauteuil, répondit très-naturellement M. Bridoux. J'ai eu un excellent voltaire, mais il a été vendu avec tout le reste à ma débâcle. Les brigands qui ont causé ma ruine ne sont pas parvenus à me déshonorer. J'ai forcé les huissiers qui sont venus saisir à regarder dans toutes les armoires. Ils me disaient : Mais, monsieur Bridoux, qu'est-ce que ça vous fait, si nous voulons avoir la vue basse? — Je veux que vous voyiez tout, quand je devrais vous prêter mes lunettes. Tout ce qui est ici est le bien de mes créanciers. — Je suis sorti de ma maison avec ma femme et ma fille sous mon bras. Mes créanciers m'ont racheté des meubles à ma vente, et m'ont renvoyé tout mon linge. Ma femme avait la manie de la toile; nous avions plus de soixante paires de draps. Ça a été vendu depuis. Vous entendez bien qu'on n'a pas besoin de tant de linge quand il ne vous reste plus qu'une armoire; c'est du pain pour les rats. C'est pour achever de vous dire, continua M. Bridoux en s'adressant à Jacques, que je n'ai pas besoin de housse, puisque je n'ai plus de fauteuil. Vous dire que ça ne me prive pas, si. D'abord on n'est jamais ennemi de ses aises, et puis, quand il venait à la maison une personne étrangère, je lui offrais mon voltaire, et je prenais une chaise ; c'est une politesse ; je sais que cela se fait. Quand j'allais autrefois chez le ministre pour causer de nos affaires, il me montrait toujours un fauteuil. J'étais souvent appelé dans son cabinet ; deux hommes qui se voient fréquemment, vous entendez,... on finit par se lier. L'estime particulière qu'il me témoignait m'encouragea même à lui demander une marque de faveur. A l'occasion de la fête de ma femme, je donnais un grand dîner où je réunissais quelques amis, des fournisseurs, mes contre-maîtres, mon caissier, la marraine de ma fille, une personne très-bien élevée ; je me hasardai à inviter le ministre. Ce n'était pas choquant, il n'était qu'un parvenu comme moi. — Madame Bridoux serait particulièrement flattée si elle pouvait avoir l'honneur de vous recevoir, lui dis-je. — Le ministre fut désolé ; il était précisément invité au château. Il s'excusa poliment ; rien à dire, vous entendez... Du reste, joli dîner, bien servi : vins de choix, marée fraîche, liqueurs des îles, tout ce qu'il fallait. Au dessert, la bonne apporte sur la table un grand carton ; tout le monde se regarde. — Vous êtes donc folle, Julie? dit ma femme ; qu'est-ce que c'est que ça ? — La bonne répond qu'elle fait ce qu'on lui a commandé. — Qui ? demanda madame Bridoux. — Comme j'avais mes raisons pour ne pas répondre, je jette mon couteau sous la table, et je fais semblant de le chercher. Je ne lève le nez que lorsque j'entends un grand cri d'admiration poussé par tous les convives. En ouvrant le carton, ma femme avait trouvé dedans un cachemire des Indes, un vrai cachemire ; ça coûtait bien mille écus, mais, parole d'honneur, j'ai eu pour dix mille francs de plaisir à voir la joie de ma femme. Ç'a été une des belles soirées de ma vie. Le cachemire a été vendu aussi ; ma femme ne l'a jamais mis ; elle voulait l'étrenner au mariage de sa fille.

Dans ce temps-là, poursuivit l'infatigable discoureur, nous avions quelques idées sur mon neveu ; il avait reçu de l'instruction ; nous l'avions vu élever. Je dis à ma sœur : Si tu veux, je prendrai ton fils à la maison ; je l'emploierai à ma comptabilité. Eh bien ! plus tard, s'il se conduit bien, moi j'aurai fait ma pelote, je lui donnerai ma fille. — Malheureusement sa mère était trop bonne : à seize ans, on lui permettait d'aller au spectacle ; il lisait des romans ; il rentrait après dix heures du soir. A seize ans, c'était fort. J'en fis l'observation à ma sœur. — Quand il en aura vingt, il ne rentrera plus, lui dis-je. Il n'était pas à la maison depuis un mois, que je m'aperçus que j'avais fait une mauvaise acquisition. Ce fut mon caissier qui me prévint. — Monsieur, votre neveu me gêne plus qu'il ne m'est utile, me dit-il ; il sort toutes les cinq minutes pendant une heure pour aller fumer des cigarettes dans la cour, et le peu de temps qu'il reste au bureau, il l'emploie à composer des chansons qu'il apprend aux ouvriers. — Je fis appeler mon neveu : Je te reverrai avec plaisir comme parent, mais comme employé je ne peux pas te garder, lui dis-je. Je suis resté cinq ou six ans sans le voir; puis un beau jour il est débarqué à la maison avec une barbe de sapeur. C'était juste après mes malheureuses affaires. Je lui sus gré de s'être souvenu qu'il était de mon sang. Il faisait toujours des chansons, ça ne lui donnait pas meilleure mine. Je lui ai prédit que ces chansons le feraient crever de faim. Il ne veut pas avoir l'air d'en convenir. Quant à sa cousine, elle le reçoit très-froidement. Bonjour, bonsoir, jamais un mot de plus.

Ainsi parlait M. Bridoux, tout en déjeunant sur le pouce. C'était sa manière ordinaire de discourir. On comprendra qu'elle devait surprendre ceux qui l'entendaient pour la première fois. Antoine et Jacques se regardaient avec un égal étonnement. Il aborda ensuite avec la même faconde le chapitre de sa fille. Elle s'était vouée à l'instruction, et, pour être plus tôt en état de recueillir un bénéfice de cette profession, pendant trois années elle avait travaillé jour et nuit afin de conquérir les diplômes nécessaires pour avoir le droit de professer. Comme ces trois années d'études avaient été coûteuses, le ménage était dans un état voisin de la nécessité. Hélène courrait le cachet, en attendant qu'elle pût ouvrir un cours et être en état d'y recevoir des élèves. M. Bridoux énumérait, avec cette prodigalité de détails dont on a eu le spécimen, toutes les difficultés que sa fille avait eû vaincre pour terminer en trois fois moins de temps qu'il n'en faut ordinairement les études nécessaires. Son naïf orgueil atteignait presque à l'éloquence, quand il racontait comment Hélène espérait faire de sa science un élément de fortune qui pourrait assurer à son père une meilleure existence dans l'avenir. — Si on lui retirait tout ce qu'elle a dans la tête, disait-il, je suis sûr qu'on pourrait en emplir une grande bibliothèque. Ce qu'elle a là est incalculable, et rien que des livres sérieux, comme son cousin n'en a jamais ouvert. Je suis sûr, ajoutait-il, comme pour donner une idée de ses vastes connaissances, je suis sûr qu'elle pourrait nous dire le nom de tous les villages devant lesquels nous passons, car elle les connaît pour les avoir vus sur la carte.

Et sans aucune transition, M. Bridoux initiait ses auditeurs aux habitudes de la vie qu'il menait avec sa fille. Suivant une expression employée plus tard par Jacques, il ouvrait non-seulement à leurs regards les fenêtres de son intérieur, mais encore les portes des armoires. Souvent même Antoine et son ami s'étaient trouvés embarrassés par des révélations que l'on ne hasarde ordinairement qu'à l'oreille d'une amitié éprouvée. Bien qu'elle ne pût l'entendre, Hélène pouvait comprendre de quelle nature étaient les propos tenus par son père, rien qu'en suivant ses gestes, parmi lesquels elle en remarqua quelques-uns qui revenaient régulièrement, lorsque M. Bridoux entreprenait certains récits. La jeune fille devina qu'on s'occupait d'elle. Tout en s'efforçant de dissimuler sa surveillance, elle épiait la physionomie des auditeurs de son père et recherchait avec curiosité l'impression que pouvaient causer ses paroles. Il lui parut reconnaître dans l'attitude des deux jeune gens quelque chose de plus que le semblant d'attention polie accordé par les gens bien élevés aux propos d'un bavard ennuyeux. Jacques, en effet, n'avait rompu par aucune parenthèse ironique cette narration confuse, lente et minutieuse. Il avait eu envie de rire souvent, mais il s'était contenu. C'est que dans sa causerie M. Bridoux avait de brusques ressauts d'une naïveté souvent niaise à un bon sens souvent élevé. Une phrase de son discours commencée par une formule empruntée à M. Prudhomme, ce type du Jocrisse sérieux, s'achevait par une remarque saisissante qui semblait faite à la loupe de l'observation populaire. Son visage offrait un masque d'énergie que l'adversité n'avait pu vaincre ; sa parole avait conservé ce ton élevé que donne l'habitude du commandement. Même sans en avoir été instruit, on devinait que c'était un homme qui avait vécu dans l'action, et pour qui l'immobilité devait être un supplice. Sa franchise à raconter ses affaires intimes à qui voulait bien l'entendre n'était après tout qu'un défaut qui lui nuisait à lui-même. Antoine l'avait écouté avec une attention véritable. Cette attention était surtout motivée par certains détails de la vie familière de M. Bridoux, dans lesquels il trouvait des points de rapport avec quelques autres de sa propre existence. Il établissait ainsi une ressemblance entre le père d'Hélène et sa grand'mère. Une autre raison qui le rendait attentif, c'est qu'il croyait reconnaître dans M. Bridoux l'oncle d'un de ses amis, membre de la société des buveurs d'eau, le poète Olivier. Celui-ci lui avait quelquefois parlé d'un parent dont Antoine croyait reconnaître le type dans la personne de M. Bridoux. Quant à Hélène, Olivier n'en avait pas dit un mot ; ce silence causait l'indécision d'Antoine, qui s'abstint cependant de demander aucun éclaircissement au père de la jeune fille.

— Voilà un singulier personnage, dit Jacques, lorsque M. Bridoux se fut éloigné ; quel sac à paroles ! Je vous demande un peu si tout ce qu'il vient de nous raconter nous regarde.

— J'en conviens, répondit Antoine, mais avouez que ce que vous avez appris vous retire l'envie de plaisanter à propos de sa longue redingote et de la robe de sa fille.

— Est-ce que cette plaisanterie vous a déplu ? demanda Jacques, un peu surpris de voir que son ami en avait gardé le souvenir.

— Aucunement, répondit Antoine avec un ton qui demandait à être cru ; seulement, si des apparences qui indiquent certains embarras ne trouvent pas d'indulgence chez nous, qui sommes à même d'apprécier ces embarras, où pourront-elles la rencontrer? Mais j'oubliais que vous aviez rompu avec la misère.

— Rompu ! dit Jacques en riant ; nous sommes séparés provisoirement, mais le divorce n'a pas été prononcé, et d'un jour à l'autre notre brouille peut finir comme une querelle d'amour. Ce qu'il y a de certain, c'est que ce n'est pas moi qui ferai les avances. Avouez à votre tour, mon cher Antoine, reprit le sculpteur après un moment de silence, avouez que l'histoire de cette robe faite en une nuit, avec une étoffe à rideau vous intéresse. Quand le père de la demoiselle vous a raconté ce beau trait, vous avez regardé celle-ci d'une telle façon, que votre regard lui a mis une touche de vermillon sur les joues, et qu'elle s'est cachée derrière son ombrelle.

— Vous reconnaîtrez au moins que ce fait prouve toute absence de coquetterie chez cette jeune personne?

— Cette absence de coquetterie, que je blâme d'ailleurs chez une femme, ressemble peut-être au désintéressement d'une maîtresse que j'ai eue, dans l'antiquité... et qui se passait de diamants toutes les fois que je ne lui en donnais pas. Cela est arrivé très-souvent.

Si indirect que fût le rapport établi par cette comparaison entre la personne d'Hélène et l'héroïne d'un souvenir galant, Antoine y parut désagréablement sensible et ne put le dissimuler. Jacques protesta contre toute intention désobligeante, et mit cette parole sur le compte d'une étourderie de langage. Si amicale qu'eût été la petite explication que les deux amis venaient d'avoir à ce propos, il en résulta cependant un moment de froid entre eux. Antoine alla s'appuyer contre le bastingage, regardant les rives du fleuve, qui allait toujours en s'élargissant ; mais les sites, qui auraient pu le frapper en tout autre moment, n'apparaissaient que vaguement à sa vue distraite. — Jacques a beau dire, pensait-il intérieurement, on pourrait croire qu'il a une antipathie contre cette jeune personne. — De son côté, Jacques faisait cette réflexion, que la susceptibilité de son ami était peut-être bien exagérée, surtout se manifestant à propos d'une étrangère. Tout en se promenant sur le pont et en fredonnant l'air d'une chanson dont il essayait vainement depuis le matin de se rappeler les paroles, il s'approcha pour allumer sa cigarette de l'un des tambours auquel était accroché un tube où brûlait un bout de cable converti en mèche. Comme il continuait à fredonner, quelques vers de cette chanson qui le poursuivait lui revinrent subitement à la mémoire, et, pour s'exciter au rappel des autres, il chanta un peu plus haut. Hélène qui était assise à quelques pas, détourna aussitôt la tête.

Ce mouvement fut si vif, l'expression de curiosité étonnée qui parut sur son visage fut si spontanée, que Jacques s'interrompit et jeta sur la jeune fille un coup d'œil qui lui causa une sorte d'embarras, car elle se détourna pour parler à son père.

Sans tirer aucune conclusion de l'attention dont il venait d'être l'objet, le sculpteur continua sa promenade et aussi sa chanson, puis il alla se placer auprès d'Antoine ; mais celui-ci ne laissa voir par aucun signe qu'il eût remarqué sa présence. — Ah ! fit Jacques, un peu piqué de ce silence, il me tient encore rancune ; quand cela sera passé, il le dira. — Et il se remit à fredonner le couplet qu'il était parvenu à reconstruire, et qui avait été entendu par la fille de M. Bridoux :

> Enveloppé d'épaisse prose
> Comme de flanelle un frileux,
> Laisse parler l'esprit morose
> Qui s'est trop pressé d'être vieux...
> Le chardon médit de la rose :
> C'est le péché des envieux.

— Tiens ! s'écria Antoine, en sortant brusquement de sa rêverie, vous connaissez cela ! où donc l'avez-vous entendu chanter, et quand ?

— Il y a longtemps déjà, répondit Jacques. C'est par une femme que j'ai connue autrefois, tenez, justement par celle que j'aurais désiré revoir à Mantes. Elle me disait même que ces couplets avaient été faits pour

elle ; mais c'était un mensonge greffé sur une vanité.
La chanson me plaisait, surtout parce que c'était un
signal convenu pour nos rendez-vous. Elle chantait bien
faux cependant la pauvre fille ; mais vous savez, quand
on est dévot, la cloche a beau être fêlée, on aime à entendre l'*Angelus*. Je ne sais pas comment cette chanson
m'est revenue, ou plutôt ne m'est pas revenue; mais depuis tantôt cela me tracasse. Vous savez, un air qu'on
veut se rappeler, c'est agaçant comme si on avait quelque chose dans les dents. A propos, vous la connaissez
donc aussi, cette chanson ? dit Jacques ; est-ce que ce
serait la même personne qui nous l'aurait apprise à tous
les deux ?

— Je tiens ces couplets d'un de mes amis, répliqua
Antoine.

— Si vous les savez, dites-les-moi. Antoine parut
rappeler son souvenir et fredonna à demi voix :

> Puisque la providence est bonne
> Et répand d'une même main
> Les bleuets qu'on tresse en couronne
> Parmi les blés qui font le pain ;
> Profitons des biens qu'elle donne,
> Aujourd'hui vaut mieux que demain.

— Après demanda Jacques.

— Je suis comme vous, la mémoire me fait défaut,
reprit Antoine.

Il murmura pourtant, sur l'air fredonné par son ami, ces deux vers :

> Pourrais-tu donc perdre sans peine
> Ainsi ta plus belle saison?

— Attendez donc, j'y suis, interrompit Jacques.

> Lorsque Dieu, d'amour, la main pleine,
> Fait sa divine semaison.
> Tu peux ouvrir ton cœur...

Aïe! fit Jacques, je ne sais plus. — Antoine reprit :

> Tu peux ouvrir ton cœur, Hélène,
> Le semeur bénit la moisson.

Au moment où il achevait ce couplet, Antoine se frappa le front comme un homme saisi d'une idée. Ah !... fit-il; puis il s'arrêta tout en voyant son compagnon faire exactement le même geste. — Ah ça! décidément cette chanson est célèbre, dit Jacques; nous sommes trois personnes qui la connaissons sur ce bateau. Et il raconta à Antoine ce qui s'est passé entre lui et mademoiselle Bridoux quelques instants auparavant. — Mais à quel propos vous êtes-vous récrié en achevant ce couplet? demanda le sculpteur à son compagnon. Est-ce que vous auriez le même soupçon que moi?

— Quel soupçon?

— Mais que mademoiselle Bridoux... est l'héroïne de cette chanson.

— Non, fit Antoine avec une espèce de contrainte, je n'ai pas cette idée; il n'y a pas qu'une Hélène au monde.

— C'est juste, reprit Jacques, mais il est probable qu'il n'y en a qu'une sur ce bateau, et comme elle s'est retournée de mon côté quand j'ai chanté, j'en tire cette conclusion très-raisonnable que je vous exprimais; il pourrait bien se faire que...

Un bruyant coup de cloche se fit entendre à l'avant du remorqueur et interrompit Jacques; on allait arriver à une station. C'était Quillebeuf. Une trentaine de vaisseaux attendaient la marée pour lever l'ancre. Le capitaine de *l'Atlas* prévint les passagers qu'on allait s'arrêter au moins deux heures, et qu'ils pouvaient descendre en ville.

— Je vous demanderai la permission de ne pas vous accompagner, dit Jacques; je tombe de sommeil, je vais me reposer jusqu'au départ.

— J'ai presque envie d'en faire autant, répondit Antoine.

— Je vous conseille de descendre et d'aller faire un tour dans la ville. Il y a une petite église assez jolie et un cimetière où vous trouverez de curieuses inscriptions; après cela, ce sera comme vous voudrez.

Comme il était indécis, Antoine aperçut M. Bridoux et sa fille qui passaient sur la planche restée comme un trait d'union entre le remorqueur et un chaland amarré au quai. Ne voulant point paraître les suivre, il attendit qu'ils eussent disparu pour prendre le même chemin.

— Il n'y a plus de doute, pensa-t-il, M. Bridoux est l'oncle d'Olivier; mais celui-ci ne m'avait pas dit qu'il fût amoureux de sa cousine. Cependant cette chanson qui a fait retourner Hélène indique le contraire. Je n'y pensais plus, à cette chanson. Pour que cette jeune fille l'ait reconnue, comme le dit Jacques, il faut bien que son cousin la lui ait donnée... Eh bien! qu'est-ce que cela prouve! se demanda-t-il à lui-même, très-étonné en remarquant que depuis quelques heures mademoiselle Bridoux ou ce qui se rattachait à elle n'avait pas cessé d'occuper sa pensée. — C'est à peine si j'ai vu le paysage de La Meilleraye, se dit-il avec reproche.

IV. — LE CIMETIÈRE.

Selon l'indication que lui avait donnée Jacques, Antoine se rendit à la petite église qui est voisine de la jetée, et située au milieu du cimetière. Comme il y entrait, il aperçut de loin M. Bridoux et sa fille agenouillés devant une chapelle, à la voûte de laquelle étaient suspendus de nombreux *ex voto* en forme de navires, déposés là par la piété des riverains, la plupart pêcheurs ou marins. Antoine fut contrarié de rencontrer les deux passagers du remorqueur. — J'ai l'air de les avoir suivis, pensait-il. Il eut un instant l'idée de se retirer ; mais il fit cette réflexion, qu'une église étant une curiosité artistique, il était très-naturel qu'elle attirât un étranger de passage, et il s'avança dans la petite basilique, qui est d'une date déjà ancienne.

L'une des cinq ou six chapelles latérales était placée sous l'invocation de la patronne de sa grand'mère. La bonne femme avait une vénération particulière pour cette sainte, et son habitude était de lui faire brûler un cierge tous les dimanches, lorsqu'elle allait entendre la messe dans une paroisse éloignée de son quartier où sa patronne avait un autel. Antoine n'était pas dévôt ; c'était un des mille indifférents comme la jeunesse moderne en compte tant dans toutes les classes. Cependant il n'avait jamais pensé et on ne lui avait jamais entendu dire rien qui pût blesser les choses saintes ; il avait surtout un profond respect pour la foi réelle de sa grand'mère, et il lui vint l'idée de faire pour elle et en son nom ce qu'elle n'eût pas manqué de faire, si elle se fût trouvée où il se trouvait. Antoine chercha des yeux s'il n'apercevait pas un bedeau pour faire ajouter un cierge à ceux qui brûlaient à demi consumés sur l'if de la chapelle. Un petit garçon de huit ou neuf ans, vêtu comme les enfants de chœur, sortit au même instant de la sacristie ; Antoine l'appela par un signe et lui exprima son désir.

— Vous voulez faire un cierge ? dit l'enfant ; le père

Boisseau n'y est pas ; mais je sais où il met sa boîte. La voulez-vous grosse, la chandelle ?

— Comme celles qui sont là, répondit Antoine en montrant l'if.

L'enfant de chœur s'éloigna et revint bientôt apportant un petit cierge. — C'est six sous, dit-il en l'allumant et en le piquant sur l'if.

Au moment où il lui donnait l'argent, Antoine entendit des pas sur la dalle : il reconnut M. Bridoux et sa fille qui traversaient la nef. Hélène s'arrêta un instant, et Antoine, qui se sentit observé dans l'accomplissement d'un acte de foi fait pour le compte d'un autre, en éprouva une légère confusion. A la porte de l'église, il se rencontra avec Hélène et son père ; celui-ci trempa son doigt dans le bénitier et fit le signe de la croix ; sa fille, qui s'apprêtait à l'imiter, se retourna vers Antoine, qui était auprès d'elle, et lui tendit deux doigts ; Antoine, qui ne s'attendait pas à cela, avança une main.

— Pas celle-là, dit doucement Hélène.

Antoine avait tendu la main gauche. Il fit le signe de la croix : il lui sembla que mademoiselle Bridoux observait comment il s'y prenait.

En arrivant sous le porche de l'église avec ses deux compagnons, Antoine aperçut l'enfant de chœur qui parlait à une petite fille de cinq ou six ans ; il lui désignait les trois voyageurs. Comme ceux-ci redescendaient l'escalier qui donne sur la place de l'église, la petite fille courut après eux ; avec un accent normand très-prononcé, elle vint leur demander s'ils ne voulaient pas voir le cimetière. — Je pourrai vous conduire au tombeau de Rose Lacroix ; ah ! c'est que c'est le plus beau de tout le cimetière, et de tout le pays aussi ! dit avec orgueil la petite Normande.

— Allons ! dit Antoine à la petite fille.

— Allons ! répéta Hélène en prenant le bras de son père.

La petite fille guida les voyageurs dans ce cimetière, qui avait la coquetterie d'un jardin soigneusement entretenu. On s'arrêta auprès d'une tombe ayant beaucoup plus d'apparence que les autres ; elle était construite en marbre blanc. Sur l'une des faces, un bas-relief assez grossièrement exécuté représentait un bateau dont le mât était brisé, et dont la voile flottait déchirée. Dans la partie du bas-relief qui figurait la mer, une jeune fille se débattait contre la vague, et élevait en l'air une main qui tenait un bouquet. Au-dessous de cette sculpture commémorative, on lisait en lettres creusées : *Le 8 septembre* 184... La petite Normande donna aux voyageurs le temps d'admirer ce monument ; puis, à la première question qui lui fut adressée par Antoine, elle s'assit sur une pierre, mordit une grande bouchée dans la tartine qu'elle tenait à la main, et, déposant son pain à côté d'elle, elle commença, avec cette voix traînante des enfants qui récitent une leçon, l'histoire de Rose Lacroix. C'était un récit fort simple. Rose Lacroix avait été élevée avec un garçon du pays, ils s'étaient aimés tout enfants, et se l'étaient dit quand ils avaient cessé de l'être; mais la pauvreté du garçon, qui s'appelait Guillaumin, avait été un obstacle à son mariage avec son amie d'enfance. Ce fut alors que Guillaumin s'engagea pour aller à Terre-Neuve. Quand il aurait eu amassé la dot que lui demandaient les parents de Rose, il devait revenir pour l'épouser. Rose lui avait promis de l'attendre, ne dût-il revenir qu'*en cheveux blancs*. Au bout de cinq ans, Guillaumin n'était pas revenu, et Rose ayant trouvé d'excellents partis, ses parents voulurent la marier; mais elle avait toujours refusé, malgré les mauvais traitements que ces refus lui attiraient dans sa famille. Comme ses parents l'avaient menacée de la mettre dans un couvent, si elle ne voulait pas obéir, elle avait déclaré qu'elle se tuerait plutôt que de ne pas attendre Guillaumin, comme elle l'avait promis. Le curé, qui avait été prévenu de ce dessein, lui avait dit que si elle se donnait la mort, elle ne serait pas inhumée en terre sainte et mourrait damnée; il l'exhortait à obéir à ses parents; Rose répondait qu'elle serait aussi bien damnée, si elle manquait au serment qu'elle avait fait à Dieu d'attendre Guillaumin, et elle attendit.

Une nuit, en revenant de Tancarville, où on l'avait invitée à être marraine d'un bateau de pêche, celui dans lequel elle se trouvait avec son père et deux ou trois amis fut assailli à deux lieues de Quillebeuf par un terrible coup de vent. Rose était tombée à l'eau et avait disparu. En débarquant à la jetée, le père de Rose trouva Guillaumin revenu de la veille. Le jeune homme attendait avec toute sa famille le retour de celle qui devait être sa femme, car il avait fait une petite fortune dans les pays d'outre-mer. Après le premier moment de désespoir, Guillaumin recouvra toute sa raison. Il déposa toute sa fortune, cinq ou six mille francs, chez un notaire, et déclara que la somme appartiendrait à celui qui retrouverait le corps de son amie. Comme elle avait péri dans cette partie du fleuve qui est séparée de la mer par cet endroit de l'embouchure qu'on appelle *la Barre,* il pouvait se faire que le cadavre fût encore en Seine. Tous les gens qui possédaient une embarcation, tentés par la brillante récompense, se mirent en route. Deux heures après, plus de deux cents bateaux croisaient entre Quillebeuf et Tancarville. Guillaumin, dans un canot à six avirons, dirigeait les recherches. Le soir, toute la flottille rentrait sans que sa croisière eût ramené celle qu'on avait tant cherchée. Guillaumin récompensa tous les pêcheurs, puis il alla s'asseoir sur le bord du fleuve, à l'endroit même où Rose avait reçu ses adieux le jour de son départ et où elle lui avait juré de l'attendre. Aucune prière, aucun raisonnement ne purent le ramener chez lui. Il était comme fou. — Elle m'a juré de m'attendre, et elle m'a tenu parole. Moi je jure de l'attendre aussi.

Quand on voulut employer la force pour l'arracher de cet endroit, Guillaumin tira un couteau et menaça de se tuer si on portait la main sur lui.

On attendit qu'un moment de faiblesse pût le livrer sans péril. Au bout de dix-huit heures, Dieu, selon les gens du pays, l'avait pris en pitié et faisait un miracle. La marée ramenait le corps de Rose à l'endroit où son amant l'attendait. Dans l'une de ses mains serrées par l'agonie, elle avait conservé le bouquet de roses blanches qu'elle portait au baptême du bateau. Guillaumin s'en empara d'abord. Rose fut enterrée le surlendemain. Pendant les deux jours qui précédèrent cette triste cérémonie, Guillaumin avait disparu. Une heure avant le départ du cortége pour le cimetière, on le vit reparaître et prendre part au repas des funérailles, qui est une coutume du pays. Il avait un crêpe au bras et parlait de Rose comme si elle eût été véritablement sa femme. Toutes les jeunes filles du pays, vêtues de blanc, suivirent le convoi. En arrivant au cimetière, on apprit du fossoyeur que c'était Guillaumin qui avait creusé la fosse lui-même. Il avait retiré tous les cailloux qui se trouvaient mêlés à la terre; on en voyait un tas sur le bord. Comme on allait descendre le cercueil une des cordes se rompit. L'un des hommes choisis pour cette triste besogne s'y prenait mal pour renouer la corde, Guillaumin la lui prit des mains : — Donnez, je vais faire un nœud à la marinière, dit-il tranquillement. — La besogne faite, il aida les fossoyeurs à descendre la bière, et jeta dessus la première pelletée de terre. Lorsque la dernière eut entièrement comblé la fosse, Guillaumin se mit à genoux et pria un moment ; puis il tira de sa poche un petit pistolet, le posa sur son cœur et se tua. On apprit le soir par le notaire du pays qu'il avait laissé un testament. N'ayant aucun parent, il léguait son bien à la première fille ou au premier garçon du pays qui n'aurait pas de dot pour épouser celui ou celle qu'ils auraient choisi. L'exécution de cette volonté était remise à la probité du notaire. Celui ou celle qui devait profiter de cette dot s'engagerait à entretenir cinquante rosiers plantés sur la tombe de Rose. Une seconde clause fixait une somme destinée à un architecte avec lequel le testateur s'était entendu pour l'élévation d'un monument. « Aucun argent, disait une dernière clause, ne sera employé à faire dire des messes pour Rose et moi. Rose est une sainte qui n'a pas besoin de prières, et comme je mourrai damné, je n'en ai pas besoin non plus ; *ce serait de l'argent perdu.* » Les volontés de Guillaumin avaient été fidèlement exécutées. La tombe de Rose était devenue à Quillebeuf ce que le tombeau d'Héloïse est au Père-Lachaise, un lieu consacré par les amants. Trois ou quatre cents noms étaient écrits ou gravés sur le marbre funéraire.

Telle fut l'histoire récitée par la petite Normande, qui s'interrompait de temps en temps pour mordre dans sa tartine, ou pour chasser les abeilles qui voltigeaient autour de sa tête. Bien qu'elle eût été racontée avec précipitation et indifférence, cette aventure avait la poétique saveur de la légende recueillie sur place. M. Bridoux, qui n'accordait qu'une dose de sensibilité très-restreinte à tout ce qui approchait du romanesque, ne prit qu'un intérêt médiocre aux deux héros de ce drame. — Bah! dit-il, je m'attendais à autre chose que cela. C'est un roman ; ce n'est pas une histoire.

— Si, interrompit sa fille, puisque c'est arrivé.

— Sans doute, répliqua M. Bridoux ; mais il n'y a pas assez longtemps pour que ce soit une histoire.

Antoine jeta sur M. Bridoux un regard qui fit baisser les yeux à sa fille. — Cependant, reprit l'artiste en paraissant particulièrement s'adresser à Hélène, la mémoire de ces deux jeunes gens vivra longtemps dans ce pays. Leurs noms deviendront populaires comme l'étaient ceux de Roméo et de Juliette avant que la poésie les eût rendus immortels.

M. Bridoux regarda Antoine d'un air profondément étonné ; Hélène elle-même semblait, par son regard, s'excuser de ne pas répondre. Pendant ces courts propos, la petite fille avait enjambé la grille de la tombe et cueillait des roses. Antoine, s'étant aperçu de ce qu'elle faisait, voulut l'arrêter. — On ne prend pas des fleurs dans un cimetière; ce n'est pas un jardin, lui dit-il doucement; laisse ces roses, ma petite.

— Oh! fit l'enfant en riant, je peux bien prendre un bouquet à ma sœur, peut-être.

Antoine ayant forcé la petite fille à s'expliquer, celle-ci raconta naïvement qu'elle était la sœur de Rose Lacroix. La tombe de Rose étant célèbre dans le pays, elle racontait l'histoire que l'on connaît aux voyageurs de passage, et quand il y avait des dames, elle leur donnait des roses, qui avaient, disait-elle naïvement, le don de leur faire connaître si leur *bon ami* était fidèle, suivant qu'elles restaient plus ou moins longtemps fraîches. On lui donnait ordinairement quelque monnaie pour son histoire et pour ses fleurs. En allant offrir les roses à Hélène, la petite lui dit en faisant la révérence : — Ce sera ce que vous voudrez.

Le père de Rose se faisait ainsi un revenu de l'événement qui l'avait privé d'une fille, et il avait dressé son autre enfant à le lever sur la curiosité ou la sensibilité des curieux. — Ah! fit Hélène en rejetant les roses, c'est affreux.

— Pauvre fille! murmura tristement Antoine en se penchant sur la tombe. Quelle profanation!

La petite fille qui ne rencontrait pas toujours des personnes aussi scrupuleuses sur le respect que l'on doit aux morts, et qui ne comprenait rien aux reproches qu'on lui adressait, s'avança auprès d'Antoine, et lui offrit un bout de crayon noir pour qu'il écrivît son nom. — Ça porte bonheur au monde, dit-elle en reprenant le ton d'un cicérone qui fait une explication ; on dit partout que ma sœur vient lire la nuit les noms des personnes qui se sont intéressées à elle, et elle en parle au bon Dieu dans ses prières.

— Voici déjà la superstition qui se mêle à la vérité, dit Antoine en regardant Hélène. Quand le marbre de cette tombe sera en ruine, la tradition en perpétuera le souvenir. On viendra encore, et de loin peut-être, chercher des roses à cette place, et on ne les vendra plus.

Voyant que le jeune homme ouvrait la porte pratiquée dans la grille, M. Bridoux ne put retenir un geste d'étonnement. — Vous allez réellement écrire votre nom ? demanda-t-il à Antoine.

— Et pourquoi non ? répondit celui-ci avec vivacité ; on salue bien les morts quand on se rencontre sur leur passage ; on peut leur rendre hommage quand on visite leur tombe. Dans celle-ci repose une honnête fille. Et d'ailleurs, ajouta Antoine, parmi tous ces noms qui s'y trouvent déjà, voici deux ou trois signatures célèbres et une illustre.

Il nomma un grand poëte auquel sa visite au tombeau de Rose Lacroix avait dû rappeler le douloureux souvenir d'un événement qui avait eu pour théâtre un lieu voisin. Hélène s'avança pour voir les deux vers qu'il avait écrits au-dessus de son nom. — Vous n'écrivez pas, mademoiselle? lui dit Antoine.

Hélène désigna son père d'un coup d'œil; mais comme celui-ci parlait à la petite Normande, la fille de M. Bridoux dit tout bas et très-vite : — Écrivez pour moi; je m'appelle Hélène.

— C'est un nom que j'ai beaucoup aimé, répondit Antoine, qui écrivit le nom de la jeune fille après le sien.

Comme ils entendirent la cloche du remorqueur qui sonnait pour le départ, les trois voyageurs quittèrent le cimetière, laissant leur petite conductrice très-étonnée de ce qu'ils n'avaient pas voulu emporter les roses, et surtout de ce qu'ils ne lui avaient rien donné pour l'histoire de sa sœur.

— Ces Normands! disait M. Bridoux en faisant allusion à ce trafic, ça ne laisse rien traîner tout de même.

Quand on remonta à bord de l'*Atlas*, Jacques était sur le pont. Il sourit en voyant reparaître Antoine en même temps que M. et mademoiselle Bridoux. Antoine lui raconta sa visite au cimetière, mais il s'abstint de raconter ce qui avait pu se passer de particulier entre lui et Hélène.

— Eh bien! savez-vous ce que j'ai fait pendant votre absence, moi?

— Vous avez dormi.

— Non, répondit Jacques, j'ai cherché la chanson qui me tracassait tant.

— Et vous êtes parvenu à la retrouver?

— Oui, mais pas dans ma mémoire; je l'ai trouvée par terre,... sur le pont,... à la place où était mademoiselle Bridoux quand elle s'est retournée pour m'écouter chanter.

Et Jacques montra à son ami une feuille de papier sur laquelle la chanson était entièrement transcrite.

— Ce n'est pas l'écriture d'Olivier, dit Antoine, comme se parlant à lui-même.

— Qui cela, Olivier? demanda Jacques.

— L'auteur de cette chanson, un de mes amis, et s'il faut tout vous dire, acheva Antoine, je crois que c'est le cousin de mademoiselle Bridoux.

— Allons donc, s'écria le sculpteur en faisant claquer sa main, j'étais bien sûr que la chanson l'intéressait. Son cousin l'a faite pour elle; c'est clair. — Au fait, voulez-vous que je vous dise mon avis? Ce petit papier-là a une odeur d'amourette, ajouta le sculpteur en secouant la chanson.

— Vous avez peut-être raison, fit Antoine; cependant Olivier ne m'a jamais dit qu'il songeât à sa cousine.

— En tous cas, sa cousine songe à lui, puisqu'elle emporte ses œuvres en voyage, reprit Jacques. Cependant cette écriture paraît fraîche, on dirait que ces vers ont été copiés récemment.

— C'est vrai, dit Antoine.

— Attendez donc, dit le sculpteur, et, fouillant dans sa poche, il en tira une feuille de papier à lettre, toute froissée. C'est le papier que j'ai demandé hier soir à l'aubergiste de la Meilleraie, quand j'ai eu épuisé mon cahier de cigarettes ; vous vous rappelez ?

Antoine inclina la tête.

— Eh bien ! comparez, continua son ami : ce papier est le même que celui sur lequel se trouve la chanson, d'où je conclus qu'elle a été écrite hier ou ce matin par mademoiselle Bridoux.

— Et moi, fit Antoine, je sais pourquoi elle n'a pas voulu me rendre mon album. Olivier y avait écrit sa chanson ; je me le rappelle.

— Est-ce que la mer vous fait déjà de l'effet ? dit tranquillement Jacques. Vous changez de couleur.

— Nous sommes en mer ? s'écria Antoine.

— A peu près, répondit son ami. Nous passons la barre.

Antoine courut à l'avant du remorqueur, afin de mieux voir. Sur la gauche, au loin, on apercevait vaguement les maisons d'Honfleur ; sur la droite, la flèche aiguë de la cathédrale d'Harfleur découpait sa vive arête dans le bleu du ciel. Devant et au loin, une ligne immobile se confondait avec le ciel à la dernière limite de l'horizon : c'était la mer. Antoine et Hélène, accoudés sur le bastingage, regardaient devant eux. Isolés dans l'impression que leur causait ce grand spectacle et ne se sachant pas voisins, ils demeurèrent ainsi immobiles et sans parler, jusqu'au moment où le mouvement du remorqueur révéla l'approche de la pleine mer.

En effet, *l'Atlas* avait dépassé Honfleur, et l'on était arrivé en vue des hauteurs de la Hève. L'Océan se montrait dans toute son immensité.

— Ah! que c'est beau! que c'est grand! murmura Antoine.

— Ah! que c'est beau! murmura Hélène.

Les deux jeunes gens se regardèrent, complétant par leur regard ce qu'il ne leur était pas possible d'exprimer par des mots. Tout à coup un mouvement de tangage assez vif fit pencher Hélène; Antoine la retint et vit qu'elle pâlissait. — Êtes-vous malade? lui demanda-t-il.

— Moi, malade! s'écria Hélène; moi, malade! Et frappant joyeusement dans ses mains, elle ajouta : — Oh! jamais je n'ai été plus heureuse; non, jamais, répéta-t-elle en donnant à sa parole un accent particulier.

— Ni moi, mademoiselle, répondit Antoine d'une voix qui n'était pas moins émue.

Ils échangèrent un long regard surpris par Jacques, qui, s'étant approché sans paraître prendre garde aux deux jeunes gens, fredonnait à demi-voix :

> Pourrais-tu donc perdre sans peine
> Ainsi ta plus belle saison?

> Lorsque Dieu d'amour, la main pleine,
> Fait sa divine semaison,
> Tu peux ouvrir ton cœur, Hélène,
> Le semeur bénit sa moisson.

Une demi-heure après, le remorqueur entrait dans le port du Havre.

V. — LE GRAND I VERT.

On se rappelle peut-être la commune impression d'enthousiasme dont Antoine et Hélène s'étaient sentis pénétrés à la vue de l'Océan. L'arrivée au port vint apporter une distraction à ce charme singulier auquel ils se livraient avec un égal abandon. Peut-être les deux jeunes gens ne suivirent-ils pas sans regret les derniers tours de roue qui amenaient le remorqueur au lieu où ils devaient se quitter, peut-être éprouvèrent-ils en même temps une sensation pénible lorsque le bruit tumultueux de la cité vint leur annoncer que le moment était arrivé où ils allaient redevenir l'un pour l'autre ce qu'ils étaient la veille, des étrangers. Lorsqu'ils furent descendus sur le quai, Hélène et Antoine se surprirent à regarder presque tristement le bateau sur lequel était née une sympathie dont le premier et unique chaînon devait se rompre à l'instant même où tous deux en constataient l'existence.

Soit crainte de montrer quelque embarras, soit qu'il leur répugnât de se séparer sur quelques paroles froidement polies, ils se tinrent comme tacitement à l'écart du banal adieu qu'échangeaient M. Bridoux et le sculpteur Jacques. Celui-ci, ayant surpris son ami immobile sur le bateau qui lâchait sa vapeur, lui demanda à haute voix s'il oubliait encore quelque chose.

— Non, répondit Antoine de façon à être entendu d'Hélène, je n'oublie rien.

La jeune fille saisit sans doute l'intention donnée à cette réponse par le geste qui l'avait accompagnée et semblait la mettre à son adresse; elle se retourna du côté d'Antoine, et, par un signe rapide, elle lui exprima qu'elle s'associait à cette pensée, qui semblait renfermer une promesse de souvenir.

Avant de s'éloigner, Jacques et Antoine se montrèrent l'un à l'autre M. Bridoux, qui disputait ses bagages aux commissionnaires et sa personne aux *pisteurs* des hôtels de la ville, pour qui tout voyageur est une proie. Le père d'Hélène se débarrassa des uns et des autres en homme habitué à employer les arguments que l'on possède au bout des bras, quand on ne peut parvenir à se faire comprendre par des sourds d'intelligence. La vigueur dont il avait fait preuve lui épargna le concert ironique avec lequel les portefaix reconduisent ordinairement les voyageurs qui transportent eux-mêmes leurs bagages. On laissa tranquillement partir M. Bridoux, portant sa malle sur son dos. Près de lui marchait Hélène, tenant d'une main le chapeau de son père, de l'autre un sac de voyage et le fameux cabas garde-manger. Les pisteurs et les portefaix s'étaient rabattus sur les deux artistes, dont le mince bagage réuni eût à peine fatigué un enfant. Aux uns, Jacques répondit gravement qu'il « était propriétaire dans la ville et n'avait pas besoin d'hôtel. » Aux autres, il demanda avec la même gravité « combien ils lui offriraient pour lui porter sa malle. » Cette plaisanterie lui fit sur-le-champ la place nette.

Comme nous l'avons dit, il avait été convenu qu'Antoine partagerait l'hospitalité offerte à son compagnon à bord du navire anglais, où celui-ci avait des travaux d'art à terminer. Ce fut donc vers le grand bassin du commerce où le yacht *the King Lear* était amarré, que les deux jeunes gens se dirigèrent d'abord. En arrivant sur la place du Théâtre, qui fait face à ce bassin, Antoine demeura en admiration devant la forêt de mâts qui s'étendait sous ses yeux. C'était précisément un jour de fête, et tous les navires étaient pavoisés aux couleurs de leurs nations.

— Ce soir, au coucher du soleil, tous ces pavillons seront amenés en même temps, dit Jacques ; on dirait un vaste champ de fleurs aux tiges gigantesques moissonnées subitement par une main invisible ; c'est assez curieux, je vous montrerai cela.

En ce moment, le sculpteur aperçut à une trentaine de pas devant lui M. Bridoux, qui venait de s'arrêter. Pendant que sa fille regardait le beau spectacle offert par le grand bassin, il s'était assis sur sa malle déposée à terre, et s'essuyait le front. — Où diable vont-ils par là? dit Jacques en voyant les passagers de *l'Atlas,* qui s'étaient remis en marche, prendre une direction qui les éloignait du centre de la ville; il n'y a pas d'hôtels dans ce quartier. Après cela, ils savent où descendre, puisqu'ils n'ont pas demandé de renseignements.

Comme on était arrivé à la place où stationnait ordinairement le yacht de lord W., Jacques fut assez surpris en apprenant que l'Anglais était sorti du port le matin pour aller essayer une voilure nouvelle. Comme on était arrivé à la basse mer, il ne pouvait plus rentrer qu'avec la marée du lendemain matin. — Puisque notre auberge tire des bordées, il s'agit d'en trouver une autre, dit Jacques. Je suis fâché que le capitaine Thompson soit absent; je suis sûr qu'il aurait fêté mon retour par un certain vin de Porto qui ferait honneur à une cave royale.

— Bah! nous boirons du cidre, répondit Antoine; il doit être bon.

Jacques fit la grimace. — Chaque pays a sa plaie, dit-il en riant; la Normandie en a deux : c'est son pavé et le cidre; d'aucuns en ajoutent une troisième : les Normands.

Les deux jeunes gens étaient retournés sur leurs pas pour se mettre en quête d'un gîte provisoire. Antoine rappela à son compagnon quelles raisons il avait pour ménager sa bourse. — Un de mes amis, qui a fait une tournée dans ce pays, m'avait donné une note de renseignements sur les endroits où je pourrais m'arrêter sans être trop écorché ; mais je l'ai oubliée à Paris, dit-il, n'osant pas avouer que ces renseignements faisaient partie de l'itinéraire contenu dans l'album que M. Bridoux ou sa fille ne lui avait pas restitué.

—Soyez tranquille, répondit Jacques, je n'ai pas plus de raisons que vous de me montrer prodigue. Je vais vous mener dans un endroit que je connais. La clientèle ne se compose pas exclusivement de grands seigneurs : ce sont de braves gens plus bruyants de paroles que d'écus, doués d'un large ventre, qui pratiquent, sans connaître Rabelais, la théorie du bien-vivre, et ne se montrent pas difficiles, pourvu que tout soit bon. Quant à l'hôtelier, il fera à notre mince bagage le même accueil que si nous arrivions dans une chaise à quatre chevaux, avec un domestique pour chaque malle et une malle pour chaque chemise. Tout le monde est toujours de bonne humeur dans cette maison-là, même les poules, qui viennent vous dire bonjour un quart d'heure avant qu'on ne les mange.

En devisant ainsi, les deux amis arrivèrent devant une auberge ayant pour enseigne *au Bor Couvert*. Comme Jacques l'avait prévu, on les reçut très-bien.

— Eh ! voilà le dîner qui nous souhaite sa bienvenue ! dit le sculpteur en humant les odeurs qui s'échappaient d'une grande cuisine dont les vastes fourneaux eussent pu servir à préparer un festin homérique. Une quinzaine de rouliers attablés dans cette cuisine y prenaient un repas largement arrosé. En les conduisant à la chambre qu'ils devaient occuper pendant la nuit, la servante leur fit traverser une cour dont la rustique apparence arrêta l'attention d'Antoine. — C'est singulier, dit-il, il me semble reconnaître cet endroit ; c'est pourtant la première fois que j'y viens.

Après avoir réfléchi un moment, il se rappela avoir vu un croquis de cette cour dans une série de dessins rapportés de Normandie par son ami Lazare. — Je m'y retrouve maintenant, dit-il à son compagnon, et cette auberge doit être la même qui m'avait été indiquée dans les notes que j'ai... oubliées.

— Nous sommes *au Bon Couvert*, répondit Jacques.

— C'est bien ce nom-là, fit Antoine. Il doit y avoir une chambre qui donne sur des briqueteries, et d'où l'on aperçoit la mer ?

— C'est dans l'autre corps de bâtiment, dit la servante qui les accompagnait ; mais cette chambre-là n'est pas libre, elle vient d'être prise par deux voyageurs.

Après qu'ils eurent déposé leurs bagages, Antoine et son compagnon redescendirent dans la cuisine, où ils prirent leur repas. — Que pensez-vous de l'ordinaire ? demanda Jacques.

— Que je le trouve extraordinaire, répondit Antoine.

— Et dire, reprit le sculpteur avec un certain accent de gravité, qu'avec la moitié moins que cela tous les jours nous assurerions la liberté de ceci et de ceci! ajouta-t-il en montrant tour à tour sa tête et ses mains.

Ce rappel aux premières et aux plus dures lois de l'existence rendit les deux artistes un moment silencieux. Antoine surtout paraissait péniblement préoccupé; sa pensée avait repris la route de Paris. Il songeait à sa maison, aux nouvelles privations que devait faire naître son absence coûteuse. Il se reprochait presque de n'avoir point su sacrifier un caprice que la fraternelle camaraderie avait accepté comme un besoin. — Cette idée troublera plus d'une fois le plaisir de mon voyage, dit-il à Jacques, qui s'inquiétait de sa préoccupation.

— Vous avez tort, répondit le sculpteur; vos amis, j'en suis sûr, seraient mécontents que vous gâtiez par le regret et l'inquiétude les courtes heures d'indépendance dont ils ont voulu vous faire jouir. — C'est ce diable de cidre qui nous pousse dans un courant de mélancolie, ajouta l'artiste, essayant d'amener par des plaisanteries une diversion aux sérieuses pensées qui venaient de jeter un nuage dans leur esprit. Ah! nous sommes durement punis du péché de nos premiers parents. Si Ève n'avait pas découvert la pomme, on ne connaîtrait pas cette fade boisson.

Jacques finit par demander qu'on leur servît une bouteille de vin.

— Et nos projets d'économie ! dit Antoine.

— Bah ! répondit son compagnon, ce n'est point de la prodigalité, c'est de la sagesse. Le bourgogne est un philosophe optimiste. Quand je regarde la vie au travers de ce vin-là, je la vois tout en rose.

Si modeste que fût cet extra, les deux jeunes gens lui firent fête comme à un ami conteur de bonnes nouvelles dont la visite est trop rare, et qu'on retient le plus longtemps possible à la maison quand sa bonne humeur vient par hasard en chasser l'ennui. La bouteille fut vidée lentement, à petits verres et à petits coups. Les convives burent réciproquement à leur prospérité future. — Notre avenir est peut-être encore loin, dit Jacques ; mais nous avons de bonnes jambes.

Les absents ne furent pas oubliés. Antoine porta aussi un toast à sa grand'mère, et raconta longuement à son ami le dévouement de cette femme forte et courageuse. Lorsque Antoine entamait le chapitre de sa grand'mère, on ne l'arrêtait pas facilement. Ce n'était point un vulgaire sentiment de reconnaissance qui le faisait parler, mais un besoin de faire partager à ceux qui l'écoutaient l'idolâtrie qu'elle lui inspirait.

— Eh ! dit Jacques, vous avez oublié de boire à la dame de vos pensées ; vous n'avez pas la mémoire longue.

Antoine parut embarrassé et balbutia quelques mots qui n'étaient pas une réponse. Son compagnon s'amusa un moment de cet embarras. Il désigna clairement Hélène, et fit allusion à l'espèce d'intimité muette qui s'était établie entre Antoine et la jeune fille pendant la dernière heure du voyage. Antoine, voyant qu'il avait été remarqué, se décida à avouer que certains détails de l'existence de mademoiselle Bridoux révélés par son père, avaient un moment excité son intérêt pour cette jeune fille. — Mais tout finit là, dit-il.

Jacques hocha la tête en souriant. — Qui sait? fit-il, tout y commence peut-être.

— Raisonnablement, reprit Antoine, puis-je éprouver plus que je ne vous dis pour une personne que j'ai connue deux jours, avec qui j'ai à peine échangé trente paroles insignifiantes, et que je ne dois plus revoir sans doute?

— Je plaisante, fit Jacques, et vous me répondez sérieusement. Serait-ce donc plus grave que vous ne le pensez?

— Mais vous semblez dire que je songeais à cette jeune personne comme si j'étais amoureux d'elle, répliqua Antoine. Je vous demande si cela est raisonnable!

— Où avez-vous lu que l'amour fût une chose raisonnable? Il n'y a au contraire qu'un cri dans l'humanité pour déclarer que c'est une folie.

— Alors raison de plus, acheva Antoine; je ne suis pas dans une position à en faire.

Il n'en fut pas dit plus long à l'égard de mademoiselle Bridoux, et les deux amis quittèrent la table du *Bon*

C'ouvert également lestés d'une dose de gaieté saine. On approchait de la soirée, la brise venant de la mer commençait à répandre une fraîcheur qui tempérait la lourde atmosphère de la journée ; Jacques proposa une promenade, et Antoine demanda qu'elle fût dirigée vers les hauteurs de la Hève. Ce lieu lui avait, disait-il, été désigné dans l'itinéraire qu'il avait oublié.

— Je vais vous y conduire, dit Jacques. C'est un des endroits les plus élevés du littoral voisin. Vous pourrez voir la mer bien plus largement que de la jetée du Havre, où le regard est trop promptement limité. Pressons-nous un peu, nous arriverons pour le coucher du soleil, qui promet d'être magnifique. C'est un spectacle merveilleux pour qui ne l'a pas vu et pour qui le revoit.

Comme ils suivaient par la falaise le chemin qui conduit aux phares de la Hève, ils entendirent les sons d'un orchestre qui jetait les quadrilles de Musard à la brise de l'Océan.

— On danse donc par ici ! demanda Antoine.

— C'est aujourd'hui fête, répondit Jacques. Il y a bal au *grand I vert*. Je vous demanderai la permission d'y entrer un moment. Je ne serais pas fâché de signaler mon retour à une personne que j'ai quelque chance de rencontrer là où il y a des violons, ajouta l'artiste en souriant.

Le *grand I vert* est la plus connue parmi les guinguettes établies sur la partie du coteau de Sainte-

Adresse qui regarde la mer. Les habitants du Havre et d'Ingouville s'y réunissent pour manger du poisson les dimanches et les jours de fête. On y danse dans un jardin, sur la porte duquel on lit en grosses lettres : *Bal à l'instar de Paris*, et un peu plus bas : *Entrée de l'instar*. Au moment où les deux jeunes gens arrivaient devant la guinguette et se disposaient à y entrer, ils se rencontrèrent avec M. Bridoux et sa fille, qui venaient d'y prendre leur repas. Le père d'Hélène paraissait être de fort mauvaise humeur. Après avoir salué les passagers de *l'Atlas*, il leur demanda s'ils entraient au *grand I vert*. Sur la réponse affirmative de Jacques, M. Bridoux essaya de l'en dissuader, et se mit à raconter avec sa prolixité habituelle les sujets de plainte qu'il avait contre cet établissement. Antoine et Jacques durent écouter sans pouvoir l'interrompre toute une série de récriminations puériles à propos du retard qu'on avait mis à servir à M. Bridoux la portion qu'il avait demandée. — Mais cela n'intéresse pas ces messieurs, hasarda Hélène, qui avait remarqué un peu d'impatience dans la physionomie de Jacques.

— Je fais mon devoir, répondit gravement son père. Si je ne connaissais pas ces messieurs, je ne me serais pas permis de les arrêter ; mais j'ai déjà eu l'honneur de les rencontrer. Je leur fais part de mon mécontentement ; c'est tout naturel. Pas d'ordre dans le service, pas de célérité, et des subalternes impertinents, continua M. Bridoux en désignant la guinguette ; il n'en faut pas plus pour perdre une bonne maison. Ces messieurs feront ce qu'il leur plaira ; mais si j'avais été prévenu comme je les préviens, je serais allé dans un autre établissement… Et sans compter que les prix de consommation sont fort élevés, reprit le père d'Hélène avec une verve de rancune croissante. Vous me direz que le poisson est frais ? Sans doute ; cela n'est pas surprenant. Ce qui m'étonne, c'est qu'il est plus cher qu'à Paris, et pourtant il y a les frais de transport… et tant d'autres… Vous conviendrez, messieurs, que ce menu-là est un peu salé, fit M. Bridoux en riant. — Et il montra à ses auditeurs la carte qu'il venait d'acquitter, et dont il souligna le total avec un coup d'ongle.

Antoine et Jacques étaient fort embarrassés de leur contenance. Hélène, rouge de confusion, faisait des raies dans le sable avec le bout de son ombrelle pour se donner un maintien. Un petit incident vint encore augmenter cet embarras : M. Bridoux, en jetant un coup d'œil sur la carte, y découvrit une erreur à son préjudice, et, si légère qu'elle fût, il voulut aller faire sa réclamation. — C'est si peu de chose, balbutia Hélène en voulant le retenir.

— Chacun le sien, répondit son père. Et il ajouta en baissant la voix : — Tu sais que tout compte pour nous. Hélène craignit que cet aveu n'eût été entendu par les deux artistes, et sa rougeur devint tellement sensible, que son père s'en aperçut. Il allait peut-être renoncer à son dessein, lorsque le garçon dont il avait à se plaindre passa auprès de lui en faisant son service, et M. Bridoux crut remarquer qu'il le regardait avec un certain air goguenard. Cette fois il n'y tint plus. Il quitta le bras d'Hélène en s'écriant : — Ah! c'est trop fort! Ne pas me rendre mon compte, et me rire au nez par-dessus le marché! Attends un peu, je vais remuer ce monde-là et leur montrer à qui *ils* ont affaire.

Avant que sa fille eût pu le retenir, il lui avait échappé, il était rentré dans le jardin et prenait au collet le garçon dont il croyait avoir à se plaindre. Une explication assez animée parut avoir lieu entre les deux hommes. Hélène donnait des signes d'inquiétude. — Mon père est si vif, dit-elle en regardant les deux jeunes gens, qui étaient restés auprès d'elle. Jacques fit un signe à Antoine et rejoignit M. Bridoux, dont l'explication avec le garçon du *grand I vert* paraissait tourner en querelle. — Ah mon Dieu! disait Hélène en frappant du pied avec impatience, pour si peu de chose fallait-il courir les chances d'une dispute?

— Ce n'est point à cause de l'erreur de chiffre que monsieur votre père est retourné, fit Antoine; mais il a raison de ne pas supporter une impertinence de la part d'un inférieur.

Hélène sut gré au jeune homme d'avoir ainsi interprété le motif qui amenait la réclamation paternelle;

elle éprouva une sorte d'allégement en voyant cette démarche jugée autrement que comme une puérile petitesse. M. Bridoux, qui s'était fort animé pendant la discussion, avait appelé le chef de l'établissement, qui réprimanda le garçon et restitua au père d'Hélène ce qui lui revenait. — Vous entendez bien, disait celui-ci à Jacques, vous entendez bien que ce n'est pas pour les dix sous ; il y en a de plus riches qui se baissent pour les ramasser, mais je ne veux pas qu'on se moque de moi.

Voyant qu'il était observé par cinq ou six personnes témoins de la contestation, il ajouta en élevant la voix : — La preuve que ce n'est pas pour les dix sous, c'est que je ne veux pas les garder. — Et avisant un joueur d'orgue ambulant qui se disposait à entrer dans la guinguette, il déposa la petite pièce de monnaie sur son instrument, ce qui lui valut une sérénade improvisée. Antoine et Jacques levèrent la tête et échangèrent un regard également étonné. L'air joué par l'organiste était le même que celui sur lequel ils avaient tous deux, pendant la traversée, fredonné sur le remorqueur, en cherchant à se rappeler la chanson d'Olivier. Comme ces couplets avaient été édités et mis en musique, il n'y avait rien d'extraordinaire dans ce fait ; mais la coïncidence leur semblait bizarre. Hélène, qui n'avait pas reconnu aux premières mesures cet air qu'elle avait seulement et très-vaguement entendu une fois, finit par se le rappeler et en même temps la chanson pour laquelle il avait été fait. Elle parut frappée comme les deux jeunes gens par cette singularité du hasard, et sans qu'elle s'en doutât, elle laissa pénétrer l'impression qu'elle lui causait. Cette petite scène muette, qui s'était à peine prolongée une minute, avait complétement échappé à M. Bridoux.

— Je suis d'autant plus contrarié de ce retard, dit-il, qu'il va nous faire manquer le coucher du soleil que ma fille désirait aller voir là-haut. — Et il montra les phares qu'on apercevait au sommet de la falaise.

Jacques lança un coup d'œil à son compagnon. — C'est vous qui avez inspiré à mademoiselle Bridoux la pensée de venir à la Hève ! — lui dit-il très-bas et très-vite. Antoine protesta avec l'accent de franchise qui indique la vérité.

— Si cette rencontre est l'effet du hasard, ajouta le sculpteur, avouez du moins que vous trouvez le hasard intelligent.

Il fut interrompu par M. Bridoux, qui s'excusait de les avoir retardés. — C'est singulier comme on se retrouve ! dit-il.

— C'est tout simple au contraire, répondit Jacques ; nous sommes sur le chemin d'un endroit curieux qui attire tous les voyageurs ; nous devions naturellement nous rencontrer, fit le sculpteur en observant Hélène. Mon ami et moi, nous avions l'intention de monter aux phares.

— C'est bien imprudent, dit M. Bridoux, et ces gros cailloux qu'on trouve sur le bord de la mer sont mortels à la chaussure ; mais ma fille ayant insisté....

Hélène, devinant qu'il allait être question d'elle, prit les devants de quelques pas, moins pour ne pas gêner son père que pour n'être point gênée elle-même. — Ah ! vous montez à la Hève, reprit M. Bridoux ; enchanté de vous avoir rencontrés, d'autant plus que nous ne connaissons pas bien le chemin : nous irons de compagnie. Ma fille nous expliquera le système de l'appareil des phares.

Comme Jacques s'étonnait que mademoiselle Bridoux eût des connaissances en mécanique, son père lui apprit qu'elle avait suivi un cours spécial de cette science. — Cela n'est pas indispensable pour les femmes, dit-il ; mais comme le cours était gratuit, elle en a profité, et bien profité. Figurez-vous, messieurs, que, pour ne pas manquer une leçon, elle est sortie un soir d'émeute au milieu des coups de fusil et des barricades ; c'est le professeur qui me l'a ramenée. Il était dans l'admiration, car vous entendez bien que ma fille était la seule élève qui se fût présentée au cours. Je l'ai entendue parler des nouvelles découvertes en mécanique avec des personnes de l'art ; elle en raisonne parfaitement. Tenez, pas plus tard que la semaine passée, notre coucou s'était dérangé : eh bien! ma fille l'a démonté et remonté ; — il marche, positivement il marche. Ah ! si sa digne mère vivait encore, elle serait bien fière d'avoir une fille pareille. Après cela, la pauvre femme, il vaut mieux qu'elle n'y soit plus peut-être, car depuis quatre ans nous avons marché sur des pavés bien durs. Certainement la chère défunte n'aurait pas permis que sa fille passât toutes les nuits, comme elle a fait pendant tout ce temps-là, tellement *actionnée* à son travail, qu'elle oubliait de faire du feu ; mais on ne m'ôtera pas de l'idée que c'était une malice pour moins user de bois. Grâce au ciel, voilà que nous approchons de la fin ; *nous* avons passé notre dernier examen, nous aurons des élèves, et tout ira bien, si le bon Dieu nous conserve la santé. J'espère que cette petite tournée lui profitera : on dit que l'air de la mer est fortifiant. Je ne vous cacherai pas que j'étais inquiet. On me disait : Monsieur Bridoux, votre demoiselle travaille trop ; il faut qu'elle se promène, qu'elle prenne des distractions ; elle se tuera, vous verrez. — Ah ! Dieu me préserve de le voir ! ce serait à se jeter là dedans, dit-il en montrant la mer. Heureusement que ses couleurs commencent à reparaître. Depuis quelque temps, je lui fais boire du vin. Ah ! il faudrait qu'elle pût rester un mois à la campagne ; mais le bon air est comme tout ce qui est bon, ça coûte cher. Enfin !....

Dans ce dernier mot et par l'accent que lui donnaient sa voix, son geste et son regard, M. Bridoux révélait toute la résignation active des jours passés unie aux premières espérances d'un avenir meilleur et laborieusement conquis.

VI. — LES AVEUX.

Cependant on commençait à approcher de l'endroit qui était le but de la promenade. Les phares de la Hève, allumés depuis quelques instants, confondaient les rayonnements de leurs foyers lumineux avec les derniers embrasements du couchant, qui reflétaient un splendide incendie dans les flots agités. Cette magnificence nouvelle, ajoutée à l'aspect de l'Océan, dont l'immensité se révèle bien plus étendue des hauteurs de la Hève que de la jetée du Havre, attirait l'attention des promeneurs. Familiarisé depuis longtemps avec les spectacles variés de la mer, Jacques était le seul qui parût inattentif. M. Bridoux lui-même resta un moment silencieux ; il se sentait pénétré à son insu par les influences de l'heure et du lieu. — Il me semble que je reçois un coup de poing là, dit-il à Jacques en montrant sa poitrine. Cette figure, quoique vulgaire, exprimait assez justement l'effet moral produit par une forte commotion, surtout quand elle est le résultat d'un premier contact avec les grands phénomènes de la création. Comme le caillou qui contient une étincelle, les organisations les moins sensibles, les esprits pétrifiés, renferment également, sous leur triple couche d'une matière épaisse, une parcelle d'enthousiasme, qui pour se dégager n'a besoin que d'un choc violent et inattendu. Pendant cette minute, unique dans sa vie, le rustre qui marche tous les jours sans pitié sur la fleur dont le parfum l'enivre se mettra peut-être à genoux pour la cueillir, car pendant cette minute son âme aura tressailli en lui comme un oiseau qui sent ses ailes et tend à s'élever ; la brute sera devenue homme, l'homme aura été presque poëte.

M. Bridoux, à qui la parole était aussi nécessaire pour vivre que la respiration, rompit brusquement le silence pour renouer un de ces récits sans suite qui lui étaient familiers, et dont nous ne voulons pas fatiguer le lecteur. A la vivacité de ses paroles, on eût dit qu'il avait hâte de sortir d'un état qui l'inquiétait, parce qu'il ne lui semblait pas naturel. Ces réactions sont communes. L'enthousiasme, comme tout autre sentiment qui élève l'homme au-dessus du niveau ordinaire de ses idées, équivaut à un déplacement d'atmosphère. Ainsi le voyageur parvenu sur la haute montagne qui baigne son sommet dans l'éther pur éprouve d'abord une ivresse qui se termine par une suffocation ; de même pour certains êtres dont l'intelligence est peu habituée aux ascensions, il existe dans le monde des impressions morales, des cimes trop élevées, où leur esprit éprouve un malaise qu'on pourrait appeler la nostalgie du terre-à-terre.

Après avoir plané un moment, M. Bridoux redescendait lourdement dans ces détails d'intimité domestique qui faisaient le fond de son discours. Antoine marchait auprès de lui de ce pas lent qui est l'allure de la rêverie. Jacques jetait méthodiquement des bouffées de tabac à la brise marine et répondait par de rares monosyllabes aux prolixes improvisations de son compagnon, qui se contentait de cette apparence d'attention. Hélène, qui allait toujours en avant, était souvent troublée dans sa contemplation par la voix criarde de son père, à laquelle le murmure des flots qui battaient le pied de la falaise servait comme de basse continue. La jeune fille ajouta encore quelques pas à la distance qui la séparait déjà des trois hommes : elle voulait se mettre entièrement hors de portée du bavardage paternel, qui l'irritait plus que de coutume. En faisant cette réflexion, la jeune fille ne put s'empêcher d'y joindre cette remarque, que depuis sa rencontre avec les deux jeunes gens que le hasard du voyage s'obstinait à lui donner pour compagnons, elle était beaucoup moins indulgente pour les défauts paternels. Elle se demandait si ces dispositions hostiles n'étaient point de l'ingratitude, surtout dans un temps employé par son père à lui procurer un plaisir acheté au prix de sacrifices auxquels il aurait à prendre une grande part. Ce plaisir si longtemps souhaité, si souvent attermoyé, maintenant qu'elle en avait la jouissance, elle en comparait les effets aux promesses que lui avait faites son imagination, et elle trouvait à la fois dans la réalité quelque chose de plus et quelque chose de moins que dans le rêve.

En partant pour ce voyage, Hélène avait espéré renouveler en grand une de ces promenades du jeudi comme elle en faisait étant pensionnaire, trêve d'insouciance que l'étude accorde comme une récompense innocente et salutaire aux travaux accomplis, encouragement donné au travail prochain. Dégagée de toute préoccupation qui eût pu jeter de l'ombre sur son plaisir, chaussant pour la dernière fois le soulier des promenades buissonnières, elle comptait courir d'un pied libre et léger à ce dernier rendez-vous donné par elle-même à son insouciance enfantine, qui avait si peu duré, que son dernier jouet avait été brisé tout neuf sous le pied du malheur, quand il avait renversé la fortune paternelle. Jetant aux buissons de la route les façons d'être un peu sérieuses, qui raidissent les attitudes, immobilisent le visage, règlent la voix dans le registre d'une gamme monotone, et sont pour ainsi dire le costume moral de sa profession, elle espérait retrouver, débarrassée de cette défroque du pédantisme scolaire, cette pétulance, cette vivacité qui faisait d'elle, au temps de son enfance si vite abrégée, le malicieux démon de la classe aux heures de l'étude, le démon ingénieux de l'amusement aux heures de la récréation.

Avec quelle joie elle avait fermé tous ses livres, tous ses cahiers ! Quel adieu ironique elle avait lancé à tout cet attirail de science ! Ainsi, la veille d'un chômage, l'ouvrier laborieux range ses outils et se murmure à lui-même et à voix basse le refrain de la chanson qu'il doit le lendemain répéter à franc gosier. Elle aussi, en serrant soigneusement ses collections d'atlas et de sphères, où le soleil et les astres étaient représentés en carton peint, elle songeait qu'elle allait voir le vrai soleil et de véritables étoiles, et si elle l'avait connue, elle aurait chanté, tant bien que mal, plutôt mal que bien, la chanson populaire : *Au diable les leçons !* Cette robe à ramages ridicules, comme elle lui avait paru belle en pensant qu'elle allait la mettre en lambeaux dans ses courses folles ! Avec quel empressement elle l'avait taillée sur le premier patron trouvé, avec la première aiguille venue, se piquant gaiement les doigts à chaque point ! Comme elle lui avait semblé courte, cette nuit donnée à un travail qui était déjà un plaisir ! Son œuvre achevée, comme elle était fière, et de quel éclat de rire elle salua sa maladresse, lorsqu'en essayant cette robe devant un miroir auquel la poussière avait fait un voile, elle s'aperçut qu'elle avait l'air d'une mascarade ! Mais à qui avait-elle à plaire ? qui aurait à prendre garde qu'elle fût bien ou mal équipée ? Et si un malin sourire de quelque oisif s'arrêtait sur elle, pourrait-elle s'en sentir blessée, elle si indifférente à tout ce qui touchait la coquetterie, que son miroir lui servait à peine, et qu'il était accroché dans le coin où le jour était le moins favorable?

Enfin ce coucou qu'elle avait raccommodé de ses mains industrieuses avait sonné le moment du départ. — Pars et sois libre! lui avait dit l'aiguille, qui ordinairement, en s'arrêtant sur les heures, symbolisait le temps et semblait le doigt du maître indiquant le travail à son esclave. Et elle était partie, fermant la porte de cette chambre à peine éclairée d'un jour avare, y laissant sous clef tous les soucis, toutes les inquiétudes de la vie ordinaire, et depuis qu'elle était en route, aucune préoccupation de ce genre ne l'avait poursuivie. Pourtant cette trêve d'insouciance qu'elle s'était accordée, elle était violée, et par elle-même. Elle n'avait pas le libre arbitre de sa pensée ; elle se sentait distraite des distractions dont ce voyage était le but. Sans pouvoir définir son trouble, elle éprouvait un malaise d'autant plus singulier, qu'il avait des intermittences de charme, et ces sensations nouvelles n'avaient pas seulement pour origine la nouveauté des lieux qu'elle traversait, la diversité et la grandeur des spectacles qu'ils offraient à ses yeux! Ainsi, dans ce moment même, cette mer, vaste et visible image de l'immensité, n'était pas la cause unique de l'émotion dont elle était agitée, et quelque effort qu'elle fît pour se maintenir dans un courant d'impressions plus calmes, elle se sentait attirée ailleurs. Comme ce vaisseau errant d'une légende dont toutes les ferrures se détachaient, attirées par une montagne d'aimant, toutes les pensées de son esprit retournaient vers des souvenirs dont l'attraction était d'autant plus puissante qu'ils étaient plus rapprochés, qu'elle en était à peine éloignée de quelques heures, que quelques pas seulement la séparaient de celui dont l'image se mêlait à ses souvenirs. Un à un et lentement elle repassait les épisodes de ce voyage, pendant lequel ils avaient eu occasion de se trouver réunis dans une apparence d'intimité; elle répétait intérieurement toutes les paroles dont ils avaient été le prétexte, et qu'elle avait échangées avec le voyageur de l'album. Dans ces propos, rien de leur bouche n'était sorti qui dépassât les limites de la conversation qu'on peut avoir avec un étranger, et cependant elle avait encore présent à la mémoire tout ce qu'il lui avait dit. Pourquoi cette fidélité de souvenir accordée à des paroles insignifiantes? Et c'était moins la conversation parlée qui l'inquiétait que la causerie muette, car il lui semblait que c'était particulièrement dans les moments où ils s'étaient tus que l'échange de leurs pensées avait été plus intime Après leur séparation sur le quai du Havre, Hélène avait bien cru voir comme une expression de regret dans la physionomie d'Antoine. C'était un adieu que lui adressait son regard. Elle-même s'était sentie si troublée à ce moment, qu'elle ne pouvait pas savoir précisément quelle avait été son attitude. N'avait-elle point trop laissé voir son trouble? Si ce jeune homme s'en était aperçu, quelle étrange interprétation aurait-il pu lui donner? Elle regrettait de n'avoir pas su prendre des façons plus dégagées qui eussent pu servir de masque à son agitation, qui ne lui était point familière, dont elle s'était étonnée, dont elle s'étonnait encore, dont elle voulait à la fois fuir et rechercher la cause.

Mais pourquoi cette dissimulation? Le mensonge du visage n'était pas plus dans ses habitudes que celui du langage. Et quelle nécessité de mentir? qu'avait-elle à cacher? Lentement, peu à peu, avec les hésitations, les restrictions, les craintes d'un esprit qui s'aventure pour la première fois à des découvertes qui l'attirent en l'alarmant, Hélène abordait, non pas sans surprendre sa réserve ordinaire, des idées qui étaient pays nouveau pour elle, et ce voyage en elle-même était bien autrement intéressant que celui que lui faisait faire son père. Elle ne pouvait rien préciser cependant, mais elle se sentait guidée par de vagues instincts qui de moments en moments faisaient la voie plus libre et moins obscure à sa pensée en quête d'éclaircissements. Des subtilités, qui, avant ce jour, n'auraient pu s'arranger avec la franchise de son jugement, lui venaient en aide pour la tromper, quand elle croyait avoir besoin d'illusion. Tout à coup elle sentit son cœur battre avec une violence soudaine en se sentant occupée à ce singulier travail. — Quel en était le but ? A quel propos toutes ces interrogations adressées à elle-même, et qui restaient sans réponse ? Non pas que la réponse lui manquât, mais parce qu'il n'y en avait qu'une à faire, et que, si bas qu'elle l'eût faite, à ce seul mot, même avoué à pensée basse, tous les échos de son être l'auraient répété cent fois, mille fois et tout haut.

Hélène avait vingt ans. Sa vie s'était écoulée dans un intérieur où le devoir était le dieu domestique, dont les servants étaient la patience, le courage, la robuste volonté, qui est la force matérielle de l'intelligence, quelle que soit l'œuvre humaine où elle s'applique. Nés dans une condition modeste, ses parents lui avaient en tout temps donné le spectacle de ces laborieuses vertus, seule dot qu'ils se fussent apportée l'un à l'autre en unissant leurs destinées, unique et première mise de fonds qu'ils priaient Dieu de faire fructifier, et avec laquelle ils avaient failli pendant un moment acquérir mieux que l'aisance, une fortune véritable. Sa mère était très-pieuse et réalisait le type de l'épouse chrétienne. A l'incessante activité de son mari, à ces efforts qui font de l'existence de l'industriel une bataille quotidienne, son intelligence, plus passionnée qu'étendue, s'associait par une ferveur enthousiaste dans la protection de la Providence. Que de fois Hélène avait vu sa mère pâle d'angoisse dans ces moments de crise où le mot *protêt* fait flamboyer sa menace sur le carnet des échéances, ce registre de l'honneur commercial ! Tout enfant, elle s'unissait à la pieuse exaltation maternelle, lorsque M. Bridoux était parvenu à sauver son crédit intact. Même à l'époque où il avait pu se croire maître de sa destinée, celui-ci n'avait apporté aucun changement dans ses habitudes. Son seul luxe était de temps en temps un de ces repas auxquels venaient s'asseoir quelques amis qui entretenaient avec lui des relations d'affaires, et dont les mœurs modestes s'appareillaient avec les siennes : humbles esprits pour la plupart, ne parlant guère que de ce qu'ils savaient, et ne sachant rien au delà du cercle des connaissances utiles à leur profession. Ces conversations n'apportaient jamais à l'oreille d'Hélène aucun écho de la vie extérieure. Le mot plaisir était inconnu dans cette maison, où les murs étaient tapissés de préjugés dont on peut médire, mais qui ont cependant des qualités préservatrices. Jamais M. Bridoux ni sa femme n'étaient entrés dans un théâtre ni dans un autre lieu de divertissement public : d'austères traditions, transmises à leur fille, en faisaient le pavé de l'enfer. La première fois qu'ils avaient appris que leur neveu allait au spectacle, cette découverte avait été l'objet d'une affliction voisine de l'épouvante et de remontrances fort vives adressées aux parents de celui-ci. Jamais d'autres livres que ceux nécessaires à l'instruction d'Hélène n'étaient entrés chez eux.

Un jour de l'an, son cousin lui avait apporté en cadeau un volume des poésies de Lamartine ; M. Bridoux le mit à l'index : c'étaient des vers ! cela était au moins inutile, sinon dangereux. Telle était son opinion laconique à propos de la poésie. L'art n'avait entrée chez lui que sous la forme de gravures représentant des sujets de religion. Il possédait un fort beau christ en bois sculpté qui avait une véritable valeur artistique ; mais cette œuvre, convulsionnée avec toute l'horreur réaliste familière à quelques maîtres espagnols, effrayait madame Bridoux. Ce n'était point le Dieu patient de sa croyance chrétienne que lui représentait ce crucifié révolté contre la douleur. — Jésus est mort en pardonnant, disait-elle, ce bon Dieu-là a l'air de maudire, ce ne peut pas être le Christ ; ce doit être le mauvais larron. Pour lui être agréable, son mari avait échangé le chef-d'œuvre de la renaissance contre une vulgaire production de la fabrique nouvelle. — Combien vous a-t-on donné de retour ? lui demanda son neveu. — Plaisantes-tu ? avait répondu M. Bridoux ; l'autre était en bois, celui-ci est en ivoire. J'ai donné vingt francs, et j'ai fait un bon marché, tout le monde le dit. — Le monde dont il parlait était de sa force en matière d'art.

Pendant l'époque de sa prospérité, M. Bridoux avait mis sa fille en pension. Ses relations avec des compagnes qui apportaient dans leur caractère et dans leur langage le reflet de l'existence mondaine de leurs parents enlevèrent à Hélène quelques ignorances. Le récit des plaisirs que prenaient ses camarades pendant leur séjour dans leurs familles ne la trouvait pas indifférente, et lui inspira peut-être le vague désir de les connaître aussi. Elle pouvait d'ailleurs espérer dans l'avenir la possibilité de donner une satisfaction à des penchants qui sont compatibles avec l'état d'indépendance que la fortune assure. Son père ne lui disait-il pas souvent : Je suis en train de te pétrir un million ? Mais le désastre qui mit ce beau rêve à néant, et qui fut peu de temps après suivi de la mort de sa mère, ramena la jeune fille vers les sérieuses idées dont la tradition n'avait pas eu le temps de s'altérer. Au lit de mort de sa mère, elle recueillit d'elle cet héritage de résignation qui est l'arme des martyrs. Cette robe de deuil, jetée à quinze ans sur sa jeunesse, fut un vêtement de virilité. Ce fut alors qu'elle se mit à l'œuvre pour acquérir une science qui l'aidât un jour à mettre à la place du million échappé à son père, ce pain quotidien qui fait la sûreté de la vie, ce tranquille repos des derniers jours qui fait le calme de la mort. Pendant plusieurs années et sans relâche, sinon sans fatigue, elle avait fait chaque jour un pas de plus vers son but, restreignant sa vie dans un cercle étroit d'habitudes et d'idées uniformes, faisant le jour ce qu'elle avait fait la veille, ce qu'elle savait devoir faire le lendemain, modifiant la vivacité de sa nature pour la soumettre aux exigences de l'étude, qui veut l'attention, supprimant de sa vie tout ce qui n'était pas une nécessité, non pas seulement nécessité d'usage, mais loi impérieuse, se refusant toute distraction, même celle de la pensée, quand les pensées ne se présentaient point à son esprit frappées à l'effigie de l'ambition qui lui servait de mobile dans un travail au-dessus de son âge, au-dessus de ses forces quelquefois

Telle avait été Hélène, telle elle était encore au moment où pour la première fois elle avait rencontré Antoine. Ces détails étaient nécessaires pour faire comprendre la nature de son trouble. Après l'avoir constaté, elle en recherchait les causes, et quelles que fussent ses hésitations, quelle que fût même son ignorance, elle n'était point telle que ses recherches fussent vaines. Elle finit par se l'avouer, cette sympathie encore anonyme, à laquelle elle cherchait un nom qui ne fût pas le seul véritable, tant elle avait peur que ce nom ne l'effrayât, tant elle craignait que ce nom, prononcé seulement par elle-même à elle-même, ne fût une sommation de renoncer au sentiment qu'il viendrait baptiser! — Ah! pourquoi avait-elle rencontré Antoine encore une fois? Que venait-il faire là où elle était? Était-ce prémédité? Dans la réserve de ses relations avec lui, lui était-il donc échappé quelque propos de nature à lui faire supposer qu'elle viendrait aux phares ce soir-là? — Elle fouillait ses souvenirs, et ne trouvait rien qui pût justifier ce soupçon. C'était donc le hasard, le hasard, mot des athées ; elle disait Providence ordinairement. Cependant la suite des réflexions qu'elle faisait à propos de cette rencontre lui remit en mémoire cet album qu'elle n'avait pas voulu rendre à Antoine en le retrouvant sur le pont de *l'Atlas*. Elle se rappela aussi les mots qui l'avaient arrêtée dans la restitution de cet objet. Elle eut un moment l'idée de le lui remettre, mais que penserait-il de cette restitution tardive ! Un autre motif lui faisait maintenant désirer de conserver l'album. Elle y avait découvert cette chanson à laquelle le nom qui la signait donnait un certain intérêt de curiosité. Quelle est en effet la femme ou la jeune fille qui, rencontrant par hasard des vers où son nom se trouve mêlé, ne voudra pas les posséder, si elle a quelque raison de croire qu'ils lui sont dédiés par la pensée de l'auteur ? Et puis, elle n'était point fâchée d'avoir un échantillon du talent de son cousin. Malgré le vague de cette poésie, son instinct féminin n'avait pu s'empêcher de reconnaître que son nom ne se trouvait pas dans ces couplets seulement pour la rime ; mais elle n'en avait été ni émue ni flattée. Elle avait si souvent entendu présenter sous les aspects d'une dissipation scandaleuse la libre existence de son parent, qu'elle avait elle-même fini par effacer, et sans efforts douloureux, tous les souvenirs qui pouvaient lui parler de son ancien ami d'enfance. Quand il venait voir son père, l'accueil qu'elle lui faisait ne dépassait point les limites d'une indifférence presque voisine de la répugnance. Hélène n'en fut pas moins surprise en retrouvant la chanson d'Olivier sur les lèvres du compagnon d'Antoine, bien plus surprise encore de l'émotion qu'elle lui avait causée au moment de son entrée en mer, pendant cette minute de court enthousiasme où elle s'était sentie pour la première fois en état de communion sympathique avec Antoine. Par un phénomène d'imagination qu'elle ne s'expliquait pas, il lui semblait que c'était Antoine lui-même qui avait chanté ce couplet, dont le sens était une sommation d'aimer.

Cœur fixe et esprit irrésolu, Hélène s'était arrêtée sur le bord de la falaise, et, sans s'apercevoir de son immobilité, laissait errer son regard dans les profondeurs de l'horizon. Tout à coup elle tressaillit; derrière elle, elle entendit le bruit d'un pas sourd; elle tourna la tête; une ombre s'avançait, lente et solitaire; c'était lui : il n'était plus qu'à dix pas. L'avait-il vue ? La couleur de ses vêtements ne la dénonçant pas dans l'obscurité, elle pensa qu'elle pourrait reprendre sa promenade sans que celui qui s'approchait eût pu remarquer qu'elle l'avait interrompue. Elle fit un pas, et derrière elle entendit marcher plus vite. On se pressait : se presser elle-même, c'était révéler une préoccupation qui était déjà une confidence. Elle attendit. Antoine parut auprès d'elle. — Vous m'avez fait peur, dit-elle. Par toute sorte de manœuvres rusées, celui-ci,

obéissant à l'attraction, s'était décidé à se détacher de
M. Bridoux et de Jacques. Pour ne pas faire suspecter
son intention et donner à son éloignement une apparence de naturel, cinq ou six fois déjà il avait marché à
l'écart de ses compagnons. Tantôt allant en avant et
revenant sur ses pas jeter un mot dans leur conversation, comme pour témoigner qu'il était bien toujours
avec eux, et seulement avec eux, — d'autres fois il restait en arrière, mettant sa main sur ses yeux, en abat-
jour, bien que la nuit fût déjà venue, et dans l'attitude
d'un homme qui regarde un objet lointain dont il cherche à préciser la forme, se faisant surprendre dans cette
position, qui pouvait faire croire que le spectacle de la
mer occupait seul sa pensée, émue comme les flots
de cette mer sombre et sonore. Lorsque ces allées et
venues se furent renouvelées plusieurs fois, et qu'il
se fut persuadé que son absence n'amènerait aucun
commentaire, il prit l'avance de quelques pas, s'arrêta
un instant, feignant de rattacher sa guêtre, et reprit
sa marche en avant.

— Allons, dit Jacques, qui avait le mot de toutes ces
manœuvres, il a levé l'ancre.

— Qui ça? interrompit M. Bridoux.

— Je dis, reprit Jacques en montrant un vaisseau
profilant ses hauts mâts dans la dernière lumière du
jour, je dis que voilà un navire qui lève l'ancre.

A la première parole qu'ils échangèrent quand ils se

trouvèrent réunis, Antoine et Hélène, au son de leur voix, soupçonnèrent l'un et l'autre quel long dialogue ils venaient d'avoir chacun de leur côté avec eux-mêmes, et quelle en était la nature. Leur conversation fut d'abord un duo d'insignifiances qu'ils ne prenaient point même la peine de déguiser ; ils parlaient précisément pour n'avoir rien à dire, et les mots leur venaient aux lèvres avec d'autant plus de facilité, que l'idée en était absente. Ils faisaient du bruit autour de leur pensée, comme s'ils avaient craint de l'entendre ; par un accord tacite, ils évitaient les temps de silence, comprenant réciproquement que ce silence pourrait être attribué à l'embarras, et fournir une occasion de rechercher les causes d'une gêne qui ne devait pas exister entre eux, puisqu'ils se connaissaient déjà assez pour paraître à leur aise en face l'un de l'autre. Ils marchèrent ainsi pendant quelque temps côte à côte, ralentissant leur pas de façon à maintenir entre eux et leurs compagnons une distance qui, malgré l'obscurité naissante, ne pût pas les mettre hors de vue, se maintenant à portée de la voix, et maintenant la leur à un diapason élevé, pour montrer à ceux qui les suivaient qu'ils n'avaient pas de motif pour n'être point entendus. Aussi bien pour les autres que pour eux-mêmes, ils semblaient vouloir exclure toute idée d'un tête-à-tête, et pourtant Hélène se disait : Il est venu me trouver ! Et Antoine pensait : Elle m'a attendu !

Malgré leur mutuelle retenue, il devait arriver un moment où ils se trouveraient attirés par l'irrésistible courant hors de ces termes vagues, et où un écart de conversation, volontaire ou non, ferait naître quelques propos ouvrant une issue qui révélerait leur commune préoccupation. L'incident se produisit. En parlant de quelques usages et traditions populaires de la contrée, Antoine rappela cette tradition recueillie le matin sur la tombe de Rose Lacroix, et qui attribuait à l'héroïne de la Meilleraie la puissance d'intercéder dans ses prières pour ceux qui s'étaient intéressés au récit de son histoire et avaient témoigné leur intérêt en inscrivant leur nom sur sa pierre. Hélène avait tressailli en voyant son compagnon ramener le souvenir d'un épisode de leur voyage qui avait eu pour résultat de faire naître entre elle et lui un rapprochement sympathique que le rapprochement de leurs deux noms sur cette tombe avait comme consacré. Sa prudence lui cria le qui-vive semeur d'alarmes. Elle pressentit l'embarras d'un entretien qui faisait un appel à des impressions qu'elle avait déjà eu bien assez de peine à s'avouer à elle-même : allait-elle courir le risque de renouveler cet aveu précisément à celui qui devait les ignorer, en acceptant une conversation qui deviendrait pour sa parole ce que sont pour les pieds ces pentes glissantes qui entraînent malgré soi où l'on ne veut point aller ? Cependant cet embarras, qui exis-

13

tait déjà, il ne fallait pas le laisser paraître. Ne pouvant point changer le sujet de leur conversation, elle tenta de la restreindre dans des limites où elle se sentirait maîtresse de sa pensée et du langage qui l'exprimait. A son grand étonnement, Antoine entendit Hélène démentir l'émotion qu'il avait remarquée en elle pendant le récit de la sœur de Rose ; elle réduisait tous les événements à des proportions vulgaires d'incidents groupés en roman par la spéculation pour exciter l'intérêt productif des passants. Avec une certaine apparence d'ironie, elle déclarait n'avoir vu dans ces deux morts que deux accidents, comme en rapportent les faits divers dans les journaux : — une fille noyée et un homme qui s'était tué, — c'est-à-dire un malheur et un crime. Revenant ensuite à cette curiosité et à cette reconnaissance d'outre-tombe qu'on attribuait à Rose Lacroix, Hélène protestait contre cette superstition qui accouplait des sentiments profanes à l'idée religieuse, et elle demanda à Antoine, avec un léger accent de raillerie, s'il croyait aux revenants. Puis elle s'arrêta, très-fière de cette improvisation qui modifiait la nature de l'entretien en le transportant sur une question d'orthodoxie.

Antoine avait paru surpris du ton quasi dogmatique avec lequel la jeune fille avait parlé. — Je ne crois pas aux revenants, mademoiselle, dit-il à Hélène. Ceux qui sont partis de ce monde, n'y reviennent plus, et il y en a beaucoup qui font de cette certitude la sécurité de leurs derniers moments ; car s'ils ne savent pas où ils vont, ils savent où ils reviendraient. Ma raison comme la vôtre repousse des chimères que des esprits plus humbles que les nôtres trouvent du charme à se créer, et leur ignorance leur donne sur nous cette supériorité, qu'ils retirent quelquefois des adoucissements et des consolations très-réels de ces mensonges ingénieux. La raison, qui est l'œuvre de la science, appauvrit l'imagination, qui est un don de Dieu. Dans sa justice et dans sa bonté, il ne s'offense pas sans doute d'une superstition qui met les clefs de son paradis entre les mains d'une morte ensevelie dans un serment de fidélité. Cette superstition est le naïf écho d'un siècle pieux et fécond en symboles, qui, en mêlant Dieu aux choses terrestres, semblait avoir pour but de le rapprocher plus directement de sa créature. L'Église elle-même encourageait ces traditions. Quand un endroit était réputé dangereux pour le passage des voyageurs, on y plantait une croix, qui effrayait le malfaiteur et rassurait le piéton. Aujourd'hui on dresse un réverbère qui éclaire le meurtrier.

Hélène sourit à ce rapprochement. — Vous riez, mademoiselle, dit Antoine, c'est pourtant un exemple pris dans la vérité. Cette croix protectrice du chemin était une superstition cependant, et on ne peut nier qu'elle exerçât une influence salutaire. Tel récit où un esprit fort ne verra qu'une aventure apocryphe est pour les âmes simples une consolation précieuse, et mérite à ce titre notre respect. Ma grand'mère qui est une chrétienne du moyen âge, croit à certaines légendes de son pays comme à l'Évangile. De même les gens de la Meilleraie continueront à s'inscrire sur la tombe de Rose Lacroix, et dans leur naïveté trouveront vraisemblable qu'une fille qui a souffert ici-bas pour avoir aimé ait quelque crédit auprès de celui qui, en permettant les maux humains comme autant d'épreuves, a créé l'amour, qui amène l'oubli de ces maux, et a permis la mort, même volontaire, comme un refuge contre eux, quand le poids en était trop lourd.

Antoine avait parlé avec une certaine animation à laquelle s'ajoutait une éloquence d'accent dont Hélène avait été frappée. Ce qu'il disait heurtait sans doute des idées dont les racines étaient profondes dans son esprit. Cette absolution du suicide l'avait choquée, elle catholique fervente, à genoux devant le dogme, et cependant elle avait éprouvé quelque plaisir à être contredite avec cette apparence de passion. Depuis qu'il avait pris la tournure d'une discussion, cet entretien l'effrayait moins. Elle se sentait même disposée à le prolonger. La familiarité de langage et la franchise de pensées dont son compagnon faisait preuve lui permettaient d'ailleurs de l'observer sous des aspects nouveaux pour elle. — Vous êtes superstitieux, lui dit-elle.

— Sans la partager, répondit Antoine, j'ai le respect

de toute croyance qui a une source sincère, qui séduit
mon esprit par l'invention ou charme mon imagination
par la poésie. C'est pourquoi vous m'avez vu écrire
mon nom sur la tombe de Rose. Vous me demandiez
tout à l'heure si je croyais aux revenants. Je vous ai
répondu que non, et malheureusement je n'y puis
croire. Si j'avais cette croyance, que les morts quittent
leur dernière demeure, il est une autre tombe où j'irais
souvent m'inscrire, et le nom de celle qu'elle renferme
est le même que celui ajouté ce matin auprès du mien
sur la pierre de la Meilleraie. Celle-là aussi est morte
victime d'un accident vulgaire comme en rapportent
les journaux pour l'amusement des oisifs. Je venais de
la quitter. Mon baiser était encore humide sur son front.
Elle m'avait dit adieu, comme elle en avait l'habitude
à propos de toute séparation, ne fût-elle que d'une
heure, coutume enfantine, qui ajoutait, par l'accent et
le geste qui l'accompagnaient, une grâce à sa grâce.
— Adieu, disait-elle encore en secouant le petit bouquet de violettes dont j'avais fleuri sa main mignonne.
Il faisait un grand et beau soleil, l'un des premiers de
la saison. La ville avait un air de fête. Les passants
marchaient dans la rue, pressés comme des gens qui
ont un rendez-vous avec le bonheur. Les équipages
couraient au bois ou aux promenades, emportant au-
devant du printemps les belles dames et leurs cavaliers.
Les pauvres eux-mêmes, insoucieux de l'aumône, re-

gardaient le ciel tout plein de promesses clémentes. Ils oubliaient la dure saison qui avait fait leur pain si noir et si cher, et saluaient ce beau soleil qui faisait la terre féconde pour eux et pour tous. Je regardais ce mouvement, et comme dans un tableau on s'attache à une figure, je la suivais de loin. Elle aussi, vive et légère, obéissait à ces heureuses influences. Elle glissait parmi la foule, qui se retournait charmée par sa gentillesse. Comme un funèbre contraste à cette gaieté générale, comme un rappel lugubre aux attristantes pensées qui font une ombre éternelle à la joie humaine, un corbillard vint à passer, un corbillard des pauvres, suivi de quelques amis et d'un petit enfant porté dans les bras d'une femme qui pleurait. L'enfant sautait dans les bras de la mère ; il étendait les mains vers la noire voiture, et par son langage enfantin semblait demander à y aller. Les passants se découvraient devant ce char funèbre. Quand il passa auprès d'elle, je la vis de loin faire le signe de la croix. Elle marchait moins vite ; assurément la vue du petit enfant lui avait causé du chagrin : elle avait si bon cœur ! Je la perdis de vue et je revins sur mes pas. Tout à coup j'entendis des cris, de ces cris qui, sans qu'on sache pourquoi, sonnent le tocsin d'un malheur. Je me retournai aussitôt. A cinquante pas devant moi, je vis un groupe rassemblé au milieu de la rue. Il se grossissait de seconde en seconde. Bientôt ce fut une foule que je devinai tumultueuse et bruyante. Dans la rue, les voitures et les cavaliers s'arrêtaient. Je fouillai d'un regard ce rassemblement. Je n'aperçus point celle que je cherchais. — Elle est dans le groupe, dis-je en moi-même. Je craignis qu'il ne lui arrivât un accident. Je m'élançai. Je n'eus pas besoin de m'informer. — Pauvre enfant! disait une amazone à un jeune homme qui l'accompagnait et se haussait sur ses étriers. — Dépêchons-nous, répondit le jeune homme à l'amazone, on nous attend. Ils piquèrent leurs chevaux et disparurent. — Pauvre enfant! répéta encore l'amazone. J'entrai dans le groupe. Elle y était, morte, écrasée par une voiture chargée de pierres. Elle tenait encore à la main le bouquet de violettes, comme Rose Lacroix ses roses blanches. Déjà le pavé se rougissait autour de son corps. On me vit pâlir, et quelqu'un me demanda si je la connaissais. Hélène! ma chère Hélène! Elle était morte, entre mon baiser et son adieu, en pleine rue, sous ce beau soleil, à cinquante pas de moi, au moment où je fredonnais un air joyeux, et sa mort faisait spectacle à la pitié ambulante! Des gens racontaient comment cela était arrivé, et ceux qui les écoutaient le racontaient à d'autres. Un homme passa; il apprit que je connaissais la victime, et me demanda le nom, l'adresse, l'âge. Il voulait rédiger une note pour un journal. — C'est bien malheureux, disait-il en taillant son crayon. — Voilà l'histoire de mon Hélène, acheva Antoine. Elle a emporté mon bonheur avec elle. Où est sa tombe? Elle n'en a plus. La concession expirée, on n'a pu la renouveler. C'est ignoble, la vie! tout tourne autour d'une pièce de cent sous.

Si Antoine avait été lui-même moins ému par son propre récit, il aurait pu observer dans la physionomie de sa compagne les symptômes d'une émotion qui n'était pas seulement causée par le tableau de cette mort si cruellement détaillée, comme si le narrateur avait voulu, par cette exactitude, faire saigner plus douloureusement la blessure rouverte par son souvenir. Hélène l'avait écouté plus haletante qu'attentive, allant d'un œil inquiet au-devant de sa parole; elle se sentait atteinte d'un malaise inconnu, c'était une souffrance sourde plutôt qu'aiguë, mais insupportable comme un mal vague. Elle ne pouvait préciser où en était le siége, ni en définir la nature; jamais elle n'avait éprouvé rien de pareil. Dans ce récit, qui devait exciter sa sensibilité, sans qu'elle pût deviner pourquoi, il y avait quelque chose qui l'irritait. Elle sentait les larmes lui venir aux yeux, et il lui semblait que ces larmes avaient moins leur source dans la pitié que dans sa propre douleur, dans cette douleur sans nom, sans cause, dont les élancements étaient plus pressés, dont l'angoisse était plus vive, surtout aux instants où Antoine par son accent révélait un regret qui donnait à Hélène la mesure du profond amour qu'il avait eu en d'autres temps pour cette défunte encore si vivante dans sa pensée.

Ainsi d'étranges destinées abrègent pour quelques êtres les lenteurs ordinaires qui accompagnent le développement de certains sentiments. Un arrangement de faits, une rapide succession d'influences les attirent, les entraînent et les transportent au centre même de la passion, les soumettent à l'ardeur du foyer avant même qu'ils en aient pu apercevoir la première lueur. Hélène n'était point novice à la façon des ingénues à tablier rose, comme il en fourmille dans un répertoire banal qui taille les caractères sur le patron de la convention. Elle n'avait pas lu de romans, parce qu'on les avait toujours tenus écartés de ses yeux, et que la nature de son esprit ne l'attirait point vers des œuvres qui avaient la fiction pour objet, non pas absolument qu'elle les jugeât dangereuses, mais plutôt parce qu'elle les trouvait inutiles. Pour n'avoir pas lu ces sortes de livres, elle se doutait bien de ce qu'ils pouvaient contenir. La science avait d'ailleurs souvent mis entre ses mains des écrivains qui entraient dans l'intimité de l'histoire, et allaient curieusement chercher les effets dans les causes. Ces révélations l'avaient initiée à des passions qui montraient l'homme ou la femme sous le héros ou l'héroïne d'un grand événement, et peut-être quelquefois, son imagination ayant un point de départ, avait-elle complété ce qu'il y avait de trop bref dans le récit de l'historien. Cependant, pour avoir cessé d'être ignorante de certaines choses, elle n'en était pas moins restée naïve, et il lui fallait du temps et de la réflexion pour qu'elle pût, même par à peu près, classer ses sentiments dans un ordre naturel, et leur donner un nom qui répondît à la nature des sensations qu'ils lui faisaient éprouver. Cette douleur étrange et nouvelle à laquelle elle s'était sentie en proie pendant le récit d'Antoine, lui fut expliquée, lorsque celui-ci termina en disant : — Ma sœur s'appelait comme vous, et si elle n'était pas morte, elle aurait votre âge. — Hélène sut comment elle devait appeler cette souffrance singulière, elle avait été jalouse, et quelle jalousie que celle qui remonte dans le passé et remue avec inquiétude des cendres froides depuis longtemps !

Cette joie fut si vive, si spontanée, qu'Hélène n'aurait pas eu le temps de la dissimuler, si la pensée lui en était venue ; elle lui vint cependant, et elle fit cette réflexion, qu'elle donnait un étrange spectacle à son compagnon. Heureusement celui-ci ne la regardait pas; il reconduisait au fond de son souvenir l'ombre fraternelle un moment réveillée. Lorsque l'émotion que ce récit lui avait causée se fut apaisée, lente comme la vibration d'un son qui s'éteint, il regarda alors sa compagne. La sensibilité d'Hélène, qui n'était plus contenue par une préoccupation jalouse, se trahissait par des larmes. Antoine ne lui dit que deux mots : Pardon et merci. Ils reprirent leur promenade, silencieux l'un et l'autre, ne songeant plus, comme auparavant, à observer strictement une distance qui les tînt également rapprochés de ceux qui les suivaient, et déjà moins inquiétés par cette idée de tête-à-tête.

Cependant la nuit était venue. Un de ces brusques changements d'atmosphère communs sur les côtes avait, après le coucher du soleil, altéré la beauté de la soirée. Une ombre opaque, mêlée au bouillard, effaçait tous les objets; les plus voisins même n'offraient point de saillie au regard. Seule clarté de ces ténèbres profondes, les feux de la Hève alternaient leurs rotations lumineuses qui font la sûreté des pilotes; on eût dit des météores arrêtés entre ciel et terre. Au delà de la falaise, dont les limites n'étaient indiquées que par une de ces lignes indécises qui semblent la frontière du vide, on devinait une étendue confuse, tourmentée par des mouvements vagues, et d'où s'élevait une rumeur régulière : c'était la mer. Les deux jeunes gens marchaient assez rapprochés. Antoine n'avait pas proposé son bras à Hélène; il comprenait que cette offre toute naturelle, s'il l'avait faite plus tôt, pourrait sembler singulière, l'étant aussi tardivement; d'ailleurs un contact l'eût gêné, et sa compagne aussi peut-être. Sans analyser ses impressions, il restait paisiblement sous leur charme, et n'allait pas en imagination plus loin que l'heure présente; sa seule crainte était d'entendre brusquement derrière lui le pas de son ami Jacques ou la voix de M. Bridoux. Il se retournait quelquefois, prêtant l'oreille pour apprécier quelle distance l'éloignait d'eux ; mais il n'entendait rien que le bruit de la mer ramenant les galets sur la grève prochaine. Oh ! qu'il était véritablement loin de Paris et de ceux qu'il y avait laissés ! Comme il avait su tracer bien vite autour de la place qu'il occupait avec Hélène un cercle d'égoïsme qui le protégeait contre le retour importun de tout souvenir trouble-rêve comme ceux qui étaient venus l'assaillir pendant le dîner du *Bon Couvert !* Et Hélène, comme elle était aussi éloignée de ce sombre cabinet d'étude aux murs enfumés par la lampe des veilles ! comme chaque pas qu'elle faisait à côté d'Antoine l'en éloignait davantage ! Avec quel accord ils s'isolaient de toute pensée étrangère à cette nouvelle pensée dont ils se sentaient le cœur plein, — si plein, qu'une seule parole pouvait le faire subitement déborder ! Mais ils préféraient ce silence dans lequel ils étaient rentrés en même temps, et le prolongeaient à dessein pour ne pas troubler cette muette harmonie, au milieu de laquelle une parole, quelle qu'elle fût, eût produit la dissonance pénible qu'un bruit apporte dans une musique.

Ce silence fut troublé pourtant, non par un mot, mais par un cri terrible auquel en répondit un autre. Ainsi, dans un duel à l'arme à feu, deux détonations se suivent de si près qu'elles se confondent. Hélène et son compagnon, qui marchaient tête baissée, allant

devant eux d'une même allure, entendant à peine le
bruit de leurs pas assourdi par le gazon, étaient arrivés
sans y prendre garde à un endroit où la falaise rompait
la ligne droite pour dessiner un angle brusque, dont la
base formait une des criques où la vague est toujours
émue, même dans les temps de calme. Le bruit qu'elle
faisait en se brisant dans cette anfractuosité aurait pu
avertir les deux jeunes gens qu'ils approchaient du
bord ; mais ils avaient, comme tout le reste, oublié
même le lieu où ils se trouvaient, et ne songeaient à
aucune des précautions nécessitées par le terrain. Tout
à coup Antoine avait senti le sol manquer sous l'un
de ses pieds. Il se trouvait sur la crête de la falaise, à
un endroit où une rapide déclivité de terrain commençait à décrire une perpendiculaire à pic, dont la base
et le sommet étaient séparés par une hauteur de plus
de deux cents pieds. Antoine sentit le sol friable céder
sous celui de ses pieds déjà engagé sur cette déclinaison dangereuse. Une pierre lui servit un moment de
point d'appui ; mais cette pierre, chassée par la pression
du pied, glissa tout à coup. Antoine porta le haut de
son corps en avant, et appuya au hasard une de ses
mains sur le sol ; il ressentit une vive douleur, ses
doigts se déchiraient aux ardillons aigus d'une espèce
de ronce rampante. Il allait lâcher prise ; mais le rou-
lement de la pierre qui avait manqué sous son pied, et
qui lui révélait un terrain en pente, s'arrêta presque

aussitôt, et il entendit au-dessous de lui le bruit qu'elle faisait en tombant dans la mer. Le danger se révéla alors dans sa pensée; il comprit qu'il était sur le bord extrême de la falaise, dont l'élévation lui était indiquée par le temps qui s'était écoulée entre l'instant où la pierre à laquelle il s'était retenu lui avait échappé et celui de sa chute. Entraîné par le poids de son corps, il sentait ses deux pieds ouvrir sous lui un sillon qui rendait la déclinaison encore plus sensible, et l'équilibre d'autant plus difficile à maintenir, que les ronces qui ensanglantaient ses mains lui semblaient douées d'une subite élasticité. Au lieu de le retenir, elles le suivaient. Déjà elles n'étaient plus retenues en terre que par quelques racines, et dès qu'elles se trouvaient isolées les unes des autres, elles se rompaient avec un bruit sec. Au même instant, le vent, qui venait de s'élever, poussa au large les nuages qui cachaient la lune. Son premier rayon inonda la mer d'une clarté soudaine. Le danger, seulement prévu, devint visible. Deux pas séparaient à peine Antoine de l'endroit où la pente de la falaise cessait brusquement pour faire place à une ligne perpendiculaire. Il aperçut les ronces qu'il avait enroulées autour de son bras comme une corde sortir de terre à moitié déracinées. Un mouvement involontaire qui l'obligeait à appuyer plus fortement son pied sur le sol détermina la chute de quelques autres petits cailloux, il ferma les yeux, et poussa un cri.

Tout cela s'était passé en moins de temps qu'il n'en faut pour le raconter. Hélène ne s'aperçut du péril couru par son compagnon qu'au moment où l'obscurité, qui en avait été la première cause, cessa avec l'apparition de la lune. Elle en comprit toute l'immensité, et c'est alors qu'elle jeta aussi un cri d'effroi, seul témoignage de faiblesse que lui arracha le spectacle offert tout à coup à ses yeux. Faisant un appel soudain à toutes ses forces viriles, elle se sentit revêtue d'une cuirasse de placidité qui rendait à sa pensée toute sa liberté d'action, qui mettait son âme à l'abri de tout désespoir stérile. Comprendre le péril, c'est déjà l'amoindrir, et le sang-froid est le meilleur instrument de délivrance; il double les chances de salut, de même que la terreur double les chances de perte. D'un prompt coup d'œil Hélène avait vu toute l'éminence du danger auquel était exposé Antoine, et le cri qu'elle avait poussé avait rappelé celui-ci à la vie en l'enlevant à cette paralysie d'intelligence, à cette mort anticipée que produit le vertige. Immobile et calme, Hélène commença par appuyer fortement les deux pieds sur la souche où se réunisaient les racines des broussailles auxquelles se retenait son compagnon. Si léger qu'il fût, ce secours prolongeait pour quelques secondes le douteux équilibre d'Antoine; mais elle comprit bientôt avec effroi que le poids de son corps devenait insuffisant pour maintenir plus longtemps en terre la souche de racines.

Elle sentit le froid gagner son cœur. Légèrement détendues par un mouvement que venait de faire Antoine, les ronces rampaient comme des cordes lâches, bien que la main du jeune homme ne les eût point abandonnées. Hélène se pencha en avant autant qu'elle put le faire sans remuer les pieds ; elle aperçut Antoine, qui cherchait vainement à l'apercevoir. — Priez Dieu ! lui cria-t-elle. Presque aussitôt elle jeta un cri de joie. A cette prière qu'elle venait de conseiller, la Providence avait répondu comme l'écho répond au son : un rayon de la lune venait de lui montrer à demi caché dans l'herbe épaisse, un anneau de fer scellé à un fragment de roc enterré dans le sol ; un bout de câble, long de quelques pouces, était attaché à cet anneau, placé là sans doute pour faciliter l'ascension des marchandises de contrebande, et qui avait échappé aux recherches des douaniers. Le restant de câble n'était malheureusement pas d'une longueur suffisante pour être jeté à Antoine; mais Hélène fit la réflexion qu'elle pourrait l'allonger en y ajoutant le petit châle qu'elle avait sur les épaules.

— Pouvez-vous sans danger lâcher les ronces ? demanda-t-elle vivement à Antoine. Il faudrait que je pusse cesser de les retenir pendant une minute au moins.

— Attendez, dit Antoine, faisant un effort pour enfoncer plus profondément son genou dans le trou, qui devenait, en abandonnant les ronces, son seul centre d'équilibre. — Une minute ! répondit-il après s'être assuré qu'il pouvait accorder ce temps sans risquer de glisser de nouveau sur l'extrême pente. Hélène bondit vers l'anneau, s'agenouilla auprès, retira son châle, le tordit en lien et commença à l'attacher au bout de corde. Elle en fit essai pour s'assurer de la solidité du nœud qu'elle venait de faire. Le châle et le bout de câble lui parurent soudés assez fortement pour supporter une violente traction. La minute n'était pas écoulée qu'elle s'entendit appeler par Antoine, qui avait perdu trois ou quatre pouces du terrain si péniblement conquis. Sa situation était encore plus critique qu'elle n'avait été : il sentait le bout de son pied dans le vide. Hélène courut au bord de la pente dangereuse et lui jeta le bout de son châle. Ce fut à peine si l'extrémité arriva à la portée de la main du jeune homme. Il s'en saisit pourtant. — Reposez-vous un moment, lui dit Hélène, préparez-vous à prendre un élan. Ne risquez rien avant d'être sûr de votre force.

Antoine respira. — Regardez-moi, dit-il à la jeune fille.

Elle lui accorda ce regard qu'il demandait. Toute son âme y parut, torturée par une angoisse qu'elle s'efforçait de faire muette, mais qui allait éclater, si ce supplice se prolongeait encore. Antoine se sentit gagné par ce contagieux courage que donne le sang-froid qui nous assiste. Il tira légèrement d'abord à lui le châle, qui se tendit comme une corde roide, et commença à se hisser en pesant le moins possible sur le lien sauveur. Il regagna ainsi les quelques pouces perdus un moment auparavant ; mais la tentative suprême, c'était le mouvement ascensionnel qu'il devait faire en se suspendant à deux mains au châle d'Hélène. Il fallait en finir cependant. Depuis trois ou quatre minutes, tous les mouvements d'Antoine avaient creusé dans la terre amollie une espèce de rigole qui rendait sa chute immédiate, si un point d'appui ou de retenue venait à lui manquer, ne fût-ce qu'une seconde. Il s'enleva d'un pied d'abord, et, dangereusement arc-bouté sur la pointe de l'autre, il se hissa péniblement. Tout à coup, au moment où la suspension allait devenir complète, Hélène entendit le châle qui se déchirait. — Reprenez pied, s'écria-t-elle.

— La terre fuit ! répondit Antoine d'une voix étranglée.

— Oh ! mon Dieu, mon Dieu ! fit la jeune fille en joignant les mains avec terreur.

Elle s'approcha du bord de la falaise, s'y agenouilla, et parut se pencher. — Non, non, cria Antoine. Prenez garde.

— Et vous, répondit-elle, prenez ma main.

Et la main d'Hélène arriva à celle d'Antoine avant qu'il eût pu la retirer. — Je vous entraîne avec moi! lui dit-il.

Mais il sentait sa main serrée comme par un étau entre celle de la jeune fille, qui, se rejetant vivement en arrière, commença à l'attirer à lui. Antoine se sentit remonter légèrement, aidé par cette attraction passionnée. Déjà son pied avait atteint la partie du terrain qui avait été moins labourée par ses mouvements et avait conservé une apparence de solidité. Quant à Hélène, sa volonté de sauver Antoine avait coulé de l'airain dans son bras délicat. Elle se sentait pour ainsi dire scellée à la terre, comme cet anneau devenu inutile. Bientôt Antoine eut la tête au niveau du sol solide. Au fur et à mesure qu'elle sentait les progrès de l'ascension, Hélène se reculait d'un demi-pas, renversée en arrière et décrivant presque une ligne courbe par cette position cambrée qui assurait la persistance de ses forces et faisait la solidité de son point d'appui. Antoine n'avait plus qu'un effort à risquer pour poser un genou sur le terre-plein de la falaise. Il voulut s'aider du châle qu'il n'avait point quitté de sa main libre; mais à peine l'avait-il saisi, qu'il sentit le châle venir à lui. Une sueur froide baigna son visage. Sa main, qui était dans celle de la jeune fille, était tellement insensible, qu'il ne sentait aucune pression. Il oublia qu'il était retenu par elle, et, pensant que tout était dit, il jeta un adieu à sa compagne. — N'aie donc pas peur, dit Hélène en s'emparant de son autre main ; je te tiens, moi !

La tendre énergie de cette parole fit encore renaître Antoine : il posa un genou sur le bord de l'abîme auquel il venait d'échapper, et une dernière, une puissante secousse l'éloigna enfin de quelques pas de cette périlleuse limite. Alors seulement il sentit les mains d'Hélène l'abandonner. L'œuvre de dévouement accomplie, celle-ci était redevenue femme. A cet excès d'énergie succéda un excès de faiblesse : elle tomba dans un état qui n'était ni l'évanouissement ni le délire, mais une espèce de désordre effrayé. Calme et immobile pendant le danger, elle s'en épouvantait quand il était passé. Cet accès de sensibilité nerveuse s'apaisa dans un flot de larmes. En même temps que lui revenait la mémoire des faits accomplis, elle sentait renaître cette réserve pudique qui revient chez les femmes avec leur raison. Cependant son accent et ses paroles n'essayèrent point de démentir par une contenance hypocritement étonnée la nature des sentiments auxquels la scène qui venait de se passer avait pu donner l'essor. Elle retira ses mains d'entre celles de son compagnon, mais sans donner aucun signe qu'elle fût blessée de la pression un peu tendre qui essayait de les retenir. — Levons-nous, et allez chercher mon châle, dit-elle à Antoine.

—Déjà! fit Antoine, exprimant le regret qu'elle eût abandonné le tutoiement ; déjà vous !

— Lève-toi, reprit-elle avec soumission, et va chercher mon châle...

Antoine fit ce qu'elle lui demandait. Il aperçut la corde pourrie : — J'étais perdu, si je ne m'étais confié qu'à elle, dit-il.

— Mon châle est déchiré, fit Hélène : mon père me demanderait des explications, il faut que ce qui est arrivé ici soit secret entre nous.

Elle s'approcha du bord de la falaise, ramassa une pierre, l'enveloppa dans son châle qu'elle jeta dans la mer. — Je dirai à mon père qu'un coup de vent l'a emporté de dessus mes épaules. Ce sera la première fois que je mentirai. Je lui dirais bien tout, continua-t-elle comme si elle se fût parlé à elle-même, mais il ne me comprendrait pas. Et moi-même, est-ce que je comprends quelque chose à ce qui m'arrive ? Quelle journée ! quelle soirée ! Qu'allez-vous penser de moi, demanda-t-elle brusquement en se retournant devant Antoine, et quel souvenir garderez-vous de cette Hélène qui agit et parle comme j'ai fait avec vous, hier encore un étranger ?

— Est-ce un regret ? demanda Antoine.

— Non, dit-elle en secouant la tête. Je vous ai aidé dans un péril autant par égoïsme que par dévouement.

Ah ! vous avez couru un grand danger ! ajouta Hélène avec conviction.

— Je le sais, répondit-il sur le même ton, et vous avez presque risqué votre vie pour sauver la mienne, Hélène, chère Hélène !

Celle-ci tressaillit en s'entendant appeler avec cet accent de tendresse. Comme Antoine voulait lui prendre la main, elle lui fit remarquer que les siennes avaient été déchirées par les ronces et que le sang coulait encore. — On pourrait voir cela, dit-elle avec vivacité, et en être étonné. Oh ! vous devez souffrir ! fit-elle avec pitié.

— Je n'y pense pas, répondit Antoine.

— Si nous étions obligés de faire l'aveu de cet accident, reprit la jeune fille, quelle raison pourrions-nous donner pour expliquer les circonstances qui l'ont fait naître ? Il faut que cela reste secret entre nous ; vous me promettez de n'en pas parler à votre ami ?

Ignorant où on pourrait trouver de l'eau dans le voisinage, Hélène indiqua à son compagnon la rosée qui rendait l'herbe humide sous son pied. Il y étancha ses légères blessures, dont la douleur consistait seulement en une cuisson un peu vive qui fut calmée par la fraîcheur de ce bain glacé. — Mais vous aussi, dit Antoine, vos mains doivent être tachées de sang : elles ont touché les miennes. — Il cueillit une touffe d'herbe mouillée et essuya les mains de la jeune fille. Ils furent interrompus dans ces soins, que leur inspirait la prévoyance, par un admirable accord de voix humaines qui s'éleva à quelque distance du lieu où ils se trouvaient. Les chants paraissaient se rapprocher. A une cinquantaine de pas en avant, ils aperçurent une masse confuse et mouvante formée par les chanteurs. — Allons écouter cette belle musique, dit Hélène. Voilà un prétexte pour expliquer notre absence : quand mon père nous rejoindra, nous dirons que nous écoutions les chanteurs.

Et, prenant d'elle-même le bras de son compagnon, elle lui dit presque avec gaieté : — Regardez bien devant vous au moins, car si vous tombiez cette fois, vous ne tomberiez pas seul.

Antoine s'aperçut qu'elle éprouvait quelque difficulté à marcher. — Ce n'est rien, dit-elle. — Comme il insistait, elle lui avoua que ses pieds avaient été un peu meurtris par les racines des ronces lorsqu'elle avait voulu le retenir. L'étoffe légère de sa bottine avait été déchirée. — Mon père va dire que je ne suis pas soigneuse : un châle perdu et une chaussure neuve déjà dans cet état !... Je me relèverai cette nuit pour raccommoder cet accroc.

VII. — L'ÉMIGRANTE.

Hélène et Antoine eurent bientôt atteint le groupe des chanteurs qui s'étaient arrêtés sur la plate-forme où s'élèvent les phares. C'étaient des émigrants allemands qui attendaient le prochain départ pour l'Amérique.

On les rencontre ainsi par bandes dans les rues et les environs du Havre, où quelquefois même les hôtels et les auberges ne suffisent pas pour les loger. Ils campent alors sur les places et sur les quais avec tout leur pauvre ménage, leur seule fortune quelquefois, car beaucoup, le passage payé, ne débarquent pour toute pacotille sur la terre étrangère que leur courage et leurs bras.

Ceux qu'avaient rencontrés Antoine et Hélène venaient peut-être faire leur dernière promenade sur le continent, dont le premier navire en partance allait les éloigner. Avec ce merveilleux instinct harmonique qui fait des Allemands les premiers musiciens du monde, ils répétaient ces chants, naïfs échos de l'inspiration populaire, destinés à devenir, au delà des mers où ils les emportaient avec eux, le *Super flumina Babylonis* de la Germanie. Hélène et Antoine se sentaient pénétrés par ces chants merveilleux. empreints de cette poésie mélancolique que donne le regret ; mais cette influence ne les distrayait pas de leurs sensations communes, elle s'y mêlait pour leur donner un nouveau charme : c'était une poésie ajoutée à une autre. Comme ils écoutaient avec le recueillement que l'art impose même aux plus indifférents, quand il se manifeste par une belle chose, ils entendirent une voix qui s'écriait :

— Parbleu ! j'étais bien sûr qu'ils étaient à entendre la musique. — C'étaient M. Bridoux et Jacques.

— Il y a longtemps que vous êtes là ? demanda le premier.

— Mais, reprit vivement Hélène, tu le savais bien, puisque je t'ai crié que nous allions entendre les chanteurs.

— C'était de bien loin alors, répondit naïvement M. Bridoux, car je n'ai rien entendu.

— Quand tu causes, lui dit sa fille avec gaieté, tu sais bien que tu n'entends guère que toi.

Et, par un regard rapide adressé à Jacques, elle avait l'air de lui dire : N'est-ce pas, qu'il vous en a conté long ?

— Il n'est pas étonnant que nous n'ayons pas entendu la voix de mademoiselle, répondit Jacques, croyant deviner une sollicitation d'affirmation dans les yeux d'Antoine ; le bruit de la mer nous en aura empêchés.

— Mais qu'as-tu fait de ton châle ? demanda tout à coup M. Bridoux, voyant les épaules de sa fille découvertes.

Antoine sentit sa compagne, qui n'avait pas quitté son bras, faire un mouvement.

— Ah! mon châle, fit Hélène; à l'heure qu'il est, il s'en va peut-être en Amérique, comme y vont aller ces pauvres gens que nous écoutons chanter. Quand nous avons entendu leurs voix, monsieur et moi, dit Hélène en montrant Antoine, nous nous sommes mis à courir; ce gros vent s'est engouffré dans mon châle, je l'ai senti quitter mes épaules; j'ai voulu courir après... Hélène s'arrêta un instant; elle venait d'apercevoir son père, qui avait l'œil fixé sur la main d'Antoine, enveloppée d'un mouchoir blanc taché de quelques gouttes de sang. — Votre main vous fait-elle souffrir? demanda tout à coup la jeune fille à son compagnon, et, sans lui donner le temps de répondre, elle ajouta en s'adressant de nouveau à son père : — Monsieur a couru avec moi pour rattraper mon châle, et comme la nuit était noire en ce moment, il a fait un faux pas, et est tombé la main sur un tesson qui l'a écorché un peu. Pendant ce temps, le châle s'en allait probablement vers la mer, où le vent le poussait. Ah! il était si léger!

Hélène achevait à peine cette explication, donnée avec un accent de tranquillité qui révoquait toute espèce de doute, lorsqu'elle lut dans la physionomie de son père que celui-ci, à la contrariété que lui causait la perte du châle, joignait une inquiétude nouvelle dont la robe d'Hélène paraissait être l'objet. En effet, chose qu'elle n'avait pas remarquée, une partie de l'ourlet du bas avait été déchirée par les ronces. Hélène prévint une interrogation dans les yeux de son père ; elle abaissa la main vers la robe endommagée, et, prenant un petit air confus, elle ajouta aussitôt : — Tu vois, un malheur n'arrive jamais seul ; en courant après mon châle, j'ai déchiré ma robe. Ah ! je t'avais bien prévenu que l'étoffe était mauvaise, ajouta-t-elle avec vivacité.

M. Bridoux ne conçut aucun soupçon sur la véracité des explications fournies par sa fille ; seulement il calculait le dommage, et s'étonnait peut-être que celle-ci, qui avait dû faire le même calcul, prît si gaiement son parti d'une perte réelle. Voulant faire diversion à la contrariété qu'elle voyait dans son silence et dans sa figure, Hélène reprit avec la même vivacité : — C'est bien malheureux que tu ne m'aies pas entendue quand je t'ai appelé, tu as perdu le plus beau morceau du concert. Quand nous sommes arrivés, je te croyais derrière nous.

— Monsieur votre père avait la bonté de m'expliquer par quelles nombreuses transformations passe le minerai de fer avant de devenir un outil, répondit tranquillement Jacques en lançant à Antoine un coup d'œil significatif pour lui révéler l'intéressante conversation qu'il avait eue avec le père d'Hélène pendant son absence.

— En revanche, reprit M. Bridoux désignant Jacques, monsieur a bien voulu m'expliquer certains détails de son art qui m'ont causé un grand étonnement. J'avais toujours cru, en voyant une statue, qu'on la taillait à même dans le marbre ou la pierre; eh bien! figure-toi qu'il faut d'abord pétrir un modèle, et qu'ensuite...

— Écoute donc, fit Hélène en interrompant son père; ils vont encore chanter.

En effet les Allemands commençaient un nouveau chœur ; les trois jeunes gens firent silence. — Tout est sauvé! dit Hélène de manière à n'être entendue que d'Antoine.

— Ah! ces têtes carrées! fit M. Bridoux, j'en ai eu dans mes ateliers; quels braillards ça faisait ! Au reste, francs compagnons : mais la tête dure comme une enclume.

— Tu n'écoutes donc pas? lui dit sa fille doucement.

— Que veux-tu que j'écoute, puisqu'ils chantent dans leur langue? Je ne comprends pas ce qu'ils disent, ni toi non plus.

Jacques, reconnaissant dans le chant des émigrants un *Lied* qu'il avait entendu répéter par un jeune Souabe, son confrère d'atelier, qui lui en avait donné la traduction, interrompit M. Bridoux. — Ils disent, fit-il en désignant les chanteurs : « Que tant qu'il y aura

« dans la verte Allemagne une jeune fille aux tresses
« d'or et aux yeux bleus et un hardi compagnon pour
« regarder le ciel dans ses yeux, elle ne mourra pas, la
« race patiente et héroïque qui, au jour où l'étranger
« menace sa frontière, fait un glaive avec le soc des
« charrues, et des charrues avec le fer des glaives,
« quand les oliviers de la paix se mêlent à l'épi des
« moissons. » — Ils disent : « Que tant qu'il y aura dans
« la verte Allemagne une jeune femme aux tresses d'or
« et aux yeux bleus et un bon compagnon paisiblement
« assis devant leur maison à la fin d'un jour de travail,
« elle ne mourra pas, la race hospitalière qui met du
« feu dans l'âtre, dresse un bon repas, arrosé de bière
« mousseuse, dès qu'elle aperçoit le mendiant courbé
« sur son bâton de misère, et bénit le chemin qui amène
« un hôte. » — Ils disent : « Que tant qu'il y aura dans
« la verte Allemagne une matrone aux cheveux gris et
« un vieux compagnon qui marcheront courbés et d'un
« pas lentement égal, elle ne mourra pas, la race des
« enfants pieux qui ont le respect des vieillards, et s'ar-
« rêtent dans leurs jeux pour saluer l'âge blanchi. » —
Voilà ce qu'ils disent et ce qu'ils rediront bientôt aux
échos du désert où l'exil les emmène, acheva Jacques.

— C'est fort bien, tout cela, répondit M. Bridoux.
Ces Allemands sont très-honnêtes : j'en ai employé un
qui a rapporté une fois à mon comptable dix francs
de trop qu'on lui avait donnés dans sa paye. C'était

mon neveu qui payait ce jour-là : il a répondu à l'ouvrier qu'il pouvait garder les dix francs en récompense de son honnêteté. J'ai dit à mon neveu : Mon garçon, l'honnêteté n'est pas un état, c'est une vertu, on ne la paye pas, surtout quand c'est avec l'argent des autres. Je voulais lui retenir la somme sur ses appointements, non que je blâmasse son action, mais pour lui apprendre à ne pas se tromper une autre fois. Seulement Olivier mangeait ses appointements en herbe, et comme il m'a quitté, j'en ai été pour mes dix francs. Vous entendez bien que je ne les lui réclamerai jamais. C'est pour vous dire que les Allemands sont très-honnêtes.

Cependant le groupe des chanteurs commença à se disperser. M. Bridoux et ses trois compagnons les suivirent pendant quelque temps. — Je comprends que ça doit paraître dur de quitter son pays. Pourtant, quand on s'exile avec sa famille, disait M. Bridoux à Jacques, quand on emporte même ses meubles ?

— Eh bien ! quoi ?

— C'est à peu près comme si on était dans son pays.

— Mais la patrie ? fit Jacques.

— Oui, certainement ; mais enfin gagner sa vie dans un pays ou dans un autre, le meilleur, dans ce cas, est encore le pays où la vie est plus facile à gagner ; mon bon sens me dit cela.

— Sans doute, répondit Jacques sur le même ton, et il murmura : C'est une belle chose que le bon sens!

L'intention ironique de ces derniers mots ne fut pas saisie par M. Bridoux. Hélène était toujours au bras d'Antoine, et au lieu de précéder, les deux jeunes gens suivaient cette fois. Dans un moment où son ami s'était trouvé auprès de lui, Antoine lui avait dit très-bas et très-vite : — Faites prendre le plus long. — Jacques avait souri, et comprenant le but de cette demande, il s'appliquait à rendre M. Bridoux attentif pour continuer aux deux jeunes gens qui marchaient par derrière toute la tranquillité et tout le mystère que pouvait souhaiter leur tête-à-tête. Au lieu de revenir par la falaise, on redescendit par Sainte-Adresse et le faubourg d'Ingouville. Pendant cette dernière heure qu'ils passèrent ensemble aussi isolés qu'ils pouvaient le désirer, grâce à l'obligeante complicité de Jacques, Antoine et Hélène précisèrent plus complétement leurs aveux. Ils se firent mutuellement les confidences de tout ce qu'ils avaient éprouvé depuis que le voyage les avait réunis, et reconnurent que leurs sentiments avaient suivi une progression égale. Hélène avait fait le récit de sa vie. Moins indiscrète que son père, ou l'étant en d'autres termes, elle fit entrer Antoine dans son intérieur. Antoine lui avoua que M. Bridoux lui avait déjà fait connaître en partie les détails de cette existence laborieuse et difficile. Il confessa à Hélène que ces indiscrétions paternelles avaient été une des premières causes de l'intérêt qu'elle lui avait inspiré, et qui s'était accru au point qu'il avait été forcé de lui donner un autre nom. Lui aussi raconta sa vie. Hélène y retrouva un écho de la sienne. Elle pouvait mieux qu'une autre comprendre, sous les formes discrètes d'un récit qui ne quêtait pas la pitié, ce qu'il y avait en réalité de misère réelle et courageusement acceptée dans l'existence des *Buveurs d'eau*. Elle se passionnait d'un enthousiasme quasi filial pour la grand'mère d'Antoine; un peu plus elle aurait dit : Notre grand'mère. Dans le courant de ces mutuelles révélations, le souvenir de son album revint à l'esprit d'Antoine. Hélène ne lui en avait pas encore parlé. Au moment où il allait l'interroger à ce propos, ce fut la jeune fille elle-même qui alla au-devant de sa pensée. Pouvait-elle craindre de montrer de la confiance à qui venait de lui en donner tant de preuves? Elle raconta comment, après avoir trouvé l'album dans le wagon, elle et son père avaient voulu l'utiliser à leur profit. Elle dit les raisons qui l'avaient retenue quand la pensée lui était venue de le restituer. — Et en voici une que vous oubliez, dit Antoine en tirant de sa poche la copie de la chanson d'Olivier trouvée sur le remorqueur, et qu'il avait conservée.

— Vous ne m'avez pas laissé finir, dit Hélène à son compagnon, après qu'il lui eut appris comment ce papier se trouvait entre ses mains.

Pressentant qu'il y avait peut-être une préoccupation jalouse dans la remarque d'Antoine, et connaissant par une récente expérience toutes les angoisses de ce tourment, elle se hâta de les lui éviter. — Non, ce n'est pas ce que vous croyez, lui dit-elle en pesant doucement sur son bras, comme pour faire de cette pression une caresse. Elle avoua la puérile curiosité qui l'avait poussée à copier ces vers. Antoine fut ému de la persistance qu'elle mettait à être crue. — Bien crue! ajouta-t-elle, et je ne suis pas menteuse, du moins je ne l'étais pas avant de vous connaître ; j'ai bien menti à mon père tout à l'heure, mais c'était à cause de vous, à cause de nous, fit-elle plus vivement, devinant que cette pluralité était une câlinerie de langage. Elle s'exprima, à propos de son cousin Olivier, sinon dans les mêmes termes, du moins de façon à confirmer ce qui avait été dit par M. Bridoux relativement à la froideur qui existait entre sa fille et son neveu.

— Olivier, qui me dit volontiers ses affaires, ne m'a jamais parlé de vous, fit Antoine.

Voulait-il, en constatant l'indifférence de son ami pour sa cousine, voir si Hélène n'éprouverait pas quelque chose qui ne fût pas en rapport avec ses paroles? Sans même prévoir un piége, Hélène profita de cette objection pour rassurer davantage celui qui la soulevait.

— Vous voyez bien, lui dit-elle joyeusement, il ne pense pas plus à moi que je ne songe à lui.

— Cependant, insista Antoine, il a dû y penser en écrivant ces vers.

— Que voulez-vous ? fit Hélène, je ne puis rien dire à cela ; au moins est-il bien certain que j'en ignorais l'existence. Olivier a été très-blessé de ma réserve quand il a reparu à la maison.

— Pourquoi cette réserve avec un parent qui pourrait être au moins un ami ?

— Pourquoi ai-je si peu de réserve avec vous, qui étiez un étranger pour moi il y a deux jours ? explique-t-on cela ? répondit Hélène. Tenez, ajouta-t-elle, je vais penser à lui maintenant que je sais qu'il est votre ami ; ce sera une façon de penser à vous.

Antoine, charmé par cette franchise d'aveux, serra la main à sa compagne. Comme ils entendirent le bruit des voitures qui annonçaient la ville, ils s'aperçurent avec terreur qu'ils étaient aux portes du Havre ; mais grâce à une manœuvre de Jacques, ils eurent encore quelques moments à passer ensemble. Le sculpteur, habitué aux coutumes de la ville, savait qu'à l'exception d'une seule, toutes les portes étaient fermées à une certaine heure, et il promena M. Bridoux, un peu alarmé, autour des fortifications du Havre, dont tous les ponts-levis étaient levés. — Je sais bien qu'il y a encore une porte ouverte, disait le sculpteur ; mais il faut la trouver.

Cette inutile promenade autour de la ville prolongea

d'une heure l'entretien de ceux au bénéfice desquels elle était faite. Cependant Jacques finit par découvrir la porte, devant laquelle on avait passé à deux reprises, mais chaque fois Jacques détournait l'attention de M. Bridoux. Quand on fut en ville : — Où êtes-vous descendu ? demanda Jacques à son compagnon ; vous ne connaissez pas la ville, vous pourrez peut-être avoir besoin d'indication.

— Attendez que je demande à ma fille, je ne sais pas le nom de l'hôtel où nous sommes débarqués ; mais elle a une mémoire d'ange.

— Au *Bon Couvert,* dit Hélène, répondant à l'interrogation de son père. Jacques regarda Antoine avec surprise. On arriva devant l'auberge. Hélène et Antoine échangèrent une dernière parole ; mais l'une avait dit adieu, quand l'autre avait dit au revoir, et Antoine remarqua qu'au moment où elle quittait son bras, Hélène tremblait. On échangea un bonsoir pressé. Les deux couples habitaient deux corps de bâtiments séparés ; on se quitta dans la cour.

—Çà, mon cher, dit Jacques, quand il fut rentré dans la chambre qu'il devait habiter avec son ami, prenez un siége, comme dans *Cinna,* et causons. Je ne suis pas content de vous ; ce n'était point la peine de si bien pousser le verrou, puisqu'il fallait afficher votre secret sur la porte. Il y a environ trois heures, je voudrais pouvoir vous le dire montre en main, vous m'avez certifié que vous n'aviez pour mademoiselle Bridoux qu'un intérêt tout à fait passager, et vous avez actuellement la mine et les allures d'un homme parfaitement amoureux. J'aurais dû me venger de votre méfiance à mon égard en refusant d'être deux fois votre complice pendant cette soirée, la première en courant après vous quand vous couriez après mademoiselle Bridoux, qui courait après son châle, la seconde en prenant le plus court, au lieu de prendre le plus long, pour nous ramener au Havre. Si vous aviez eu un peu de confiance, j'aurais consenti à vous perdre; ce sera pour la prochaine occasion : indulgence complète, dit l'artiste en tendant la main à son compagnon, mais à la condition que vous allez tout me dire, et d'ailleurs vous devez avoir le gosier altéré d'indiscrétions, ou vous n'êtes pas un amoureux ordinaire.

Antoine raconta tous les événements de la soirée.

— Voilà une brave fille, fit Jacques après le récit de la scène de la falaise, et qui me paraît avoir le cœur planté au bon endroit.

Au même instant, la fenêtre qui était en face de la leur, dans le corps de bâtiment opposé, s'ouvrit, et ils entendirent M. Bridoux crier à un garçon qui était dans la cour qu'il le réveillât le lendemain, pour le départ du bateau de Trouville ; puis la croisée se referma.

—Faut-il faire monter le garçon et lui faire la même recommandation pour vous? dit Jacques à Antoine, qui avait fait un mouvement. Non, n'est-ce pas ? ajouta le sculpteur en riant, puisque, n'étant pas en état de dormir, vous vous trouverez tout réveillé demain.

— Je n'ai pas dit cela, répondit Antoine, étonné de ce départ, dont Hélène ne lui avait point parlé.

— Autant le dire, puisque c'est votre intention.

— Mais je n'ai pas dit qu'elle fût telle.

— Supposons-le, dit Jacques, et permettez-moi de vous adresser quelques observations, ajouta-t-il avec une certaine gravité. Si vous suivez mademoiselle Bridoux étape par étape, où cela va-t-il vous mener ? Certainement à un autre but que celui de votre voyage. D'après tout ce que vous m'avez dit, d'autres pourraient trouver dans la conduite de cette jeune fille une cible à blâmes très-vifs pour la promptitude avec laquelle elle vous a fait un aveu que les demoiselles bien élevées détaillent pendant six mois par menus soupirs et menus propos. J'aime les instruments francs qui donnent tout de suite toute leur capacité de son. Cet aveu a d'ailleurs été amené par des circonstances particulières : la dissimulation eût été un homicide dans un moment où un mot d'amour devenait presque un élément de sauvetage, puisque, vous rendant la vie plus chère, il augmentait le courage que vous pourriez déployer pour la conserver. Vous, qui devez la connaître mieux que moi, de cette audace et de cette franchise un peu vive dont mademoiselle Bridoux a fait preuve envers vous, vous ne tirez, j'en suis sûr, aucune conséquence blessante pour elle. Qu'allez-vous faire ? La suivre ? C'est introduire dans sa vie et la vôtre des éléments d'inquiétude. Écoutez-moi aussi sérieusement que je vous parle. Le sentiment que cette jeune fille vous a inspiré et qu'elle partage, a-t-il quelque ressemblance avec ce que vous avez pu, en un autre temps, éprouver pour d'autres femmes ?

— Non, dit Antoine ; j'ai dans ma vie des épisodes comme on en rencontre dans les premiers temps de la jeunesse ; mais voilà bien longtemps déjà que j'ai renoncé à des liaisons nées plus souvent du hasard que de la sympathie.

—Vous ne croyez donc pouvoir renouveler avec mademoiselle Bridoux, et ce n'est pas votre intention, une de ces liaisons, fût-ce même dans des conditions plus sérieuses et plus durables que celles dont vous parlez ? Non, vous ne faites pas cette offense à cette jeune fille ; alors, encore une fois, à quoi bon la suivre ?

Antoine resta silencieux.

— Vous m'alarmez, reprit Jacques ; je ne vous vois pas sans peine ébaucher une aventure qui n'a pas de conclusion possible. Ah ! s'il s'agissait d'une de ces aimables personnes qui dénouent les rubans de leur bonnet dès qu'elles aperçoivent seulement l'ombre d'un moulin, je vous dirais : — En avant ! — c'est charmant. Rien ne vaut en effet ces courts romans, nés dans l'atmosphère de l'imprévu, qui ont en voyage toute la saveur du fruit cueilli sur la haie de la grand'route ; quand le dénoûment arrive, ceux qui en sont les héros se séparent, sans même avoir la pensée d'ajouter : « la suite à demain. » Vive les histoires d'amour en un seul numéro, qui ne laissent pas de traces dans la vie et pas d'ennuis dans le souvenir ! Mais, mademoiselle Bridoux est à mes yeux tout l'opposé d'une héroïne de ce genre. Laissez donc cette jeune fille à sa tranquillité, et vous-même conservez la vôtre : rien n'est plus sain, voyez-vous, dans un voyage de travail comme celui que vous avez eu l'intention d'entreprendre, que d'avoir l'esprit libre. Pour moi, quand je chausse mes semelles de grand'route, j'aimerais mieux avoir vingt livres de plus pesant dans mon sac, qu'une préoccupation du genre de celle que vous vous préparez à vous donner pour compagne.

Au jour levant, et dans d'autres termes, Jacques continuait à donner à son ami les mêmes conseils, et lui arrachait la promesse que rien ne serait modifié au plan qu'ils avaient concerté pour l'emploi de leur temps et à leur itinéraire. A quatre heures du matin, ils entendirent un des garçons de l'auberge qui courait dans le corridor, frappant à deux ou trois portes et criant :
— Les voyageurs pour Trouville, les voyageurs pour Caen !

Antoine tressaillit. — Allons au quai seulement, dit-il à Jacques, que je la voie passer. Je vous promets de ne pas la suivre, mais je voudrais lui dire adieu. Songez donc que je ne la reverrai peut-être plus.

Jacques haussa les épaules. — En amour, fit-il, c'est avec les adieux qu'on renoue les liaisons rompues : quand on a l'intention réelle de ne plus se revoir, le mot *adieu* est le seul qui ne se prononce pas.

Antoine se rassit sur le pied du lit. Au même instant le garçon d'auberge qu'ils venaient d'entendre frappa à leur porte. — Nous ne partons pas, dit Jacques.

Mais la clé était restée sur la porte. Le garçon entra. — Voici un petit livre que des voyageurs qui ont logé ici m'ont chargé de remettre à celui de ces messieurs auquel il appartient.

Antoine reconnut son album. Quand le garçon fut sorti, il en parcourut les feuillets avec précipitation. Sur l'une des rares pages qui étaient restées blanches, il remarqua quelques lignes d'une écriture étrangère. Elles contenaient seulement quelques phrases d'une grande simplicité ; Hélène suppliait Antoine de renoncer à l'intention de la suivre, qu'il avait déjà manifestée dans les derniers moments de son entretien de la veille. — A cette condition, disait-elle, je n'oublierai pas... Comme un appel à une vague espérance qu'elle essayait de faire partager, elle achevait en disant : — Qui sait? peut-être nous retrouverons-nous, et en des circonstances où nous pourrons dire ce qui doit rester un secret entre nous dans celles où nous sommes placés. **Adieu.** Je serai heureuse si la Providence veut faire de ce mot un : au revoir !

— Eh bien ! dit Jacques, elle vous dit justement ce que je vous disais. Nous avons la majorité, il faut vous y soumettre.

— J'ai rêvé, fit Antoine tristement en refermant son album. Pourquoi ne l'a-t-elle pas gardé ?

— Et comment vous aurait-elle écrit sans ce prétexte ? répondit Jacques.

Quand il supposa que le bateau de Trouville devait être parti, il engagea son ami à le suivre hors de l'hôtel.

— *Le Roi Lear* doit être rentré avec la marée ; nous irons faire un somme dans notre cabine, et dans l'après-midi nous serons frais et dispos pour le travail.

Mais au moment de se mettre à l'ouvrage, le sculpteur vit son ami si tristement découragé, qu'il remit au lendemain pour commencer sa besogne. Antoine voulait retourner à La Hève. — Mauvais moyen, dit Jacques ; les cendres sont encore chaudes, il ne faut pas marcher dedans.

— Je veux vous montrer que j'étais véritablement en danger, fit Antoine, donnant ce prétexte à sa promenade.

— Allons, dit Jacques, mais j'ai tort. Je suis comme un médecin qui ordonnerait la diète à son malade, et qui consentirait ensuite à dîner avec lui.

Comme ils suivaient le même itinéraire que la veille et marchaient très-rapprochés des limites de la falaise, Antoine retrouva l'endroit où il était tombé. Il montra à Jacques l'anneau où Hélène avait attaché son châle, et lui fit voir le buisson de ronces à moitié déraciné auquel, il s'était retenu.

— Pour que votre poids n'ait pas entraîné mademoiselle Bridoux, quand elle vous a aidé de ses mains, il faut qu'elle soit bien forte, ou que la Providence s'en soit mêlée, dit Jacques. Assurément, elle a couru autant de péril que vous.

En retournant sur leurs pas, au coude formé par une rampe pratiquée dans la falaise pour descendre à la mer, ils rencontrèrent un pêcheur qui remontait par ce chemin. Antoine poussa un cri : il venait de reconnaître le châle d'Hélène dans les mains du pêcheur. Celui-ci, qui paraissait fort joyeux de cette trouvaille, la montrait de loin à sa femme, qui était venue au-devant de lui. Antoine l'arrêta. L'homme avait trouvé le châle sur la grève, enveloppant encore le caillou avec lequel Hélène l'avait lancé. Le rusé Normand, sans comprendre pour quelle raison, devina dans la précipitation du jeune homme le vif désir qu'il avait de le posséder. Il feignit de vouloir le conserver pour sa femme ; mais celle-ci, intervenant elle-même dans le débat, déclara qu'elle était prête à le céder contre *de quoi* en avoir un neuf, car les déchirures qu'elle avait remarquées dans le châle l'avaient un peu désillusionnée.

Antoine ne marchanda pas, et donna ce qu'on lui demandait.

— Au moins, dit-il à Jacques quand ils furent de retour au Havre, j'aurai un souvenir.

Pendant les deux jours qui suivirent, son travail en collaboration avec Jacques Antoine se ressentit un peu de sa préoccupation obstinée ; mais un jour il reçut une lettre de son frère qui lui annonçait l'accident arrivé à leur grand'mère. Le rappel à des affections un peu oubliées opéra une réaction favorable dans son esprit. — Je ne veux pas que vous vous serviez de cela, dit-il à Jacques en déchirant les dessins péniblement composés pendant les jours précédents, et dont celui-ci voulait faire usage pour ménager sa susceptibilité ; c'est mauvais.

Toute cette journée passa moins longuement que les précédentes ; le travail lui était redevenu facile, et, sans être un moyen d'oubli, il en faisait le charme du souvenir qui reportait sa pensée vers Hélène.

Ainsi commençait la convalescence de cette grande secousse de cœur. Douze jours après sa séparation d'avec Hélène, Antoine se promenait avec Jacques sur la jetée du Havre, où une foule de curieux étaient rassemblés pour assister au départ du *Humboldt*, un des grands paquebots américains qui faisaient le service du Nouveau-Monde. Tout à coup ils se trouvèrent en face de M. Bridoux, qui courait pour tâcher de se procurer une place sur le parapet de la jetée. — Le père d'Hélène! fit Antoine, et il est seul.

— Ah! pardon, monsieur, dit M. Bridoux comme un homme qui craint d'être retenu, c'est que je voudrais bien la voir encore!

Les deux jeunes gens échangèrent un regard ; celui d'Antoine était plein d'inquiétude. M. Bridoux était parvenu à se placer à l'extrémité même de la jetée. Antoine et Jacques le suivirent, émus à un degré différent par le même pressentiment. Bientôt le *Humboldt* eut quitté le bassin et s'engagea dans la passe, où il attendit quelques instants la minute précise où la marée était dans son entière plénitude pour pouvoir sortir sans danger. On entendit alors le mouvement de sa puissante machine, et les roues gigantesques commencèrent à battre l'eau avec plus de vivacité. Tous les passagers du *Humboldt* regardaient les curieux, auxquels ils faisaient eux-mêmes spectacle. Beaucoup de personnes ayant des amis ou des parents à bord étaient venues sur la jetée pour échanger un lointain et dernier regard.

— La voilà! la voilà! dit tout à coup M. Bridoux, et il mit sa main sur sa bouche comme pour lui envoyer des baisers.

Antoine et Jacques reconnurent Hélène. Celle-ci, qui cherchait son père des yeux, aperçut Antoine auprès de lui. Elle posa la main sur son cœur, et dans les baiser qu'elle renvoyait à son père, il en fut auxquels elle avait mis une autre adresse.

Une fois engagé en mer, le navire fila avec une rapidité qui, cinq minutes après, ne le montrait plus au regard que comme une masse confuse enveloppée dans un nuage de fumée.

— Oui, messieurs, disait M. Bridoux, une occasion superbe, six mille francs par an et vingt mille francs de gratification une fois l'éducation de la jeune demoiselle terminée! Cela sert à quelque chose de distribuer des prospectus; c'est comme cela que ma fille a été connue à Trouville par la riche famille qui l'emmène. Je crois qu'elle sera très-heureuse en Amérique. Si je m'ennuie trop, eh bien! mon Dieu, je ferai le voyage et j'irai la rejoindre, fit-il en essuyant ses yeux. Maintenant que je ne vois plus le bateau, je m'ennuie déjà.

— Dieu lui fasse bon voyge! dit Jacques.

— Dieu lui fasse prompt retour! ajouta Antoine.

— Merci, messieurs, dit M. Bridoux ne se donnant plus la peine de cacher ses larmes et de dissimuler son émotion. Ah! me voilà seul tout seul, ajouta-t-il en appuyant ses deux coudes sur la jetée.

— Et elle! dit Antoine.

— Elle est avec votre souvenir, répondit Jacques à voix basse.

II.

LAZARE

I. — LA GRAND'MÈRE.

La lutte contre la misère n'était pas toujours la pire des épreuves pour les jeunes gens que nous avons vus former l'association des *Buveurs d'eau*. Quelques scènes nouvelles de leur histoire montreront ce que les membres de cette association exclusive avaient à souffrir quand ils voyaient le monde étendre parmi eux son influence en dépit des barrières qu'ils s'étaient flattés de lui opposer. Le conflit de leur fierté avec des convenances jusqu'alors méconnues, les relations délicates qui s'établissaient entre les jeunes artistes et certains amis devenus pour eux des protecteurs, composent un douloureux chapitre dans cette vie exceptionnelle dont nous n'avons pas encore retracé les plus tristes aspects.

Revenons un moment à deux personnages qui ont déjà figuré dans ces récits.

A l'époque où Antoine et son frère Paul avaient pris le parti de quitter leurs parents pour suivre en liberté leur vocation, ils avaient, comme nous l'avons dit, été suivis par leur grand'mère, qui avait voulu malgré eux s'associer aux chances hasardeuses d'une existence dont la rigueur certaine ne pouvait pas avoir de terme limité. L'installation en commun de l'aïeule et de ses petits-fils eut lieu dans un logement situé rue du Cherche-Midi, à l'étage supérieur d'une vaste maison habitée en partie par des familles d'artisans. Ce logement, dont le loyer était très-modique, se composait seulement de deux pièces. La plus habitable et la mieux exposée fut réservée à la grand'mère. Elle y disposa avec la minutieuse symétrie particulière aux vieilles gens, tous les objets à elle appartenant qu'elle avait emportés de chez son gendre, c'est-à-dire tout son petit ménage qui avait vieilli avec elle, depuis le miroir où elle avait toute enfant souri à son premier sourire, jusqu'au crucifix d'ivoire jauni qui avait reçu le dernier souffle de son mari, brave et robuste artisan mort à son œuvre comme un soldat sur la brèche, et qu'elle avait vu un jour rapporter chez elle sur la civière de l'assistance publique.

Chacun de ces meubles et une foule de petits objets sans utilité apparente rappelaient à la grand'mère une date chère à sa mémoire, et formaient autour d'elle un paisible horizon de souvenirs domestiques auquel son regard était tellement habitué, qu'on n'aurait pu changer de place la moindre chose sans qu'elle le remarquât. Aussi avait-elle exigé de ses enfants qu'ils n'entrassent jamais dans sa chambre pendant son absence, tant elle craignait que leur étourderie, qui lui était connue, n'apportât quelque désordre au milieu de son intérieur, où la meilleure loupe n'aurait pu découvrir un seul grain de poussière, quand elle avait tout essuyé, et épousseté avec autant de soins et de précautions qu'eût pu le faire le plus vigilant gardien d'un musée.

La pièce occupée par les deux frères avait été arrangée à leurs frais de façon à pouvoir servir d'atelier. Autant la chambre de l'aïeule paraissait, à cause de l'encombrement qui y régnait, pleine à n'y pouvoir remuer, autant l'atelier paraissait nu et vide, Antoine et son frère n'ayant eu pour le garnir que les objets indispensables pour leur travail. Ils y couchaient tous les deux dans des hamacs en toile à voile qu'ils avaient fabriqués eux-mêmes, et que l'on tendait chaque soir.

La grand'mère, qui souffrait de voir ses enfants coucher dans des hamacs, voulaient qu'ils achetassent des lits. Antoine s'y refusa, donnant pour prétexte qu'un lit était un meuble gênant dans un atelier de peintre.

— Et puis, ajoutait-il en riant, nous sommes si paresseux, mon frère et moi, que si nous en avions un, nous n'aurions jamais le courage de le faire.

— Est-ce que je ne suis pas là, moi? s'écria naïvement la grand'mère. Achetez au moins des matelas pour mettre dans vos hamacs! Comment pouvez-vous reposer dans ces grands sacs de toile qui se balancent toujours?

— Quand on est fort, qu'on est jeune et qu'on a travaillé toute la journée, le meilleur matelas pour bien dormir est une bonne fatigue.

— Mais la santé? murmurait l'aïeule inquiète.

— Nous sommes très-bien dans nos hamacs; les marins, qui sont tous des hommes vigoureux, n'ont pas d'autres couchettes. Et puis, grand'mère, la vérité vraie, ajoutait Paul, c'est que dans notre situation nous devons considérer comme inutile tout ce qui n'est pas de première nécessité.

Outre ses meubles, la grand'mère possédait encore quelques épargnes, qu'elle avait lentement et discrétement amassées dans l'intention de les laisser après elle à ses petits-enfants. A cet humble héritage s'ajoutait une petite rente qui lui était servie par les propriétaires de la fabrique au service de laquelle son mari avait péri victime d'un accident. Cette pension, dont elle avait abandonné une partie à son gendre pendant tout le temps qu'elle avait demeuré chez lui, était, malgré la modicité de ses besoins, insuffisante pour la faire vivre seule.

Telles étaient les uniques ressources naissantes avec lesquelles fut installé le ménage de l'aïeule et de ses deux petits-fils. Cependant quelques jours après le départ de ceux-ci, leur père, cédant aux sollicitations de sa femme et éprouvant peut-être quelque scrupule d'avoir laissé partir ses enfants les mains vides, leur envoya à chacun cent francs, accompagnés d'une lettre dans laquelle il les avertissait que c'était le dernier secours qu'ils devaient attendre de lui. Faisant, disait-il, la part de leur inexpérience et de l'entraînement qui les avaient l'un et l'autre détournés de la profession à laquelle ils étaient destinés, il leur accordait un délai de trois mois pour se soumettre à sa volonté. Passé cette époque, il leur déclarait qu'ils deviendraient complètement étrangers pour lui.

En recevant la lettre dont nous avons donné le résumé, Paul voulait renvoyer l'argent qu'elle accompagnait. — Nous n'avons rien demandé à notre père, et cette façon d'aumône est humiliante, disait-il. Antoine haussa les épaules. — Nous sommes déjà assez malheureux de la mésintelligence qui existe entre nous et notre père, répondit-il; cette lettre nous prouve d'ailleurs qu'il se préoccupe de nous encore plus que nous ne le pensions, et nous ne devions guère nous y attendre après ce qui s'est passé entre nous. A son point de vue, il a peut-être raison de persister dans sa volonté, comme nous croyons avoir des motifs pour persister dans la nôtre.

On était précisément au commencement d'un hiver qui menaçait d'être rigoureux. Les deux cents francs arrivaient à propos pour faire face aux dépenses qui allaient être doublées par la mauvaise saison. Antoine et son frère avaient calculé que leurs ressources, soigneusement ménagées, pouvaient les mener jusqu'au beau temps. « Il faut, disaient-ils, que notre dernier charbon de terre brûle encore au retour de la première hirondelle. Nous avons devant nous quatre mois assurés pour la liberté de notre travail; mais après ces quatre mois, si bien employés qu'ils soient, nous serons à bout de ressources et encore hors d'état de nous en procurer de nouvelles. »

La prévision d'Antoine se réalisa. Six mois après leur sortie de la maison paternelle, les ressources étaient toutes épuisées, et ils se trouvaient à la veille de ne pouvoir plus continuer leurs études. Ce fut alors que la grand'mère déclara à ses enfants qu'elle avait l'intention de travailler. Toutes les supplications que lui adressèrent les deux frères pour la faire renoncer à ce projet furent inutiles. A quelle industrie avait-elle voué ses bras fatigués par une existence déjà si laborieusement remplie? Ses enfants l'apprirent avec un serrement de cœur véritable. Ne pouvant reprendre l'état qui l'avait aidée à vivre pendant son veuvage, elle n'avait pas reculé, si dure qu'elle pût lui paraître, devant la seule condition compatible avec son grand âge et sa faiblesse apparente : — elle s'était faite femme de ménage, et par toutes sortes de raisons, quelquefois plaisantes, elle s'efforçait de dissimuler aux yeux de ses enfants le côté servile de cette condition qu'elle n'avait pu choisir, mais qu'elle se trouvait encore heureuse d'accepter, elle qui ne supposait pas, dans son ignorance du mal, qu'on pût éprouver de la honte sinon de ce qui n'était pas bien.

Toutes ces délicatesses instinctivement trouvées par son cœur maternel étaient bien appréciées par les deux frères, mais elles ne suffisaient pas pour apaiser le remords quotidien qui les troublait lorsqu'ils voyaient chaque matin partir leur grand'mère. Il y eut même à ce propos une scène très-vive entre Antoine et son frère. Nous la raconterons pour faire apprécier certaines nuances différentes qui existaient dans le caractère des deux artistes.

Un jour, ils avaient reçu la visite d'un jeune homme qu'ils avaient connu plusieurs années auparavant, et de qui leurs nouvelles relations les avaient séparés depuis. Ils furent donc un peu étonnés de le voir arriver chez eux, et lui-même laissa paraître quelque surprise lorsqu'il se trouva en face des deux frères.—Comment donc avez-vous appris notre demeure ? demanda Antoine.

— Mais, répondit le jeune homme, je ne croyais pas avoir le plaisir de vous rencontrer. Je venais dans cette maison pour y chercher une bonne femme qui fait les ménages et qu'on m'a recommandée. Probablement que le concierge m'aura donné une fausse indication, ou que je me serai trompé, puisqu'au lieu de m'adresser chez elle j'ai frappé à votre porte.

Antoine, qui observait son frère, s'aperçut que Paul avait une contenance très-embarrassée et était devenu alternativement très-rouge et très-pâle. Cependant, comme c'était particulièrement à lui que le jeune homme paraissait s'adresser, et que le regard de son frère l'invitait à répondre, Paul se décida à rompre le silence. — La personne dont vous parlez, dit-il en balbutiant, demeure en effet dans cette maison.

— Auriez-vous l'obligeance de m'enseigner son logement? demanda naturellement le jeune homme.

— Mais, reprit Paul avec un nouveau mouvement d'hésitation qui n'échappa point à son frère, c'est qu'elle est ordinairement sortie à cette heure.

— On m'a prévenu en bas que je trouverais du monde chez elle, reprit le nouveau venu.

— Et on ne vous a pas trompé, puisque vous nous avez rencontrés, dit Antoine, qui, à l'instant où il prononçait ces mots, surprit dans les yeux de son frère une expression de pénible étonnement.

— Ah! je comprends, fit le jeune homme après une

courte hésitation. Peut-être cette bonne femme, qui est sans doute votre voisine, vous a priés, pendant son absence, de prendre les adresses des personnes qui viendraient la demander.

Antoine regarda son frère comme pour le provoquer à une réponse. Paul se borna à incliner la tête affirmativement. — Alors, reprit leur ancien ami, donnez-moi un bout de papier et un crayon, je vais écrire mon adresse, que je vous prierai de remettre à votre voisine aussitôt que vous la verrez.

— Mais, mon cher, interrompit Antoine, la personne dont vous parliez n'est pas notre voisine, c'est notre grand'mère.

A cette révélation inattendue, celui à qui elle venait d'être faite avec une grande simplicité ne put retenir un mouvement ; mais c'était un garçon d'esprit, et devinant qu'il avait affaire à un garçon de cœur, il déchira sans aucune affectation le morceau de papier sur lequel il avait commencé à écrire son adresse, et tirant de sa poche une carte de visite, il la déposa sur une table en face d'Antoine en disant : — On me trouve chez moi tous les matins jusqu'à dix heures. — Il y avait dans le seul fait de cette substitution un sentiment de délicatesse qui ne pouvait passer inaperçu. Antoine l'en remercia d'un regard et observait, avec une ironie qui lui semblait difficile à contenir, l'attitude embarrassée de Paul. Comme pour faire oublier aux deux frères le véritable motif de sa présence chez eux, leur ancien ami y resta encore quelque temps à parler de l'époque où ils s'étaient connus, évitant d'ailleurs avec soin d'aborder dans la causerie tout sujet qui aurait pu lui donner une tournure embarrassante pour ceux dont il croyait devoir ménager la discrète susceptibilité.

Quand il fut sorti, il y eut entre les deux frères un moment de silence. Paul, qui connaissait le caractère d'Antoine, devinait dans ses traits une préoccupation à laquelle il sentait instinctivement n'être pas étranger. Cependant les façons d'être de son aîné l'inquiétaient ; il y avait dans ce calme sérieux, avant-coureur des orageux débats domestiques, quelque chose de quasi solennel à quoi il n'était pas habitué. Il pressentait vaguement que l'esprit de son frère était en proie à une lutte douloureuse. Quelquefois il surprenait dans les yeux d'Antoine un rapide éclair d'indignation hautaine auquel succédait un regard de pitié dédaigneuse qui tombait sur lui lent et lourd, comme une offense qu'on ne peut pas relever. Ne pouvant supporter plus longtemps cette incertitude menaçante, il préféra aborder le premier une explication qu'il supposait inévitable, et fournit le prétexte qui devait l'amener en étendant sa main pour prendre la carte de visite déposée sur la table par le jeune homme qui venait de se retirer. — Qu'en veux-tu faire? dit froidement Antoine en s'emparant de la carte de visite avant Paul.

— Je voulais la serrer pour la remettre à notre grand'mère quand elle rentrera.

— Je la lui remettrai moi-même, répondit Antoine;... tu pourrais peut-être l'oublier.

— Pourquoi? fit Paul avec un commencement d'animation.

— C'est que tu as bien peu de mémoire, dit Antoine, puisque tout à l'heure tu semblais ne pas te souvenir que ce pouvait bien être à notre grand'mère que Jules avait affaire.

— Écoute, interrompit Paul, n'interprète pas mon silence autrement qu'il ne doit être interprété. Je croyais qu'il n'était pas utile d'apprendre à Jules ce que tu as jugé à propos de lui faire connaître.

— Ta raison! ta raison! donne-la vite! murmura Antoine, dont le visage était envahi par une pâleur terne qui indiquait un vif bouleversement intérieur.

— Ma raison, reprit son frère, c'est qu'il y a telle circonstance où il est pénible d'apprendre une chose qui semble placer les gens que l'on connaît dans une condition de supériorité vis-à-vis de soi. Cette circonstance s'est présentée pour Jules tout à l'heure. Il lui était difficile de n'être point gêné en face de nous par une démarche dont il ne pouvait pas prévoir les suites. Aussi n'a-t-il pas su dissimuler assez vite son embarras. Et toi-même, ajouta Paul en regardant son frère, je me suis aperçu que tu as rougi légèrement.

— C'est de ta propre rougeur que j'ai rougi, malheureux ! interrompit Antoine avec éclat : je te connais maintenant ; je n'ai plus même l'espoir du doute. Tu viens de me donner la preuve que tu étais capable de toutes les lâchetés que l'égoïsme inspire. Subtilise, mens et démens ; appelle un vice à la défense d'un autre, unis l'hypocrisie à la vanité ; je t'ai jugé : tu es un ingrat !

— Mon frère, mon frère ! s'écria Paul avec un accent de supplication.

— Non, reprit Antoine avec une véhémence croissante ; devant moi, tout à l'heure tu as renié, par ton embarras et ton silence, celle dont tu devrais être le soutien et qui se fait ton appui ; tu as lâchement rougi de celle qui se fait servante pour que tu sois libre. Tu as eu honte de t'avouer l'enfant d'une femme qui est autant ta mère que si elle t'avait donné le jour. Et cette abominable honte, cette ingratitude parricide, tu essaies de la justifier, tu espères que je t'écouterai, que je te croirai peut-être ! Ah ! malheureux ! malheureux ! acheva Antoine en pressant dans ses mains les deux mains de son frère et en les secouant avec une violence telle que celui-ci ne put retenir une plainte et s'affaissa écrasé sur une chaise.

Antoine était sincère dans son indignation. Son cœur, épris d'un âpre amour de la justice, ne pouvait contenir ses révoltes lorsqu'il la croyait violée. Où d'autres se fussent efforcés de chercher les côtés véniels d'une faute ayant quelque apparence de gravité morale, son impitoyable loyauté repoussait toute excuse, et s'élevait au-dessus de toute considération, de toute affection. L'ingratitude surtout lui causait une horreur muette et profonde, comme celle que peut inspirer la présence d'un reptile venimeux. En croyant reconnaître dans la conduite de son frère un de ces mauvais instincts contre lesquels sa rigidité était sans indulgence, son premier mouvement avait été une sorte de honte à laquelle avaient succédé des reproches dont l'amertume était montée à ses lèvres. Ce qui l'avait le plus irrité, c'était la tentative de défense entreprise par son frère pour atténuer son silence et son embarras pendant la scène qui venait de se passer. Il ne voyait, comme il l'avait dit, dans cette justification qu'une subtilité hypocrite alliée à un acte que sa pieuse exagération considérait à l'égal d'un crime domestique. Paul, qui en l'écoutant analysait tous ces sentiments, acceptait une partie des reproches dont il était l'objet, il confessait avoir mal agi en éprouvant quelque répugnance à avouer l'humble condition de sa grand'mère; mais il trouvait aussi que cette répugnance avait été mal interprétée, il persitait à maintenir que l'hésitation et l'embarras qu'il avait témoignés, avaient été causés par la crainte où il était de faire naître quelque observation blessante de la part de leur ancien ami.

L'explication se prolongea encore longtemps entre les deux frères, mais peu à peu elle perdit le caractère d'âpreté qu'elle avait à son début et ne tarda pas à se terminer par une réconciliation que chacun d'eux souhaitait en même temps qu'il la jugeait nécessaire. Ils pensaient avec raison que toute apparence de contrainte dans leurs rapports alarmerait leur grand'mère, et que son inquiète sollicitude voudrait en rechercher les causes. — Que deviendrions-nous, disaient-ils, si la paix s'éloigne de nous? où trouver désormais le loisir familier qui permet d'épancher d'un cœur à l'autre les amicales confidences et les encouragements de l'espérance, si nous n'arrachons pas aussitôt que poussée cette mauvaise herbe de discorde? — La volonté d'oublier ce débat et le motif qui l'avait fait naître fut mutuelle entre les deux jeunes gens; mais ils avaient prononcé des paroles qui causent une impression souvent aussi lente à s'effacer qu'elle est prompte à se renouveler à la moindre allusion involontaire, de même que des blessures guéries et cicatrisées depuis longtemps se rouvrent quelquefois et réveillent passagèrement une douleur qui, pour n'être pas durable, n'en est pas moins pénible. C'est qu'il est telles discussions où la colère arme la bouche de mots qui font balle et que toute balle fait trou. Aussi, et malgré eux, Antoine et Paul furent-ils quelques mois encore sous l'influence de cet incident que leur grand'mère ignora toujours.

Celle-ci continua ses modestes occupations en ville, et le gain qu'elle en retirait, ajouté à sa petite rente, put suffire provisoirement à entretenir dans la maison la possibilité de vivre, mais d'une existence restreinte, dans de telles habitudes d'économie, que le plus pauvre ménage aurait éprouvé de la difficulté à s'y soumettre.

Nous nous sommes étendu avec quelques détails sur cet intérieur d'Antoine et de Paul, parce qu'il doit être le centre principal autour duquel viendront se grouper les futurs épisodes de cette série, et se mouvoir les nouveaux personnages qu'il nous reste à mettre en scène. Nous croyons devoir rappeler que nous n'écrivons pas un roman, mais seulement une suite de scènes dont l'enchaînement se révèlera peu à peu avec assez d'évidence pour que nous puissions nous épargner de longues et pénibles transitions.

Comme nous l'avons dit, la société des buveurs d'eau avait été fondée par Antoine et son frère Paul, associés au peintre Lazare et au poëte Olivier. Ce dernier était parmi ses compagnons le seul qui pût mettre quelques ressources certaines au service de ses espérances et de son ambition. Il remplissait les fonctions de secrétaire auprès d'un personnage envoyé en France par un gouvernement étranger pour une mission scientifique qui en abritait peut-être une autre moins officielle. Olivier n'allait chez ce personnage que deux heures par jour, et il était rétribué en conséquence de son travail, —

c'est-à-dire d'une manière fort chétive. Cependant les cinquante francs qu'il recevait chaque mois lui constituaient du moins une sécurité d'existence qui manquait à ses camarades, puisque ceux-ci, étant encore dans la période des études, ne pouvaient retirer aucun profit de leurs travaux. Aussi, lorsqu'ils parlaient entre eux du poëte Olivier, ils l'appelaient en riant le *capitaliste*.

II. — LA MARRAINE.

Lazare, dont on s'occupera plus spécialement dans le présent récit, bien qu'il fût le plus pauvre des membres de la société, était cependant le seul qui aurait dû trouver des ressources en dehors de son art. Il comptait dans sa famille plusieurs personnes qui, sans être riches, eussent été en état de lui être utiles, et en avaient manifesté l'intention quelquefois ; mais Lazare avait repoussé des avances faites dans une forme qui blessait son amour-propre, parce que les personnes qui lui faisaient ces propositions n'avaient paru accorder qu'une confiance médiocre à son avenir d'artiste, et toute espèce de doute à cet égard lui semblait injurieux.

Lazare avait pour marraine la femme d'un des premiers négociants de Paris, madame Renaud. C'était une amie d'enfance de sa mère, et elle avait reporté sur Lazare une partie de l'affection qu'elle avait eue pour la défunte. Cette dame avait un jour proposé au jeune homme de lui faire une pension qui lui assurerait au moins les premières nécessités de l'existence, mais c'était à la condition que si au bout de deux années il n'était pas parvenu à se créer une position indépendante, il renoncerait à la peinture pour aborder une carrière plus *sérieuse*. Sa marraine exigeait en outre qu'il habitât dans sa propre maison, et qu'il s'engageât à renoncer à voir toute société en dehors de celle où elle vivait elle-même. Lazare essaya de lui faire comprendre que sa profession même l'obligeait à contracter des relations avec des personnes étrangères au monde qu'elle recevait; il lui objecta que la vie d'un artiste n'était pas possible, restreinte dans un milieu unique, que l'indépendance était une atmosphère nécessaire au développement des facultés, que toute habitude était pesante, et mille autres raisons. Il ne put parvenir à convaincre sa marraine. La bonne dame partageait certains préjugés qui représentent la vie d'artiste comme un enfer de désordre et de débauche; elle s'obstina dans ses premières conditions, et, Lazare ayant refusé de s'y soumettre, elle lui déclara qu'elle l'abandonnait.

C'est peu de temps après cette rupture que l'artiste avait fait la connaissance d'Antoine et de son frère. Quand Lazare avait instruit *l'homme au gant* de la proposition que lui avait faite sa marraine, celui-ci l'avait beaucoup blâmé de ne l'avoir pas acceptée. — Mais songez donc, lui avait-il dit, à tout ce qu'on peut faire pendant deux années uniquement employées au travail !

— Ah ! répondit Lazare, vous ne vous doutez pas de ce qu'est la maison de madame Renaud. Pour un artiste, c'est l'enfer. La compagnie qu'on y reçoit se compose de gens dont la conversation ressemble au remue-ménage d'une pile d'écus ; ils professent pour tout ce qui est l'intelligence, l'esprit et l'art, un mépris tel que je n'ai jamais pu passer une soirée entière au milieu d'eux sans me faire une méchante querelle avec quelqu'un. Si j'étais l'hôte d'une pareille maison, j'y deviendrais fou ou idiot. Aussi, bien qu'elle soit rude, je préfère ma misère à un bien-être qui ne serait en résumé qu'une sorte d'esclavage.

— Mais, reprit Antoine, n'êtes-vous pas souvent l'esclave de cette misère, et y trouvez-vous pour votre travail cette liberté qui vous serait du moins garantie par ce bien-être que vous repoussez, quand il vous serait peut-être facile de l'acquérir au prix de quelques concessions ?

— Qu'importe ? répliqua Lazare. J'aime mieux arriver tout seul que d'avoir une obligation à des gens pour lesquels je ne puis avoir aucune sympathie, parce qu'ils me blessent de toutes les manières. Je ne parle pas de madame Renaud, c'est une femme excellente; mais son mari est un double cuistre : il a toute la bêtise sonore d'un parvenu qui n'a que des gros sous pour aïeux; il m'exècre, et je le lui rends avec usure, comme il prête.

Un an s'était passé depuis cette rupture quand un jour Lazare rencontra sa marraine qui sortait d'une église. Il aurait bien voulu l'éviter, car il était alors dans un piteux état de costume; mais elle vint au-devant de lui, et, l'ayant examiné un instant avec une expression de tristesse : — Tu n'es pas heureux, mon enfant? lui dit-elle.

— Je suis heureux à ma manière, répondit l'artiste, je suis libre.

— J'irai te voir demain pour causer avec toi. Donne-moi ton adresse. Je pense que tu es seul chez toi, et que ma visite ne sera pas indiscrète.

— Comment seul ! fit Lazare, qui ne comprenait pas le véritable sens de l'interrogation. Certainement que je suis seul.

— Eh bien ! attends-moi demain dans la matinée.

Madame Renaud vint le lendemain chez Lazare, comme elle avait promis; mais elle n'avait pas fait trois pas dans l'atelier qu'elle fut obligée de s'asseoir. Elle était véritablement navrée par le misérable aspect du lieu. Lazare, qui la regardait, s'aperçut qu'elle pleurait.

— Qu'avez-vous? lui demanda-t-il avec une douceur respectueuse.

— Méchant enfant! lui répondit sa marraine en l'attirant auprès d'elle pour l'embrasser; ne devines-tu pas la cause de mon chagrin? Comment peux-tu vivre ainsi?

— Comment pourrais-je vivre autrement?..

— Tu sais bien qu'il ne tient qu'à toi, répondit madame Renaud. Veux-tu me promettre de devenir raisonnable? je ferai ta paix avec mon mari.

— Qu'est-ce que vous appelez devenir raisonnable, ma marraine?

— Mais j'entends par là renoncer à un état qui n'en est pas un, et dans lequel tu perds inutilement ta jeunesse, ta santé. Si tu voulais!... Tu sais pourtant bien que mon mari pourrait te pousser dans une belle carrière.

— Ma carrière est toute tracée, dit Lazare. Dieu merci, je n'en suis plus à douter de ma vocation. Elle est certaine. J'ai déjà du talent, j'en puis acquérir davantage, et, lorsque j'aurai pu le constater, mon talent me fera un nom et une position que je ne devrai qu'à moi-même. Soyez tranquille, mon avenir ne fera pas pitié.

— Mais le présent! dit madame Renaud.

— Le présent, c'est autre chose, dit Lazare; je comprends qu'il ne fasse pas envie, cependant j'ai été encore plus malheureux.

— Est-ce possible? interrompit sa marraine.

— Sans doute, répondit le jeune homme. Les efforts que j'ai dû accumuler pour traverser mon premier temps d'épreuve me semblaient bien plus pénibles à une époque où je n'étais point sûr qu'ils eussent un but. Je pouvais me tromper comme tant d'autres qui sont sincères dans leur erreur ; mais je vous le répète et vous l'assure, à l'heure qu'il est je puis avoir confiance en moi. J'ai tous les éléments nécessaires pour réussir ; ce n'est plus qu'une question de temps, et si le chemin est mauvais, je m'en console en songeant qu'il mène où je veux aller, c'est tout droit. Voilà pourquoi je ne consentirai point à revenir sur mes pas.

Comme Lazare achevait, il entendit frapper à sa porte. — Désirez-vous que je ne réponde pas? demanda-t-il à sa marraine.

— Ouvre au contraire, répondit celle-ci. C'est probablement quelqu'un qui doit me rejoindre ici.

Lazare ouvrit. Un homme se présenta en saluant. Il était porteur d'une grosse tête carrée encadrée dans des favoris rouges. Un sourire obséquieux se dessinait sur sa bouche, qui paraissait fendue avec un sabre. Son accent et son maintien révélaient en même temps sa nationalité et sa profession.

— Monsieur est un tailleur qui vient pour te prendre mesure d'un habillement, dit madame Renaud.

Le tailleur s'inclina et tira gravement de sa poche un mètre, des fils à plomb, une petite équerre et un carnet qu'il déposa sur la table. Lazare le regardait avec surprise et le prenait pour un géomètre. — Mais, ma marraine, dit-il en se retournant vers celle-ci, je n'ai pas besoin d'habits.

Madame Renaud joignit les mains et regarda le jeune homme comme pour lui dire : — Mais vois donc dans quel état tu es!

Quant au tailleur, qui avait déjà apprécié l'utilité de ses services, en entendant la dénégation de son futur client, il demeura comme frappé de stupeur. Déjà il ouvrait la bouche pour un immense éclat de rire, mais le respect vint clore ce rictus dédaigneux, et il rentra dans une immobilité de soldat prussien pétrifié par la discipline. Sur l'invitation de sa marraine, Lazare consentit à se laisser prendre mesure par le tailleur, qui employa pour cette opération des instruments de précision dont la présence entre ses mains indiquait suffisamment à l'artiste qu'il n'avait point affaire à un industriel vulgaire, mais à un praticien hors ligne. Le tailleur se retira en promettant de revenir dans trois jours essayer les habits.

— Ma chère marraine, dit Lazare quand il se trouva seul avec madame Renaud, je vous remercie beaucoup de ce que vous voulez bien faire pour moi ; mais si vous le permettiez, l'argent que vous donnerez au tailleur pourrait être appliqué bien plus utilement.

— Mais mon ami, tu as le plus grand besoin de vêtements, dit madame Renaud ; le pitoyable état dans lequel je t'ai rencontré hier m'a fait saigner le cœur. Ce fut dans l'idée que j'aurais à propos de toi une conversation avec mon mari que je t'ai annoncé ma visite pour ce matin.

La marraine de Lazare fit alors à celui-ci le résumé de l'entretien dont il avait été le sujet. M. Renaud avait été frappé du récit que lui avait fait sa femme. — Tout le monde sait que ce garçon est votre filleul, lui avait-il dit ; nos amis et nos connaissances l'ont vu souvent ici. Ils peuvent le rencontrer comme vous l'avez rencontré vous-même, et faire de fâcheuses remarques en le voyant sous la livrée de la misère. Un filleul n'est pas un parent : dans la légalité, on ne lui doit rien, surtout quand il se montre si peu digne de l'intérêt qu'on a voulu lui témoigner ; cependant je comprends vos scrupules, je les approuve et je les partage. Il est nécessaire d'aller au-devant des méchantes suppositions que pourrait nous attirer l'abandon dans lequel vit ce garçon. Voyez-le. Renouvelez-lui les propositions que je lui ai déjà faites. Peut-être a-t-il maintenant quelque regret de les avoir repoussées. S'il persistait néanmoins dans la déplorable voie d'où nos conseils n'ont pu l'écarter, eh bien ! non pour lui, mais pour nous, je ferai encore une concession. Annoncez-lui qu'il pourra venir prendre ses repas ici, à la condition d'être exact aux heures. En outre, comme nous ne pouvons pas le recevoir dans l'état où il se trouvait quand vous l'avez rencontré, vous vous entendrez avec mon tailleur pour qu'il l'habille d'une façon convenable.

Si habilement que madame Renaud eût essayé de déguiser l'amour-propre qui, bien plus qu'un véritable intérêt, avait été le mobile des offres de service que son mari l'autorisait à porter à Lazare, celui-ci ne s'était point mépris sur les intentions qui les avaient dictées.

— Je sais gré à M. Renaud de cette récidive, dit l'artiste ; mais c'est à vous, ma chère marraine, que je garde la reconnaissance, car sans votre initiative je ne pense pas que M. Renaud se serait souvenu de moi. Je pourrais peut-être chercher la véritable cause de ce retour d'une bienveillance que je n'ai jamais sollicitée ; mais comme la découverte pourrait me fâcher, j'aime mieux n'y voir que la pensée très-sincère de me rendre service. Seulement, lorsqu'on veut rendre réellement service à quelqu'un, il faut l'obliger dans le sens de ses véritables besoins. Or mes besoins véritables ne sont pas là où vous les voyez. A part deux ou trois amis qui sont dans la même position que moi, je ne connais personne, et comme l'opinion des étrangers ou des passants m'est absolument indifférente, je n'attache aucune importance aux remarques qu'on peut faire sur mon costume. Un crédit ouvert chez le marchand de couleurs me serait beaucoup plus utile qu'un crédit chez le tailleur.

— Mais pourquoi ne pas s'habiller comme tout le monde? interrompit sa marraine.

— Je ne suis pas tout le monde et ne suis pas du monde, répondit Lazare.

— Mon enfant il faut pourtant se soumettre aux usages.

— Je vis en dehors des usages; ce n'est point cynisme ni stupide désir d'originalité, c'est nécessité.

— Enfin, mon ami, insista madame Renaud, comprends donc bien ceci, que tu ne peux pas venir chez moi ni paraître à ma table vêtu comme un malheureux.

— J'aurai toujours du plaisir à vous voir, ma marraine : mais je réserverai mes visites pour les heures où je pourrai les faire sans vous compromettre. Quant à l'autre proposition que vous faites de prendre mes repas chez vous, je ne l'accepte pas. Je gênerais à votre table et j'y serais gêné. Maintenant, acheva-t-il, il y a un moyen d'arranger tout cela, et celui-là du moins me sera véritablement profitable. Au lieu de mettre à ma disposition son tailleur et son cuisinier, que M. Renaud me donne l'argent qu'il consacrerait à me vêtir et à me nourrir ! Il y aura tout bénéfice pour lui et pour moi.

— Mon mari n'y consentira pas, dit madame Renaud en secouant la tête. Il suppose que tu mènes une existence déréglée, et craindrait que tu ne fisses de ton argent un usage qui ne te servirait pas.

— Ni à lui non plus, murmura Lazare. Eh bien ! reprit-il tout haut, s'il n'a pas confiance en moi, qu'il prenne ses précautions, je ne m'y oppose pas. Au lieu de me remettre l'argent, qu'il m'accrédite chez un marchand où je pourrai prendre tout ce qui est nécessaire pour mon travail, et qu'il paie lui-même ma pension dans un petit restaurant du voisinage.

— Mon mari ne voudra pas non plus, répondit madame Renaud ; il trouvera singulier, comme je le trouve moi-même, que tu refuses de venir chez lui quand il te le propose.

— En effet, interrompit Lazare, avec vivacité, personne ne serait instruit de sa générosité.

— C'est mal ce que vous dites-là, Lazare dit Madame Renaud en se levant. Que vous importe l'intention, si le résultat est profitable ?

— Mais je vous ai expliqué qu'il ne pourrait pas l'être.

— C'est la seconde fois que tu nous refuses, dit madame Renaud.

— Au moins reconnaîtrez-vous que je n'avais rien

demandé, répondit Lazare, qui laissa sa marraine sortir de chez lui fâchée.

Trois jours après, le tailleur revint comme il l'avait promis pour essayer les habits.

— Vous pouvez remporter cela, lui dit Lazare.

Antoine, qui se trouvait précisément chez son ami, le prit à part : — Tu as tort, lui dit-il; prends toujours les habits; l'argent que tu pourras en retirer te mettra pendant un mois du pain sur la planche, du feu dans ton poêle et des couleurs sur ta palette.

— Non, dit Lazare après avoir hésité, je ne veux pas avoir l'air de faire à cet homme aucune concession. Et il renvoya le tailleur avec l'habillement.

Antoine avait haussé les épaules.

— Tu ne m'approuves pas? lui demanda Lazare.

— Quand on a une longue route à faire dans un chemin mauvais et qu'on se trouve déjà gêné par sa chaussure, je n'approuve pas que l'on y mette volontairement des cailloux.

— Il y a des choses que nous n'entendons pas de la même façon, répondit Lazare avec le ton d'un homme qui fuit devant une discussion, parce qu'il ne possède pas d'assez bons arguments pour la soutenir.

— Il y a en effet plusieurs choses que nous comprenons différemment, répliqua Antoine; mais de laquelle veux-tu parler en ce moment?

— Tu dois bien t'en douter, fit Lazare : je veux parler de l'amour-propre. Non-seulement tu parais ne pas le comprendre, mais encore il est des circonstances où tu vas jusqu'à le blâmer.

— Nécessairement, ou je ne serais pas logique, dit Antoine. Je ne comprends pas l'amour-propre quand il n'est que la constante et puérile préoccupation d'une susceptibilité toujours en éveil. Je le blâme parce que, mal employé, ce n'est le plus souvent qu'un mauvais conseiller de petites faiblesses, et que toutes les concessions qu'on lui accorde deviennent autant d'hommages que l'on rend à son propre égoïsme. Ayons de l'orgueil, à la bonne heure ; voilà un sentiment raisonnable où l'on peut puiser des forces réelles. Quant à l'espèce d'amour-propre à laquelle tu te montres fâcheusement enclin, je te le dis franchement, les trois quarts du temps ce n'est que de la dignité en plâtre. J'en prendrai un exemple dans la circonstance actuelle, continua Antoine. Quel bénéfice vas-tu retirer de ce puritanisme exagéré, quoi que tu en dises, avec lequel tu as repoussé les propositions que te faisait ta marraine? Aucun.

— J'ai protesté, répondit Lazare, contre le rôle de parasite et de subalterne que M. Renaud voulait me faire jouer dans sa maison, et mon refus lui fera comprendre que je ne suis pas la dupe de cette bienveillance hypocrite.

— Eh bien! le bénéfice est nul à tous les points de

vue. Ton refus aura seulement porté atteinte à l'affection que te témoignait ta marraine. Quant à son mari, si les gens qui t'ont vu chez lui parlent de toi avec une intention désobligeante en comparant sa fortune et ta misère, il en sera quitte pour répondre : « Que voulez-vous ? Ce garçon est tellement fier, qu'il ne veut rien accepter de moi. Je ne peux pourtant pas l'aider malgré lui. « Veux-tu que je te dise le fond de ma pensée à ton égard ? ajouta Antoine.

— Continue, puisque tu es en veine, dit Lazare.

— Eh bien ! j'ai peur que tu ne sois disposé à vouloir faire de ta misère un piédestal sur lequel tu montes pour poser devant ta propre vanité.

— Décidément c'est un sermon, murmura Lazare, qui avait rougi. Comme il peut être long, je m'asseois, ajouta-t-il. Allons, prêche-moi sur l'humilité. Tu peux te montrer facilement éloquent, car tu es plein de ton sujet !

Antoine rougit à son tour, et, prenant une chaise, il vint s'asseoir juste en face de Lazare : — Mon cher ami, lui dit-il, je vais t'expliquer mon système. Si l'humilité que tu parais me reprocher y joue un rôle, tu reconnaîtras que ce rôle a son utilité. Cite-moi un exemple où ton amour-propre t'aura servi autrement que pour te procurer une de ces stériles jouissances qui laissent dans l'esprit un germe d'aigreur : je te donne raison sur le champ. Tu connais mon but, puisqu'il est le même que le tien. Pour l'atteindre, je pratique la logique que m'enseigne la nécessité. Le jour où j'ai permis à ma grand'mère d'accepter la condition de servante pour que je fusse libre de faire de l'art, j'ai réuni en faisceau toutes les fiertés, toutes les vanités, tous les préjugés de respect humain que l'homme traîne après lui comme pour embarrasser sa marche, et je les ai brisés afin d'ouvrir un chemin libre au passage de ma volonté. Si j'avais vécu de son temps, j'eusse peut-être hésité à imiter Salvator, qui se jeta, une carabine à la main, dans les Abruzzes, pour conserver son pinceau de l'autre ; mais je n'hésiterais pas à prendre une livrée, comme Chatterton refusa de le faire, si le maître que je servais me laissait une certaine somme de liberté pour être artiste quand je ne serais plus valet.

— Voilà des principes un peu larges ! interrompit Lazare.

— Les vêtements étroits gênent les mouvements, répondit Antoine. La véritable indépendance dans notre position, c'est la liberté du travail, et le véritable esclavage, c'est l'impossibilité où nous sommes quelquefois de pouvoir travailler. Dans ces cas-là, qui ne sont que trop fréquents, je ne marchanderais pas, pour mon compte, les moyens qui pourraient m'aider à sortir de l'inaction, dussent-ils me coûter quelques concessions du genre qui te répugne, d'autant plus que ces moyens seraient toujours de ceux qu'on peut avouer, et que toutes mes actions pourraient passer devant ma conscience sans avoir besoin de se détourner, comme une femme laide qui rencontre un miroir.

III. — EUGÈNE.

Quelque temps après cet entretien, qui avait laissé un peu de froid entre les deux amis, Lazare rencontra dans le jardin du Luxembourg un jeune homme qui, à l'époque de son enfance, avait été son camarade de jeux. Eugène était un agréable compagnon, suffisamment instruit, paraissant aimer le plaisir, non comme une distraction d'ennuis qu'il n'avait pas, mais pour le plaisir lui-même, et possédant pour le présent une certaine aisance qui lui permettait d'attendre patiemment la fortune réelle que lui réservait l'avenir. Les souvenirs du passé renouèrent entre Eugène et Lazare des relations qui restèrent pendant quelque temps dans les limites d'une certaine réserve. Ils s'en tenaient le plus souvent à l'échange d'un *bonjour* pressé ou d'une poignée de main rapide. Cependant Eugène avait su attirer Lazare sur le terrain des confidences. Celui-ci avait alors raconté sa vie à son ancien ami, et tout en lui confiant ses espérances pour l'avenir, il n'avait pas dissimulé la nature des difficultés contre lesquelles il avait à lutter, lui et ses camarades les buveurs d'eau. Ces récits, qui avaient initié Eugène aux mystères d'une existence que son scepticisme d'homme heureux n'eût pas osé deviner, l'avaient intéressé. Il ne répondit néanmoins par aucune apparence de pitié blessante aux confidences qu'il venait de recevoir : mais un jour il arriva chez Lazare, et surprit celui-ci en flagrant délit de misère. Lazare parut étonné et en même temps contrarié de cette visite à laquelle il s'attendait si peu, et il en demanda amicalement le motif à son ami, qui après toute sorte de détours pour ménager la susceptibilité du peintre, lui fit des offres de service. Malheureusement Lazare était dans un de ces moments de découragement profond qui rendent les natures les plus pacifiques accessibles à une misanthropie agressive. Il était mécontent de son travail, il était fatigué de ces pénibles luttes sans résultat que les artistes appellent la *mauvaise-veine*, et qui, en se prolongeant, le soumettaient aux stériles et douloureuses fièvres de l'impuissance. Lui d'ordinaire si patient pour faire le siége d'une difficulté, il se sentait frappé de l'inertie morale qui paralyse toutes les forces ; il aurait eu besoin de mouvement, de distraction, de plaisir ; il éprouvait des convoitises de bien-être qu'il ne lui était pas permis de satisfaire. La société de ses amis les buveurs d'eau n'était d'aucun allégement pour cet ennui tyrannique. Une aigreur irritante se mêlait à tous ses propos, si bien qu'Antoine lui avait dit dans la familiarité de leur langage que, s'il voulait broyer du noir, il pouvait bien rester chez lui. C'était le parti que Lazare avait pris ; mais son mal avait redoublé dans la solitude, et c'était au moment où la crise était arrivée à son état le plus aigu qu'avait paru Eugène.

Dans les fâcheuses dispositions où il se trouvait, Lazare accueillit mal des offres présentées avec autant de sincérité que de sympathie réelle. Il s'étonnait qu'Eugène n'eût pas deviné que, malgré tout ce qu'elles avaient de bienveillant, il existait des initiatives indiscrètes, et qui prouvaient à celui qui en était l'objet qu'on ne l'avait pas, ou qu'on l'avait mal compris. Il se déclarait presque blessé de ce qu'on eût ainsi interprété ses confidences faites de bonne foi. Après tout, il avait tort d'être surpris : les gens du monde ne peuvent pas avoir l'intelligence de ces délicatesses, familières à ceux que n'a point encore blasés le laisser-aller des habitudes mondaines. Eugène, fort étonné de ce langage, avait supporté sans rien dire cette tirade farouche, détachée en phrases saccadées, en petits mots qui auraient voulu être acerbes et qui n'atteignaient pas leur but, puisque le sentiment qui les faisait naître en manquait lui-même. Cependant, durant cette chagrine improvisation, qu'il ne voulait pas interrompre dans la crainte de fournir un nouvel aliment à la mauvaise humeur de Lazare, Eugène avait éprouvé l'impression pénible qui se produit quand on voit une bonne intention mal comprise et retournée contre soi-même. Il laissa Lazare terminer son discours, et quand il le supposa achevé, il se borna à lui dire : — Mon cher ami, je vous demande pardon de vous avoir dérangé. Il fait un peu froid chez vous, je vous quitte.

Il lui tendit la main de bonne grâce et la laissa assez longtemps dans la sienne, comme pour faire un appel à un meilleur esprit de justice.

— Gageons que vous me trouvez ridicule! dit Lazare avec le sourire d'un homme qui sait avoir tort.

— Je ne veux pas profiter de la première fois que je viens chez vous pour vous dire une chose désagréable, répondit tranquillement Eugène.

Lazare comprit le reproche et laissa partir son ami. Furieux de ce que celui-ci ne l'eût pas violenté pour lui faire avouer la stupidité de sa conduite, il eut un moment l'intention de courir après Eugène ou de lui écrire pour s'excuser de la méchante réception qu'il lui avait faite, mais il puisa dans son amour-propre toutes sortes de raisons frottées d'un faux vernis de dignité qui l'arrêtèrent. Il préféra s'en remettre au hasard d'une prochaine rencontre pour s'expliquer amicalement avec Eugène. L'occasion ne se fit pas attendre. Huit jours après, comme Lazare sortait du Musée, il fut assailli par une grosse pluie qui menaçait de pénétrer dans le carton qu'il avait sous le bras et où se trouvait un dessin achevé dans la journée. En courant pour se mettre à l'abri sous l'un des guichets du Louvre, il s'entendit appeler : c'était Eugène qui passait en voiture. Celui-ci fit arrêter le cocher, ouvrit la portière, et tendit la main à Lazare pour l'aider à monter dans le coupé.

— Vous ne refuserez peut-être pas ce service-là, lui dit-il en riant, surtout par le temps qu'il fait?

— Tenez, dit Lazare gaiement, pour me mettre plus à l'aise, faites-moi donc le plaisir de me dire que j'ai été stupide avec vous l'autre jour.

— De tout mon cœur, répliqua Eugène sur le même ton ; je n'ai pas pour m'abstenir les mêmes raisons que ce jour-là, je ne suis ni chez vous ni chez moi : vous avez été complétement absurde.

— Que voulez-vous? Tout allait mal ce jour-là : la cheminée fumait, mon tabac était humide, je ne pouvais pas travailler ; j'avais envie... mieux que ça... j'avais besoin de me disputer.

— Je n'aime pas beaucoup ces parties-là, reprit Eugène, surtout dans certaines conditions ; mais si vous voulez venir avec moi dans un endroit où la cheminée ne fume pas et où l'on trouve du tabac sec, nous nous disputerons tant que vous voudrez, après dîner toutefois.

— Tenez, interrompit Lazare, confession entière : le jour où vous êtes venu, je crois que j'étais à jeun, à moins que ce ne soit la veille.

— Alors, reprit Eugène avec un accent de véritable reproche, vous avez été plus que ridicule; vous avez été cruel.

— Cruel? fit Lazare.

— Oui, interrompit Eugène, parce que vous m'avez laissé partir en emportant l'idée de ce que vous venez de m'avouer. Ah! je vous en ai voulu, vrai!

— Ne parlons plus de cela, fit Lazare embarrassé.

— Oui, pour le moment, mais nous en reparlerons plus tard. Je vous emmène, n'est-ce pas?

— Mais où allons-nous? Chez vous? demanda Lazare.

— Chez moi, fit Eugène en riant, oui... un peu!

— Comment! reprit Lazare naïvement, vous n'êtes pas chez vous tout à fait?

— Vous le saurez tout à l'heure, dit le jeune homme.

Eugène conduisit Lazare chez sa maîtresse. C'était une jeune femme d'apparence assez distinguée, qui, restée veuve et sans fortune, avait été dans l'obligation de mettre à profit pour vivre le talent très-remarquable qu'elle possédait sur le piano. Ses relations avec Eugène n'avaient apporté aucun changement dans son existence, animée seulement par une affection qu'elle voulait sans doute, pour la rendre plus durable, détacher de tout intérêt. Claire était jolie, mais elle appartenait à cette race de femmes, types des figures de second plan dont le charme peut se dépeindre d'un seul mot : la grâce au repos. Sa beauté véritable ne se révélait que pour solenniser les joies intérieures de son âme. C'était comme la robe de fête de son visage.

— Ma chère *Minerve,* lui dit Eugène en lui présentant Lazare, un de mes amis qui passe la soirée avec nous...

Au nom singulier que son ami donnait à sa maîtresse, l'artiste avait dressé la tête ; il s'aperçut que la jeune femme avait souri et rougi. — Je l'appelle *Minerve,* dit Eugène en embrassant Claire, parce que c'est la sagesse même. Tout à l'heure je la prierai d'aller mettre son casque et de m'adresser ses remontrances, parce qu'hier j'ai fait des folies.

Dans un lieu où l'on vient pour la première fois, de même que le bon accueil est le salut des êtres, le bon aspect est le salut des choses. Il y a des maisons où, sans qu'on sache pourquoi, les fauteuils semblent se reculer quand on veut s'y aller asseoir, et d'autres au contraire où ils semblent venir au-devant de vous avec d'amicales et hospitalières invitations. Au bout d'une heure, Lazare était aussi à l'aise dans ce joli salon, où toutes les séductions de l'intérieur avaient été prévues, que s'il en eût été l'hôte assidu depuis longtemps. Tout en causant, il se promenait et regardait quelques gravures simplement encadrées qui garnissaient les murs. C'étaient des reproductions des maîtres modernes, et leur choix indiquait un véritable goût d'artiste. Presque toutes ces gravures étaient avant la lettre. — Ceci vous représente la galerie de Minerve, dit Eugène en riant.

Pendant que Lazare examinait avec la curiosité familière aux artistes quelques bronzes antiques placés sur une étagère, Eugène et Claire causaient entre eux à voix basse. — De quelle folie voulais-tu me parler tout à l'heure? demandait la jeune femme avec un accent presque inquiet.

— J'ai été en soirée hier, et je suis retombé dans mon péché favori, dit Eugène.

— Tu as joué? fit Claire avec reproche.

— Que veux-tu? L'occasion, l'herbe tendre,... et puis on jouait la bouillotte!

— Tu as perdu?

— Au contraire, j'ai gagné cent écus; seulement ce qui me fâche, c'est que la plus grosse partie de mon gain a été perdue par un pauvre garçon qui n'a pas le moyen de supporter les revers de la mauvaise fortune. J'aurais voulu qu'il me demandât du temps pour me rembourser, et ce matin même il m'a envoyé mon argent.

— Il ne fallait pas le prendre, dit Claire naïvement.

— Ma chère enfant, tu parles en ignorante des lois brutales de ce plaisir stupide qu'on appelle le jeu. De ma part, un pareil refus équivalait à une injure, ou tout au moins à une indiscrétion, dont la bonne intention pouvait être méconnue par un amour-propre déjà irrité. J'ai fait récemment une école dans une circonstance à peu près semblable, et tu vois celui qui m'a donné la leçon, ajouta-t-il plus bas en désignant Lazare, qui continuait à examiner les curiosités contenues dans une vitrine.

— Tu t'y seras peut-être mal pris avec ce jeune homme? fit Claire.

— Je t'ai conté l'affaire, reprit Eugène. J'ai agi franchement; mais, pour obliger les gens, s'il faut monter à l'assaut de leur orgueil, ce n'est pas encourageant. Tiens, continua-t-il en tirant de sa poche une petite bourse algérienne qu'il tendit à Claire, c'est là mon gain. Si tu avais quelque fantaisie à satisfaire, il faut parler. Plutus offre ses dons à Minerve, ajouta-t-il en riant.

— Je prendrai la bourse parce qu'elle est jolie, mais non l'argent, dit Claire. D'abord la somme est trop forte, et puis je n'en aime pas la source.

— Je te prie de croire que je l'ai gagnée loyalement, interrompit Eugène. Un coup magnifique, trois engagés, et moi brelan quarré, — le merle blanc de la bouillotte!

— Comme tu es joueur! Rien que le souvenir du jeu te passionne encore.

— C'est vrai; mais puisque je gagne toujours...

— Ce serait presque une raison de t'abstenir. C'est

comme si tu avais un talisman, et du moment où tu ne cours pas de chance, c'est presque déloyal.

— Ah! fit Eugène en riant, ceci est par trop subtil, et j'ai à répondre que je ne m'abstiendrais pas même dans le cas où je serais constamment malheureux. Allons, continua-t-il en voulant mettre la bourse dans la main de Claire, prends toujours, ce sera pour ta liste civile. Les rois en ont bien une, à plus forte raison les déesses. Tu feras des embellissements dans ton olympe.

Claire consentit à prendre l'argent, mais à la condition qu'elle l'emploierait à sa fantaisie. — Fonds secrets alors! dit Eugène.

Resté seul un moment avec Lazare, Eugène lui avait fait ses confidences à propos de Claire. Il en résultait que de son côté du moins la passion était absente de cette liaison, qui avait succédé à un amour orageux. — Claire est bien la meilleure créature que j'aie jamais rencontrée, disait Eugène. Malheureusement son affection placide, en guérissant mon cœur de blessures faites par une autre femme, m'a habitué à une sorte de tendresse tranquille qui est tout au plus à la passion ce que l'écho est au son. Au fond, je lui suis très-attaché, et mon égoïsme trouve son compte dans ce milieu de sentiments tempérés qui ne me prennent de mon temps que ce que je veux bien leur en donner, et me laissent toute mon indépendance de cœur et d'esprit...

— Total — vous ne l'aimez pas, interrompit Lazare.

— Point comme elle croit être aimée du moins, répondit Eugène ; mais je serais désespéré qu'elle pût le soupçonner. Comment la trouvez-vous ? ajouta-t-il.

— Charmante.

— Et vous, fit Eugène, comment gouvernez-vous les amours ?

— Moi, répondit Lazare, je ne comprends pas l'amour dans la misère. Pour moi, c'est une passion de luxe, et toute chose de luxe m'est interdite.

— Et comment vos vingt-cinq ans s'arrangent-ils de cela ? fit Eugène.

— Vous savez par ce que je vous en ai dit quelle est ma position, continua l'artiste. J'ai de l'ambition juste ce qu'il en faut pour atteindre à mon but, je l'atteindrai, parce que j'ai expérimenté l'allure de ma volonté ; et par le chemin qu'elle m'a fait faire déjà, je puis apprécier où elle peut me conduire. Seulement, pour arriver, j'ai dû me créer pour ainsi dire une nature de convention. Quand la disette pénètre dans une maison, on supprime les bouches inutiles. Moi, j'ai fait de même avec tous les plaisirs, toutes les jouissances, toutes les convoitises que je ne puis satisfaire, et pour échapper aux tentations, j'ai muré ma vie. Je mentirais en vous disant que je suis parvenu sans peine à vaincre toutes les rébellions d'une jeunesse insoumise et turbulente comme un enfant qu'on retient loin des jeux de son âge. Mon atelier a été souvent le théâtre de luttes douloureuses entre moi captif et ma volonté geôlière; mais force est toujours restée à la loi, comme on dit, et la loi qui règne là, c'est la nécessité. J'ai donc tout sacrifié à l'art, et en échange du sacrifice que je lui faisais de mes plaisirs et de mes passions, l'art m'a fait connaître les sévères voluptés du travail victorieux. Aux jours d'incertitude et de découragement, il m'a ranimé par des joies fortifiantes comme un breuvage énergique, délicieuses comme un fruit savoureux dans une écorce amère. C'est ainsi que j'ai vécu jusqu'à présent, acceptant la vie, non pas telle que je l'eusse souhaitée, mais telle qu'elle m'était faite, et vivant avec la misère comme les Orientaux avec la peste; me soumettant scrupuleusement à cette règle, que toute occupation ou préoccupation qui me prendrait une heure de mon temps, sans utilité pour mon travail, serait un vol que je me ferais à moi-même, puisque mon temps et mon travail sont mes seuls patrimoines. Vous comprenez que dans de telles conditions d'existence l'amour serait pour moi un véritable cataclysme; il produirait dans ma vie, écartée volontairement de tout ce qui peut la distraire de son but, l'effet d'un coup de vent qui entre par une fenêtre : il mettrait tout sens dessus dessous.

— Alors la femme n'existe pas pour vous? demanda Eugène, un peu surpris.

— Si fait, répondit Lazare, comme modèle.

Claire interrompit les deux jeunes gens pour annoncer qu'on allait se mettre à table. Après le dîner, on revint au salon pour y prendre le café. Eugène demanda à Claire la permission de s'absenter pendant une demi-heure. Il avait une visite à faire dans le voisinage. Lazare voulait sortir avec lui; mais le jeune homme le pria de tenir compagnie à sa maîtresse et d'attendre son retour, qui ne tarderait pas. Resté seul avec Claire, Lazare la pria de faire un peu de musique. Elle se mit au piano et joua quelques mélodies des maîtres allemands, qui étaient ses favoris. A une exécution supérieure elle joignait le sentiment qui chez un artiste complète la science et peut quelquefois y suppléer. A propos d'un fragment de Beethoven que Lazare s'était déclaré inintelligent à comprendre, ils avaient entamé une discussion qui de la musique s'étendit sur tous les autres arts. Eugène rentra sur ces entrefaites. — Ai-je été longtemps ? demanda-t-il.

— Nous ne nous en étions pas aperçus, répondit naïvement Lazare.

— Diable ! diable ! fit le jeune homme en riant.

— Ah ! mon cher, ne soyez pas jaloux ! interrompit Lazare en montrant le cahier de musique ouvert sur le piano : Beethoven était en tiers.

— Eh ! dit Eugène sur le même ton de plaisanterie, ce n'est pas un tiers rassurant.

Comme Lazare, vers la fin de la soirée, se disposait

à se retirer, Eugène, le voyant fureter dans le salon, lui demanda ce qu'il cherchait.

— Le carton que j'avais en entrant ; je croyais l'avoir déposé ici, répondit l'artiste.

— Pardon, dit Claire en se levant, je l'avais mis de côté, — et elle entra dans une pièce voisine d'où elle ressortit bientôt, tenant le carton à la main.

— Peut-on voir ? demanda Eugène.

— Parfaitement, fit Lazare ; — puis, ouvrant lui-même le carton, il en tira le dessin qu'il contenait. C'était une copie de la *Joconde* de Léonard de Vinci.

— C'est de vous ? fit Eugène.

— Non, répondit Lazare ; c'est d'un de mes amis qui fait partie de la société dont je vous ai parlé. On lui a fait connaître dernièrement un lithographe qui lui a commandé quelques copies d'après les maîtres pour en faire des têtes d'étude. Comme Paul ne va pas très-vite en besogne et qu'il avait toute sorte de raisons pour achever celle-là promptement, je lui ai donné un coup de main.

— Mais c'est très-beau cette copie, dit Claire en s'approchant.

— Il me semble qu'il y a beaucoup de talent là-dedans, ajouta Eugène.

— Il y a surtout beaucoup de patience et beaucoup de temps perdu.

— Est-ce bien payé encore ?

— Honteusement, reprit Lazare. Un travail comme celui-là vaudrait bien deux cents francs; on en donnera tout au plus cinquante, si on l'accepte.

— Et pourquoi le refuserait-on, si on l'a commandé?

— Pour essayer de l'avoir encore à moins. L'individu qui l'a commandé spécule sur la situation de Paul. Dernièrement il lui a refusé une copie du genre de celle-ci parce qu'il y avait un défaut dans la pâte du papier. Ce n'est que par faveur qu'il a consenti à la prendre en faisant subir une réduction de moitié sur le prix convenu. J'avais même assez peur que la pluie qui commençait à tomber au moment où je vous ai rencontré ne pénétrât dans le carton et ne fît quelques taches sur le dessin de Paul. Si on n'en voulait pas...

Comme Lazare achevait de parler, une goutte de cire fondue tomba sur le dessin qu'il se préparait à replacer dans le carton.

— Maladroite! s'écria Eugène en se retournant vers Claire, qu'il surprit tenant à la main le flambeau incliné.

La jeune femme regarda son amant d'une façon singulière, et mit rapidement son doigt sur sa bouche.

— Voilà un dessin perdu, n'est-ce pas, monsieur? dit-elle à Lazare.

— Mais non, madame, répondit l'artiste avec un certain embarras. Cela ne fera qu'une tache légère, et comme elle est cachée dans un pli de vêtement, elle passera inaperçue.

— Je vous demande pardon, le dessin est gâté. C'est ta faute, dit Claire en se retournant vers Eugène : si tu ne m'avais pas poussée...

— Eh bien ! puisque nous sommes deux dans l'accident, nous serons de moitié dans la réparation, répliqua Eugène, qui paraissait avoir compris.

— Monsieur, dit Claire, comme votre ami ne pourra plus trouver le placement de ce dessin...

— Mais je vous assure, madame, interrompit Lazare avec vivacité, que tout le dommage est réparé. Voyez, ajouta-t-il en montrant l'endroit où était tombé la goutte de cire, qu'il avait enlevée avec son canif, il faudrait avoir su l'accident pour en retrouver la trace.

— Vous nous avez dit vous-même tout à l'heure que votre ami avait eu un dessin pareil à celui-ci refusé pour un défaut encore moins saillant, insista Claire.

— Vous aviez même peur d'une goutte de pluie, ajouta Eugène.

— Monsieur Lazare, dit la jeune femme, vous ne pouvez pas vous refuser à une chose aussi juste que celle que je dois vous proposer. J'ai par maladresse gâté une œuvre qui n'a plus de valeur pour la personne qui l'a commandée : c'est donc à moi que ce dessin appartient ; mais pour qu'il m'appartienne, il faut d'abord que je le paie. Quel en est le prix ?

— Madame, je vous l'ai dit tout à l'heure : Paul était convenu de cinquante francs avec la personne qui lui avait commandé ce dessin.

— Pardon, fit Claire en souriant, mais vous disiez que cette personne spéculait sur la situation de... des artistes avec qui elle faisait des affaires.

— Et comme Claire ne veut pas être confondue avec ces gens-là, ajouta Eugène, elle entend payer l'œuvre ce qu'elle vaut, c'est-à-dire la somme que vous avez évaluée vous-même. C'est deux cents francs que tu as à donner, mon enfant, dit le jeune homme en se retournant vers sa maîtresse, qui lui adressa un sourire de remerciement.

Lazare resta un moment indécis, regardant tour à tour Eugène et Claire, qui l'observaient de leur côté.— Madame, dit l'artiste en tirant la copie du carton pour la mettre sur une table, voici le dessin, il vous appartient aux conditions qu'il vous plaira, et que j'accepte au nom de mon ami. Seulement vous conviendrez avec moi que voilà une tache qui est tombée bien à propos.

Claire prit dans la poche de son tablier le petit portefeuille algérien que lui avait donné Eugène, et en tira dix louis qu'elle déposa sur la table en face de Lazare.

— Tu me commanderas deux cadres, dit-elle en se retournant vers Eugène, car j'espère bien que l'ami de M. Lazare, ou M. Lazare lui-même, voudra bien se charger de donner un pendant à ma *Joconde*.

Depuis cette soirée, Lazare avait eu ses entrées dans la maison. Il y dînait une ou deux fois par semaine, et restait souvent seul pendant des heures entières à tenir compagnie à Claire, car Eugène avait toujours quelque prétexte pour se retirer après le repas. Ces absences, qui devenaient de plus en plus fréquentes, inquiétaient la jeune femme, et, malgré les efforts qu'elle faisait pour la dissimuler, elle laissait voir une préoccupation d'esprit dont Lazare devinait bien la nature. Un soir, Claire se trouvait seule avec Lazare, qui tisonnait en fumant au coin de la cheminée. Ils n'échangeaient à de longs intervalles que quelques rares paroles. Claire était au piano. Elle s'arrêta tout à coup au milieu d'un morceau. Son silence fit relever la tête à Lazare, et dans la glace qui se trouvait en face de lui, il aperçut l'image réfléchie de la jeune femme. Claire pleurait. Lazare laissa tomber la pincette sur le chenet. Ce bruit la tira de sa rêverie. Elle se remit au piano.

— Jouez-moi donc quelque chose de gai, lui dit Lazare en l'interrompant au milieu d'un *adagio* de Beethoven. Ces mélodies allemandes sont tristes comme un *Angelus* dans la campagne.

— Que voulez-vous que je vous joue? demanda Claire.

— De la musique joyeuse, dit Lazare en s'approchant du piano ; quelque chose du *Postillon de Longjumeau*... ou du *Barbier de Séville,* ajouta-t-il avec accent d'indifférence trop naïve pour qu'elle fût sincère.

— Oh! mon pauvre monsieur Lazare, dit Claire en riant, j'aurai bien de la peine à faire votre éducation musicale. Pouvez-vous comparer deux choses qui ont si peu de rapport entre elles, *le Postillon* et *le Barbier?* quelle hérésie !

— Eh! fit Lazare, c'est pourtant sur tous les orgues, *le Postillon*. Il y a surtout un air... *Oh! oh!*...

— Voulez-vous vous taire, barbare ! s'écria la jeune femme en couvrant par de formidables accords la voix du jeune homme.

— Est-ce que je chante faux ? demanda-t-il avec une apparence de naïveté si bien jouée, que sa compagne ne put y tenir et lui éclata de rire au nez. Lazare feignit d'être fâché par cette joie ironique, et retourna au coin de la cheminée. — C'est égal, se disait-il en regardant dans la glace le visage de la jeune femme, maintenant épanoui par la gaieté dont il était la cause, — voilà un changement à vue qui ne m'a pas coûté cher. Pendant qu'elle pense à ma bêtise, elle ne pense pas à autre chose.

Quelques jours après, se trouvant seul avec Eugène, Lazare lui donna à entendre que sa maîtresse s'alarmait de la régularité de ses absences. — Elle vous en a parlé? demanda son ami avec vivacité.

— Non, répondit Lazare, mais j'ai compris.

Eugène fit un geste d'impatience.

— Si vous avez quelque affaire délicate qui vous appelle en ville, continua Lazare, mettez-y un peu de discrétion. Je ne suis pas toujours là pour détourner par une balourdise la pensée de madame Claire, quand elle s'engage dans la voie du soupçon. — Et il lui rappela l'incident de la précédente soirée.

— Claire m'a conté cela, dit Eugène. Quand je suis rentré ce soir-là, j'avais bien peur d'un interrogatoire embarrassant ; mais j'ai au contraire trouvé mon juge d'instruction d'une bonne humeur miraculeuse... Il ne faut pas lui en vouloir, mais vous savez qu'elle est terrible à propos de musique. Il paraît que vous lui avez dit quelque chose d'énorme, car elle se moquait de vous de bien bon cœur.

— Je comprends cela, répondit tranquillement Lazare. Lorsque j'entends un ignorant avancer à propos de mon art une de ces opinions qui vous coiffent un homme d'un bonnet à longues oreilles, cela me met en rage. Rien n'est plus sensible que les sympathies de l'artiste, le moindre choc les froisse.

— On dirait que vous éprouvez du regret d'avoir froissé Claire dans les siennes. Rassurez-vous, ajouta Eugène, elle ne pousse point les choses si loin que vous, et vos hérésies musicales la mettent tout simplement en belle humeur.

— Dont vous profitez interrompit Lazare.

— Et dont je vous remercie, dit Eugène, maintenant que je sais quelle était votre intention.

Peu de temps après, Eugène, étant allé prendre Lazare dans son atelier, le ramenait dîner chez Claire. Comme ils arrivaient devant la maison, un commissionnaire, qui se promenait sur le trottoir en face, s'approcha d'Eugène et lui tendit une lettre. — Quelle imprudence ! dit le jeune homme. Quand on vous enverra, ne m'attendez jamais devant cette maison ; restez au coin de la rue. Prenez cette lettre, je vous en prie, continua Eugène en s'adressant à Lazare ; décachetez-la ; faites semblant de la lire, et payez le commissionnaire en ayant soin de lui rendre une réponse. — Claire peut être à sa fenêtre, ajouta-t-il tout bas.

Lazare fit tout ce que son ami lui avait dit. Lorsqu'ils furent dans l'escalier, Eugène reprit la lettre et la lut rapidement à la lueur du bec de gaz. — Il faut absolument que je réponde. Comment faire ? dit-il. Je ne puis redescendre ; Claire a pu me voir rentrer.

— Message de femme, hein ? fit Lazare.

— Message du diable ! répondit Eugène.

Ce fut la femme de chambre qui vint lui ouvrir la porte de l'appartement. — Madame n'est pas rentrée, dit-elle.

— Faites votre réponse, dit Lazare à son ami ; je la porterai à un commissionnaire, ou j'irai la remettre moi-même.

— Mettez-vous à la fenêtre, répondit Eugène ; vous m'avertirez si vous voyez Claire dans la rue. — Et, s'asseyant devant un petit bureau-secrétaire, il commença à écrire. Tout à coup Lazare, qui était à la fenêtre, jeta sa canne sur le parquet ; Eugène dressa la tête, et vit son ami qui le regardait en lui indiquant par un geste que Claire était dans la chambre voisine. En effet, il avait aperçu la jeune femme qui se retirait de la fenêtre au moment où lui-même apparaissait à celle du salon. — Elle aura vu le commissionnaire, dit Eugène à voix basse.

— Alors elle aura vu aussi que c'était à moi qu'il remettait sa lettre, fit Lazare ; votre précaution était bonne.

— Pas tant. L'idée de faire croire qu'elle n'était pas rentrée cache quelque piége, dit Eugène, qui avait achevé sa réponse.

La lettre était pliée, cachetée ; il ne lui restait plus qu'à y mettre l'adresse. Comme il allait l'écrire, Lazare distingua le faible frôlement d'une robe de soie auquel s'ajoutait le bruit que fait le mécanisme d'une serrure sur laquelle on pèse doucement pour l'ouvrir avec précaution. — Mon cher, dit Lazare assez haut pour être entendu de la chambre voisine, je vous prierai de ne point dire à madame Claire que je me sers de son encre et de son papier pour ma correspondance galante. — Et s'étant approché du bureau où Eugène, qui avait deviné son intention par ses paroles, lui avait cédé la place, Lazare s'y installa. — Le nom, l'adresse? fit-il tout bas. — Hermine, Chaussée-d'Antin, 20, lui glissa le jeune homme à l'oreille.

Au moment où Lazare écrivait, la porte de la chambre s'ouvrit, et Claire entra. — Ne vous dérangez pas, dit-elle en riant à l'artiste, qui s'était retourné en feignant un grand embarras.

— Il y a longtemps que tu es rentrée? lui demanda Eugène en allant l'embrasser.

— J'arrive, dit-elle en rougissant de son mensonge.

Eugène, rassuré par le visage de sa maîtresse, dont la tranquillité lui disait qu'elle avait été la dupe du petit manége de Lazare, recouvra tout son sang-froid. Où trouve-t-on des commissionnaires? demanda Lazare, qui avait pris sa canne et son chapeau.

— Au coin de la rue, répondit Eugène. Vous allez remonter? j'imagine.

— Mais je vais faire porter votre lettre au commissionnaire, interrompit Claire; donnez-la-moi.

Et la jeune femme étendit la main vers l'artiste. — Non, répondit celui-ci; j'ai quelques recommandations à faire au porteur; je préfère descendre moi-même. Je suis de retour dans cinq minutes.

Pendant la courte absence de Lazare, Eugène et sa maîtresse restèrent embarrassés en face l'un de l'autre. Une vague inquiétude flottait encore dans l'esprit de

Claire, dont le visage supportait difficilement le masque de la dissimulation, et Eugène, qui l'observait, attendait avec une inquiétude égale le retour d'un indice rassurant qui lui vînt annoncer que cette fois du moins il en serait quitte pour la peur.

— Quel temps fait-il dehors? demanda Claire avec indifférence en s'approchant de la cheminée et en appuyant son brodequin sur la barre du foyer pour l'exposer à la chaleur de l'âtre.

— Comment! fit Eugène, tu viens de dehors, et tu me demandes le temps qu'il fait? A quoi donc penses-tu?

Cette naïveté échappée à la jeune femme devenait pour lui une preuve que tout n'était pas fini; il se mit donc à tout hasard sur la défensive, et chercha à deviner de quel côté viendrait l'attaque. Ce fut la franchise naturelle de Claire qui le lui indiqua par l'obstination de son regard, arrêté depuis un moment sur une lettre à moitié dépliée qu'elle venait d'apercevoir sur le marbre de la cheminée. Le soupçon de Claire était tombé en arrêt sur ce billet, dont la présence lui avait été dénoncée par une forte odeur d'ambre.

— Diable! pensa Eugène; on ne songe jamais à tout. Ce chiffon de papier serait beaucoup mieux placé, pour mon repos, dans la cheminée que dessus.

Il se rassura cependant en faisant la réflexion que cette lettre, à laquelle Lazare portait une réponse, ne pouvait fournir aucune accusation directe contre lui, puisque son nom ne s'y trouvait pas. Son plan fut vite conçu, et il avait une réponse toute prête en cas d'interrogation. Claire de son côté dévorait des yeux la lettre qu'elle supposait, par son contenu, devoir mettre fin à ses incertitudes. En faisant courir ses doigts sur le marbre de la cheminée comme sur un clavier, il lui arrivait de temps en temps d'effleurer le billet, dont le contact lui causait une tentation de curiosité aussitôt contenue par l'attitude indifférente d'Eugène. Cette insouciance apparente était une ruse du jeune homme, qui avait compris que le moindre signe d'inquiétude qu'il laisserait paraître confirmerait le soupçon de Claire, et rendrait plus difficile l'explication qu'il comptait lui donner. Il la laissa donc se livrer à son petit manége, et se mit tranquillement à rouler une cigarette. Comme il l'allumait au verre de la lampe, quelques débris de tabac brûlé tombèrent sur la tablette de la cheminée. — Prends donc garde ! s'écria Claire, tu vas brûler le velours. — Et elle se baissa un peu pour chasser avec son souffle les cendres tombées de la cigarette d'Eugène.

Dans cette position, elle put jeter un rapide coup d'œil sur la lettre; mais celle-ci n'étant pas ouverte dans le sens de l'écriture, elle ne réussit pas à saisir un mot de nature à justifier ou à détruire ses présomptions. Un grain de cendre rebelle fournit à Claire un prétexte de souffler un peu plus fort. La lettre s'envola et vint tomber sur le tapis. La jeune femme se baissa avec précipitation, ramassa le billet et fit une moue de dépit, lorsque, l'ayant retourné du côté où se trouve ordinairement la suscription, elle ne vit aucune adresse.

— Elle sera venue sous enveloppe, pensa-t-elle en replaçant la lettre à l'endroit où elle se trouvait. Quelque désir qu'elle eût de fixer ses doutes, Claire reculait devant une brutale indiscrétion. De là tous ces détours, toutes ces subtilités qui n'échappaient point à Eugène, et dont il souriait intérieurement, ce qui ne l'empêchait pas de rendre justice aux allures discrètes de cette jalousie en éveil, qui chez bien d'autres femmes, et en pareille circonstance, n'eût pas montré les mêmes scrupules. Eugène s'approcha de Claire. — Qu'est-ce qui se passe là-dedans? lui demanda-t-il en lui frappant sur le front du bout des doigts. Et pourquoi la sage Minerve a-t-elle les yeux de Junon?

Claire secoua la tête et ne répondit rien. Eugène s'éloigna d'elle, prit la lettre restée sur la cheminée, la plia en petit carré et se disposa à la mettre dans sa poche. — C'est cela qui t'inquiète? fit-il en montrant le papier.

— Dam!...

— *Sancta simplicitas!* reprit le jeune homme; comment, tu ne comprends pas?... C'est pourtant aussi clair que de l'eau de roche. L'ami Lazare a reçu tantôt à notre porte un message fort galamment ambré, comme tu peux en avoir la preuve, ajouta-t-il en faisant passer le billet parfumé devant le visage de la jeune femme. C'est à ce message qu'il était en train de répondre quand tu es entrée, et c'est cette réponse qu'il porte en ce moment.

— Mais, dit Claire en observant son amant, ne trouves-tu pas singulier que M. Lazare reçoive chez nous sa correspondance?

— Surtout quand elle est ambrée, fit le jeune homme. C'est à la fois singulier et indiscret; mais voici comment j'expliquerai le fait. Lazare attendait cette lettre quand je suis allé le prendre dans son atelier. L'ayant pressé de me suivre, il aura laissé notre adresse à son concierge pour qu'on lui expédiât ici le message attendu. Le messager est arrivé derrière nous ; il a rattrapé Lazare à la porte et a fait sa commission.

— Comment ce commissionnaire aurait-il reconnu M. Lazare dans la rue? continua Claire avec cette persistance qui rend l'inquisition féminine si périlleuse.

— C'est probablement son messager ordinaire... Un rien t'arrête !...

— Ce n'est pas comme toi : tu as réponse à tout, dit Claire ; mais, ajouta-t-elle, si ce commissionnaire connaît M. Lazare, comment se fait-il que ce soit d'abord à toi et non pas à lui qu'il ait remis cette lettre ?

Cette fois Eugène, ne se trouvant pas prêt à la parade, prit le parti de rompre : — Eh ! eh ! dit-il, si vous avez vu cela, vous n'étiez donc pas dehors ! Menteuse et curieuse dans un seul jour ! Je vous marque deux mauvais points, Minerve ! — Et il appliqua doucement ses mains sur chacune des joues de Claire.

— Tu ne m'as toujours pas répondu, dit-elle.

Eugène pensa qu'une preuve d'extrême confiance ferait peut-être diversion dans l'esprit inquiété de la jeune femme : — Aimes-tu les pommes ? lui dit-il gravement... Oui, tu dois aimer celles-là.

Claire l'écoutait sans comprendre.

— Eh bien ! reprit Eugène en lui présentant son bras élevé au-dessus de sa tête, eh bien ! fille d'Ève, voilà un pommier, secoue la branche, et partageons le fruit défendu.

Claire aperçut la lettre tant convoitée dans la main d'Eugène, qui s'amusa deux ou trois fois à la lui retirer au moment où elle allait s'en emparer. Il finit par la laisser tomber à ses pieds. Claire la ramassa avec précipitation et se mit à lire. — C'est d'une femme ! dit-elle entre ses dents.

— Je ne cacherai pas que je m'en doutais, répondit Eugène. Lazare voulait me persuader que c'était de son notaire, mais je n'ai accepté son dire que sous toutes réserves. Ce garçon-là est un puritain de la pire espèce. C'est un hypocrite. A l'entendre, il menait une vie auprès de laquelle l'existence des anachorètes les plus vénérés n'était qu'une saturnale. Tu sais que tu m'as promis que je serais de moitié dans l'indiscrétion, continua le jeune homme. Est-ce que nous devrons toujours offrir à Lazare un bouquet de fleur d'oranger pour sa fête ? N'en est-il qu'à la préface ? lui fait-on espérer un dénoûment ? que dit cette lettre ?

— C'est la lettre d'une femme qui a de l'esprit et pas de cœur, murmura Claire pensive.

— Il y en a tant qui n'ont ni l'un ni l'autre, répondi Eugène en faisant un mouvement qui échappa à Claire préoccupée de sa lecture.

— Tiens, lis, dit-elle à Eugène quand elle eut achevé.

Celui-ci prit la lettre, et parut la lire avec attention.

— Tu as raison, fit-il avec une ironie dont l'accent pouvait être suspecté ; ce billet a été écrit au coin d'une table de toilette, entre le pot de rouge et la boîte de riz, pendant qu'un créancier battait le rappel avec ses grosses bottes dans l'antichambre. Cependant, comme il y a trois pages, il y avait peut-être bien trois créanciers. Il n'y a pas un mot de cette lettre qui ne soit un chiffre tordu en hameçon, avec une niaiserie sentimentale au bout pour amorce : c'est une facture en style de romance.

— Oh ! dit Claire, ce pauvre Lazare sera-t-il en état de l'acquitter ?

Eugène releva la tête : — Fais-lui la leçon, dit-il à Claire, D'après cette lettre, je le crois en mauvaises mains.

— Il faudrait d'abord qu'il me fît sa confidente, répondit Claire. Puis elle ajouta en regardant le jeune homme jusqu'au fond des yeux : N'as-tu pas remarqué dans cette lettre une contradiction singulière ? On y fait allusion à une soirée passée avant-hier avec M. Lazare.

— Eh bien ? fit Eugène.

— Eh bien ! affirma Claire, M. Lazare a passé la soirée d'avant-hier avec moi.

— Pendant que je passais la mienne chez mon père, dont c'est le jour, répliqua vivement Eugène. Qu'est-ce que cela prouve ? Il y a un certain monde où la soirée ne commence qu'après le coucher du gaz.

Au même instant, Lazare rentra. Son retour ne laissa pas d'alarmer Eugène. Il craignait qu'une brusque interrogation de Claire ne vînt à embarrasser l'artiste, qui, n'étant pas prévenu, pourrait bien ne pas prendre l'initiative du personnage qu'il devenait utile de lui faire jouer. Claire ne les perdait pas de vue ni l'un ni l'autre, et se promettait bien de les surveiller pendant le dîner ; mais comme on allait se mettre à table, la femme de chambre vint la demander pour un détail d'intérieur. — Voici une lettre qui m'a fait mettre à la question depuis une heure, dit rapidement Eugène à son ami en lui remettant le billet. Elle vous appartient, ajouta-t-il avec un accent significatif. Vous êtes amoureux, et il est nécessaire que Claire soit votre confidente.

— Nécessaire pour vous, dit Lazare.

— Pour elle aussi, puisque cette ruse lui rendra la tranquillité.

— Je comprends. — Allons, j'accepte le rôle ; mais je ne sais pas trop comment je le jouerai.

— Chut ! voici Claire.

Eugène s'attendait à ce que sa maîtresse lancerait pendant le dîner quelques phrases qui fourniraient à Lazare l'occasion d'entrer en scène ; mais elle s'abstint de toute allusion à ce qui s'était passé. En quittant la table, Eugène annonça qu'il allait sortir. — Me restez-vous ? demanda Claire à l'artiste.

— Oh ! fit Eugène, je crois qu'il est imprudent de compter ce soir sur l'ami Lazare. Il a reçu certaines dépêches...

— Je n'ai affaire que dans une heure ou deux, répondit l'artiste.

— Eh bien ! fit Eugène en s'adressant à Claire, comme je serai peut-être rentré avant le départ de Lazare tu ne passeras pas la soirée seule. Toi qui aimes les romans, ajouta-t-il tout bas en lui désignant l'artiste, fais-lui raconter le sien.

Resté seule avec Claire, Lazare demeura fort contrarié du personnage qu'il avait accepté. Quelque chose dont il ne se rendait pas bien compte le blessait dans ce rôle. Pour qu'il atteignît le but que son ami s'était proposé en le lui confiant, il fallait qu'il mît dans ces révélations une conviction qui leur retirât toute apparence mensongère ; mais saurait-il tromper la finesse d'une femme ayant l'expérience des sentiments que devant elle il devait feindre pour une autre ? Son observation assidue n'intimiderait-elle pas le jeu d'un comédien novice ? En supposant que Claire devinât la figure sous le masque, quand elle lui aurait retiré le sien, qu'elle attitude aurait-il devant elle ? Une fort ridicule sans doute. Le moins qu'elle pût faire, c'était de se moquer de lui, et dans cette moquerie il était bien difficile qu'elle ne mêlât pas quelque amertume à propos de cette conspiration préméditée qui avait pour but de la tromper... Ce dénouement inquiétait Lazare. Il voyait sa situation compromise dans la maison où la rancune de Claire pouvait aller jusqu'à le mettre dans l'obligation de ne plus reparaître. Et cependant ce qu'il redoutait le plus, c'était que son récit fût accepté, et qu'aux yeux de la jeune femme cette fable eût l'apparence d'une vérité. Cette inquiétude n'était qu'instinctive, il n'en soupçonnait pas la cause précise, mais elle existait. Toutefois il put espérer qu'il n'aurait pas besoin de jouer ce rôle qui lui répugnait. Au lieu d'aller au-devant des confidences de Lazare, Claire la première lui fit les siennes. Ce fut l'épanchement déjà pénible, mais non pas encore plaintif, d'une âme qui se sent blessée, et n'ose pas regarder sa blessure dans la crainte de la trouver trop profonde. On voyait dans ce récit que son amour pour Eugène au lieu d'être l'hôte paisible de son cœur, y brisait chaque jour quelque nouvelle illusion. Elle en rapprochait bien encore les débris, mais ceux-ci devenaient sans cesse plus nombreux, et elle avouait avec découragement que la patience pourrait bien lui manquer. Il y avait dans ces aveux quelque chose d'amer et à qui eût été plus expérimenté que Lazare en pareille matière, la confession de cet amour en eût présagé l'agonie. Cependant c'était la seule affection de sa vie ; elle lui était chère, et bien chère, et n'ayant plus d'espérance pour la soutenir debout, elle l'étayait avec des souvenirs.

Une pareille confidence, faite par une femme qui a encore devant elle plus de jeunesse qu'elle n'en a laissé derrière, peut donner à penser à l'homme qui l'écoute, surtout s'il est jeune. Claire avait pourtant parlé sans arrière-pensée, et c'est de même qu'elle fut écoutée. Dans ce récit, dans la forme du langage et les façons d'être qui l'avaient accompagné, Lazare avait surtout deviné une chose : c'est que Claire parlait beaucoup plus pour être interrompue que pour être écoutée, et chacune de ses phrases, au lieu de solliciter une consolation banale, était comme un appel à un démenti des craintes qu'elles exprimaient. Cette intention fut comprise et saisie par l'artiste. Lazare entreprit donc une lutte contre tous les soupçons et toutes les craintes que Claire avait laissé voir... Ces excuses, ces explications qu'il sut trouver, elles n'étaient pas nouvelles pour la jeune femme, qui les avait cent fois employées pour se rassurer elle-même ; mais, en les retrouvant dans la bouche d'un autre, elle en tira cette conséquence, qu'il fallait bien que cela fût vrai. Comme la soirée était déjà fort avancée, Claire s'excusa auprès de Lazare de l'avoir retenu aussi longtemps auprès d'elle. — Vous le voyez, reprit-elle ; Eugène avait bien promis de rentrer, et cependant... Ah ! vous avez beau dire... mes pressentiments me disent que j'ai une rivale.

— Eh bien ! interrompit brusquement Lazare, tant pis pour lui ; je ne puis pas vous voir souffrir comme cela, et dussé-je me fâcher avec Eugène, je vais tout vous dire.

— Merci, dit Claire, qui devint pâle. — Et tendant sa main à Lazare : — Parlez, ajouta-t-elle brièvement. Il est avec une femme, n'est-ce pas ?

— Il est avec quatre... les quatre dames du jeu de cartes, répondit l'artiste en riant, et voilà le secret de ces absences, de ces moments de mauvaise humeur que vous attribuez à d'autres préoccupations. Il perd tout son argent.

— Quel bonheur s'écria Claire. Il n'osait pas me le dire, parce que je lui avais défendu de jouer. Mais pendant que vous me consolez, il y a quelqu'un qui se désole peut-être.

— Qui donc ? demanda Lazare.

— La personne qui vous attend sans doute.

— Ah! oui, fit Lazare, rappelé à son personnage au moment où il comptait être dispensé de le jouer. Eh bien! ajouta-t-il avec une fatuité majestueuse, on m'attendra...

— C'est qu'il est déjà tard. — Près de minuit, dit Claire en souriant.

— Minuit, répliqua l'artiste. C'est un midi noir. Il fit cependant quelques pas pour se retirer.

En le reconduisant pour l'éclairer, la jeune femme abaissa sa lampe vers la rampe de l'escalier; mais le rayon lumineux projeté par l'abat-jour mit en évidence un papier froissé resté sur le carré. Le regard de Claire s'arrêta instinctivement sur ce papier; elle le ramassa, et, après l'avoir déplié, reconnut l'enveloppe d'une lettre adressée à Eugène. Une chose la frappa, c'est que la suscription était, comme la lettre qui l'avait tant tourmentée dans la soirée, à l'encre bleue.

— Lazare, dit-elle en se penchant sur la rampe, remontez, vous avez oublié quelque chose.

Le jeune homme obéit.

— Qu'est-ce? demanda-t-il, sans voir les traits altérés de Claire.

— Vous avez laissé sur la cheminée une lettre.

— Non, non, répondit l'artiste; je l'ai mise dans ma poche tout à l'heure, je vous assure.

— Non, reprit Claire, elle est restée où je vous dis. Venez la prendre.

Lazare fouilla dans sa poche, trouva le billet et le montra triomphalement ; mais avant qu'il eût pu l'en empêcher, Claire lui avait arraché la lettre des mains. Elle en compara l'écriture avec celle de l'enveloppe dans laquelle elle la fit glisser, et, rendant le tout à Lazare, elle lui dit seulement : « Regardez cette adresse ! » Le jeune homme jeta les yeux sur l'enveloppe et vit le nom d'*Eugène*; il secoua la tête.

— Vous le voyez, dit Claire, ceci détruit tout votre travail, et je crois qu'on ne vous attend plus.

Avant que l'artiste eût pu lui dire un mot, elle était rentrée chez elle. Comme Lazare tournait le coin de la rue, il rencontra Eugène. — Félicitez-moi, lui dit celui-ci. Je viens de rompre la chaîne de mademoiselle Hermine. Et chez moi, comment cela s'est-il passé ?

— Il paraît que c'est la soirée aux ruptures. Je crois que Claire a rompu avec vous.

Et Lazare raconta à Eugène le dernier épisode qui avait terminé la soirée.

— Diable ! dit le jeune homme avec inquiétude, vraiment, vous croyez ?...

— J'en ai peur, dit Lazare.

Et les deux jeunes gens se séparèrent pour aller chacun de son côté.

D'après la disposition d'esprit où il avait laissé Claire, Lazare s'attendait à recevoir le lendemain la visite d'Eugène, qui lui apporterait sans doute les nouvelles d'une rupture entre lui et sa maîtresse. Le jeune homme ne vint pas ce jour-là ni le suivant ; Lazare se mit en route pour aller chez lui, mais il revint sur ses pas. En chemin, il avait fait cette réflexion, que la présence d'un tiers pouvait être gênante au milieu d'un *casus belli* de ménage. Cette abstention que lui dictaient les convenances lui sembla un peu dure ; sa curiosité ne s'y soumettait pas sans regret. Le quatrième jour, n'ayant pas entendu parler d'Eugène, il prit le parti d'aller chez Claire. Comme il arrivait devant la maison de celle-ci, il remarqua que les volets étaient fermés, ce qui semblait indiquer que l'appartement était inhabité. Lazare en tira cette conséquence, que la crise prévue par lui avait eu un départ pour conclusion. Machinalement il se dirigea vers le logement particulier d'Eugène, qui avait une chambre chez son père : là peut-être il pourrait savoir quelque chose ; un scrupule le retint, il se rappela qu'un jour, étant allé voir son ami chez lui, dans un cas de pressante nécessité, un domestique de la maison était entré dans la chambre d'Eugène au moment où celui-ci lui remettait de l'argent. L'idée que ce domestique pourrait attribuer à sa visite un but semblable fut plus forte que la curiosité : il n'entra point chez Eugène, et revint à son atelier.

— Il est certain, pensa-t-il, que tout s'est passé comme je l'avais prévu ; il y aura eu séparation. Après cela, Eugène n'aura eu que ce qu'il méritait ; j'en suis fâché pour lui, et un peu aussi pour moi : c'était une maison agréable. J'y mettrais du mien pour que cela ne fût pas arrivé ; Eugène sera désolé, parce qu'au fond, soit habitude ou autre chose, il tenait à Claire. Elle-même, malgré tout ce qu'elle disait, lui était encore très-attachée ; elle n'aura point pris sans souffrir un parti aussi extrême. Ce serait peut-être faire plaisir à tous les deux que de leur servir de trait d'union. Cependant ce serait aussi me risquer dans un rôle indiscret, on pourrait de part et d'autre me prendre pour un fâcheux. C'est égal, je voudrais bien savoir ce qui en est.

Le lendemain, vers le milieu de la journée, Lazare allait se mettre à travailler, lorsqu'il entendit un bruit de pas dans l'escalier et reconnut la voix d'Eugène qui fredonnait dans le corridor. — Ceci n'a point l'air d'être un *De profundis*, pensa l'artiste. Au même instant, son ami entrait dans l'atelier, la figure radieuse comme un ambassadeur de bonne nouvelle. — Que diable faites-vous, et que s'est-il passé depuis l'autre soir ? demanda vivement Lazare, vous m'avez laissé dans une inquiétude...

— Et à quel propos, bon Dieu ? dit Eugène.

—Comment ! fit l'artiste, et il lui rappela dans quelles circonstances il l'avait laissé la dernière fois qu'il l'avait vu.

— Oh ! c'est fini, répliqua le jeune homme.

— Ah! dit Lazare, je m'en doutais. Je crois vous avoir prévenu.

— Vous ne me comprenez pas, reprit Eugène. Les choses n'ont pas eu les suites que je pouvais craindre. La scène a été vive, très-vive, c'est vrai : il a été question de rompre, on en a discuté les moyens; mais discuter n'est pas agir, et dans un cas pareil, quand le fait ne suit pas les paroles, autant vaut ne pas menacer. Il est telles choses qui ne peuvent s'exécuter que dans de certaines conditions, à certaines heures. La nuit n'est pas propice pour les séparations, surtout entre gens qui n'ont pas le désir réel de se quitter : les heures sont trop longues, il faut les combler par des explications mutuelles qui amènent presque toujours des rapprochements. Après les reproches viennent les larmes, et vous savez le proverbe : petite pluie abat grand vent. La conclusion de ces sortes de scènes nocturnes, c'est qu'on ajoute un nouvel anneau à la chaîne qu'on a voulu briser, et à l'heure où le soleil se lève, on fait absolument le contraire de ce que faisait Roméo quand il entendait l'alouette. C'est à peu près ce qui nous est arrivé à Claire et à moi. Le lendemain de cette fameuse aventure de la lettre, nous sommes partis pour la campagne par le premier convoi, et à trente lieues d'ici, il y a un petit pays perdu dans les bois dont les échos peuvent répéter notre amoureux ramage.

— Eh bien! dit Lazare, je suis enchanté que cela se

soit arrangé, car enfin ajouta-t-il naïvement, je pouvais avoir des inquiétudes.

— Seulement, dans tout ceci, ajouta Eugène, je ne crains qu'une chose, c'est que Claire ne vous garde rancune de vous être fait le complice de mes fredaines en prenant la dernière pour votre compte afin de la tromper.

— Mais si je voulais la tromper, c'était dans une bonne intention, interrompit l'artiste étonné.

— Ah! que voulez-vous? les femmes!... dit Eugène. Et là-dessus, on vous attend ce soir pour dîner.

— Non pas, je ferais chez vous trop sotte figure.

Lazare céda cependant aux instances de son ami et à celles de la nécessité. Ce ne fut pas sans embarras qu'il se retrouva en face de la jeune femme, qui de son côté remarqua en lui quelque apparence d'hostilité. La première fois qu'il se vit en tête à tête avec la maîtresse d'Eugène, celle-ci lui dit : — Ne me parlez jamais de ce qui s'est passé. Je veux oublier.

— Y parviendrez-vous ? lui demanda-t-il.

— J'y tâche, et, je dois être juste, Eugène paraît vouloir m'y aider.

Lazare fit en effet la remarque qu'Eugène redoublait d'attention auprès de sa maîtresse.

Environ un mois après cette soirée, Lazare, qui continuait à être familier dans la maison, crut remarquer quelques symptômes indiquant une décroissance dans la lune de miel renouvelée. Voyant Claire triste, il lui demanda ce qu'elle avait. Elle ne lui répondit pas, et se borna à lui montrer sur la tablette de son piano une romance qui portait pour titre : *Je me souviens*. Ce jour-là, Eugène avait déclaré qu'après le dîner il était obligé de passer la soirée en ville. — Lazare te tiendra compagnie, dit-il à Claire. L'artiste inclina la tête affirmativement. Après dîner, on passa au salon. Eugène s'installa avec une voluptueuse paresse au fond d'un fauteuil et se mit à fumer, sans reparler de ses projets de sortie, qu'il paraissait avoir complètement oubliés. Lazare regardait la pendule et suivait les mouvements du visage de Claire, dont la tristesse paraissait augmenter au fur et à mesure que l'aiguille s'approchait de neuf heures. Comme neuf heures sonnaient, Eugène se leva et agita le cordon de la sonnette de service. La servante parut à la porte du salon. — Apportez à monsieur son habit noir et son chapeau, dit Claire.

— Non, Marie, interrompit Eugène en se laissant retomber dans le fauteuil, apportez-moi mes pantoufles et ma robe de chambre.

Lazare, qui avait pris un charbon dans le foyer pour allumer son cigare, ne s'aperçut qu'à la douleur causée par la brûlure qu'il essayait de s'allumer les doigts. — Ah ! que c'est gentil de rester ! s'écria Claire.

— Voilà comme je fais les surprises, moi, lui répondit Eugène. Lazare, je vous joue un piquet.

— Merci répliqua celui-ci, j'ai un rendez-vous.

— Comme celui de l'autre jour et avec la même personne? demanda Claire avec une intention semi-ironique, atténuée cependant par l'offre de sa main qu'elle lui fit en signe d'adieu.

— Dam! murmura l'artiste un peu piqué en désignant Eugène, si c'était avec la même personne, la place serait libre maintenant.

Et il sortit presque brusquement. Ce soir-là, Lazare se promena pendant deux heures dans les rues de Paris, les pieds dans la neige, faisant intérieurement une querelle au mauvais temps, à lui-même, et presque disposé à en faire une aux passants qu'il rencontrait sur son chemin. Ce fut dans ces dispositions singulières qu'il monta chez les buveurs d'eau, ayant vu de la lumière à leur fenêtre. Antoine travaillait à la lampe; il mettait la dernière main à un dessin qui était une de ses premières compositions. Lazare lui en avait fait beaucoup de compliments quelques jours auparavant. Antoine s'attendait à en recevoir de nouveaux, car il était fort satisfait de son travail. Ce fut le contraire qui arriva : Lazare le découragea par des critiques dont chacune était l'envers de ces précédents éloges. Antoine crut devoir lui signaler ces contradictions avec lui-même. — Quand on n'est pas disposé à suivre un avis, on ne le demande pas, répondit sèchement Lazare.

— Alors tu n'es pas content de mon dessin? dit Antoine.

— Qu'est-ce que cela peut te faire, puisque tu supposes que je fais de la contradiction pour le plaisir d'en faire?

— Cela me fait, reprit Antoine, que, puisque tu n'es pas content de mon travail, j'hésite à te demander un service que je voulais réclamer de toi.

— Lequel?

— Je voulais te prier de me placer ce dessin chez ton ami Eugène. Je comptais même te prier aussi de le voir demain à ce propos. La dernière livre d'huile est dans la lampe, et le dernier morceau de bois brûle dans le poêle. Demain l'atelier chômera, non pas faute d'ouvriers, mais faute d'outils. Si ton ami pouvait acheter ce dessin, cela nous relancerait du moins pour un bout de temps.

— Cela arrive mal, dit Lazare, je suis brouillé avec Eugène.

Il n'eut pas plus tôt dit ces paroles, qu'il le regretta, supposant qu'Antoine allait lui demander la raison de cette brouille, qu'il ne pourrait expliquer, puisqu'elle n'existait pas. Ce fut en effet ce qui arriva. — C'est fâcheux que vous soyez mal ensemble, dit Antoine; puisque ce garçon est riche et connaît du monde, comme tu me l'as dit, par ses relations ou par lui-même il aurait pu nous être utile.

— Quelle raison de nous être utile peut avoir un garçon qui ne nous connaît pas?

— Je ne parle pas de nous, mais de toi. Je t'ai entendu, il y a encore peu de temps, parler de lui avec mille éloges; nous te croyions son ami, comme tu paraissais être le sien.

— A ce point que vous étiez jaloux de lui, interrompit Lazare, et quand j'allais le voir, vous me plaisantiez en disant : — Voici Lazare qui va dans le monde !

— La plaisanterie était bien innocente, et si nous étions jaloux d'une affection qui t'éloignait de nous, cela prouve le cas que nous faisons de la tienne.

— Écoute, reprit Lazare avec un peu plus de douceur, je crois que nous ferons bien à l'avenir de ne point chercher de relations ni d'affections hors de chez nous. Mes visites chez Eugène me causaient des distractions : d'abord je venais plus rarement ici, ensuite c'était un milieu où je ne me trouvais pas à l'aise. Malgré son apparente bienveillance, Eugène, par éducation, par idées prises dans le monde où il vit, et qui est l'antipode du nôtre, devait être hostile à certains principes que son existence heureuse ne lui permet pas de comprendre. Mon attitude chez lui était pénible. J'avais toujours l'air d'aller lui demander un service, et je ne pouvais pas ouvrir la bouche, qu'il ne mît aussitôt la main à la poche.

— Cela ne ressemble guère au récit que tu m'as fait

de tes allures dans la maison de ton ami, dit Antoine, et tu as peut-être sans motif sérieux donné de l'éperon à ta susceptibilité.

— Nul n'est meilleur juge que moi en pareille matière, répondit Lazare.

— Nul au contraire n'est ordinairement plus mauvais juge, et tu en as donné la preuve trop souvent pour qu'on ait perdu le droit de te suspecter.

— Si tu me reproches mon penchant à une trop prompte susceptibilité, je te riposterai par quelques observations sur ton penchant à la curiosité, qui, en dépassant certaines limites, devient de l'indiscrétion. Voilà une heure que tu tournes autour de moi pour savoir ce qui s'est passé entre moi et Eugène, et il y a au moins une demi-heure que tu as compris que j'avais des raisons pour ne pas le dire. Même dans la plus grande intimité, il y a des choses qu'on désire garder pour soi. Et d'ailleurs quel intérêt peux-tu avoir à ce que je sois ou ne sois pas dans de bons termes avec Eugène, que tu ne connais pas ?

— Comme je ne mets pas de verrou à mes pensées, je croyais te l'avoir dit tout à l'heure, répliqua Antoine.

— J'entends, fit Lazare. Tu avais compté faire de moi le commis-voyageur de la société. Peu importe en effet à ceux qui n'en ont que les bénéfices l'ennui de ce rôle de frère quêteur, tantôt bien, tantôt mal accueilli, et importun toujours.

— Que l'occasion se présente pour moi de me créer des relations : — si elles peuvent produire des ressources à la communauté en facilitant à ses membres le placement de leurs œuvres, j'affirme que mon orgueil daignera s'abaisser à ces fonctions, quelles que soient d'ailleurs les concessions qu'elles pourront exiger de lui. On ne peut me faire le reproche d'être envieux, continua Antoine; eh bien! je t'ai envié, Lazare, le jour où tu es revenu ici nous mettre sur nos chevalets deux mois de travail, c'est-à-dire deux mois de progrès à faire, deux mois de forces nouvelles à dépenser, en nous apportant l'argent du dessin de Paul, que ton ami Eugène avait acheté avec une délicatesse à laquelle toi-même tu as rendu justice.

Lazare allait peut-être avouer à son ami que cette explication, qui menaçait de tourner en querelle, n'avait pas de but, puisque ses relations avec Eugène n'étaient point rompues et qu'il n'avait aucun grief contre lui ; mais au moment où il ouvrait la bouche pour faire cet aveu, l'artiste trouva le sens, l'origine de ce grief très-réel, qu'il supposait imaginaire une minute auparavant. Tout ce qu'il avait dit à propos d'Eugène pour dire quelque chose, il le pensait. Pourquoi? Ce fut en se faisant cette question qu'il prit congé d'Antoine; ce fut avec ce pourquoi, qu'il s'endormit, ou plutôt qu'il ne dormit pas. Le lendemain, dès le matin, Lazare courut chez Antoine. — Ne m'en veux pas, lui dit-il, de ce qui s'est passé hier ; si tu désires savoir la raison qui m'empêche de retourner chez Eugène, duquel je n'ai aucunement à me plaindre, c'est qu'Eugène a une maîtresse qui est musicienne, et je me suis aperçu que ce n'était point seulement le charme de la musique qui me faisait trouver du plaisir à être avec elle.

— Tu es amoureux, fit Antoine ; diable, il faut te soigner. Quand cela ne rend pas très-bon, cela rend très-mauvais, l'amour.

— Je me suis juré à moi-même de ne plus mettre les pieds dans la maison, reprit Lazare, et je me tiendrai parole. Tu comprends maintenant quelle réserve m'impose un tel état de choses, et tu seras comme moi de cet avis, que je ne puis réclamer ou accepter aucun service d'un garçon dont je suis le rival.

— Tu as raison, dit Antoine.

IV. — CLAIRE.

Comme il s'y était engagé, Lazare avait cessé tout à coup ses visites chez Claire. Au bout de quelque temps, Eugène, très-étonné de cette rupture, dont il ne pouvait soupçonner la cause, vint chez Lazare pour lui en demander l'explication. L'artiste lui fit très-franchement part de ses motifs. Eugène parut d'abord ne pas accepter sérieusement la révélation qui venait de lui être faite. Il fallut toute l'insistance de Lazare pour le persuader que rien n'était exagéré dans tout ce qu'il lui avait dit. — Claire est bien loin de se douter de cela, fit Eugène ; elle ne comprend rien à votre absence, et s'imagine qu'elle ou moi nous avons fait ou dit à notre insu quelque chose dont votre amour-propre, que nous savons un peu irritable, se sera froissé. Elle m'envoyait positivement m'en expliquer avec vous. Me voilà en vérité fort embarrassé pour lui répondre, car enfin je ne puis pas lui faire connaître le véritable motif de votre retraite ; mais voyons, là, entre nous et bien sincèrement, ne pouvez-vous pas vaincre ce... sentiment ? ajouta Eugène après une courte hésitation. Depuis un mois que vous n'avez pas vu Claire, l'absence a dû faire son œuvre d'oubli. J'accepte vos scrupules, mais je me demande s'ils sont bien légitimes.

— Je ne puis rien vous dire de plus que ce que vous savez, répondit Lazare. Quand je croirai pouvoir retourner chez vous, sans danger pour mon repos, — je ne parle pas du vôtre, qui ne peut se croire menacé, — vous m'y verrez revenir, et je souhaite que ce puisse être bientôt. Jusque-là ne nous voyons ni ailleurs ni ici.

— Pourquoi ? demandait le jeune homme un peu étonné. Je comprends que vous ne veniez point chez Claire ; mais que moi je vienne chez vous, cela est tout différent.

— Après l'aveu que j'ai dû vous faire, reprit Lazare, nous serions mutuellement embarrassés vis-à-vis l'un de l'autre. Les circonstances nous font une situation exceptionnelle. Pour la tranquillité et la sincérité de nos relations futures, attendons que la cause qui les aura momentanément suspendues n'existe plus.

— Vous êtes un singulier garçon.

— Au moins reconnaîtrez-vous qu'il n'y a rien de suspect dans ma conduite ?

— Vous êtes d'une loyauté rigoureuse, je le reconnais, dit Eugène ; mais pourquoi l'étendez-vous jusqu'à nos rapports personnels ? Les raisons que vous me donnez pour ne plus nous voir paraissent avoir été improvisées dans le dessein de dissimuler votre intention véritable.

— Je vous ai fait un aveu qui doit vous donner la mesure de ma franchise.

— Eh bien, soit ! j'accepte votre arrangement ; mais vous allez me promettre une chose.

— Laquelle ?

— C'est que vous vous souviendrez que j'aurai toujours du plaisir à vous voir et à vous être agréable. J'ai confiance dans votre talent et dans son avenir, et ce sera m'obliger que de me fournir des occasions de vous le prouver en n'hésitant pas à me demander un service. Ce que je vous dis là est très-franc, Lazare, entendez-le bien. Vous avez dans l'esprit de fâcheuses dispositions qui vous tiennent presque toujours en état d'hostilité préventive, contre une classe de la société que vous ne connaissez pas. Laissez-moi vous prouver que vous êtes quelquefois dans l'exagération, et si une sympathie bienveillante s'offre à vous être utile et à vous rapprocher du but où tendent vos efforts, en supprimant quelques-uns des obstacles qui vous en séparent, accueillez-la sans la soumettre aux subtilités d'une analyse défiante ; voilà ce que je voulais vous dire, et bien vous dire, souhaitant que vous ayez bien entendu.

— Mais je crois vous avoir donné la preuve que je vous avais compris, répondit Lazare ; il n'y a pas encore longtemps que j'ai eu recours à vous.

— Eh bien ! pour le présent et pour l'avenir, reprit Eugène, agissez de la même façon. Voyons, je m'en vais d'ici, continua le jeune homme moitié riant, moitié sérieux ; je n'y reviendrai que lorsque vous me rappellerez, et j'ignore quand vos scrupules feront cesser ma disgrâce. Vous manque-t-il quelque chose pour travailler ?

— Ce ne sont pas les moyens de travail qui me manquent, reprit Lazare ; c'est l'instinct du travail lui-même.

— Cependant, dit Eugène, vous étiez en train de peindre quand je suis entré. Vos brosses sont encore fraîches, vous voyez bien que vous travaillez.

— Je n'appelle pas travailler, répondit l'artiste, une

lutte pénible avec l'impuissance de produire. Mieux vaudrait me croiser les bras que de me fatiguer quotidiennement en d'inutiles efforts qui n'ont pour résultat que le découragement.

— Peut-être êtes-vous trop difficile avec vous-même, reprit Eugène. Voyons donc ce que vous faites.

Et avant que Lazare eût pu prévenir son mouvement, le jeune homme avait retourné la toile posée à l'envers sur le chevalet de l'artiste, dont le visage rougit subitement. Eugène avait un peu pâli au contraire. — Je croyais, fit-il, vous avoir entendu dire que vous ne saviez pas faire le portrait? Celui-ci me paraît pourtant réussi ; je retrouve bien Claire dans cette figure modeste, qui pourrait servir de type à la déesse des vertus domestiques.

— Comment! s'écria Lazare, vous trouvez cela ressemblant? mais vous ne l'avez donc jamais vue!

Eugène regarda l'artiste avec étonnement : — Je parle de la femme que je connais, et non d'une autre, répliqua-t-il. J'ignore comment vous l'avez vue ou cru voir; mais telle qu'elle existe, elle est reproduite sur cette toile, une image réfléchie dans une glace ne serait pas plus fidèle : c'est bien là son front calme, ses cheveux régulièrement lissés de la même façon, sa bouche, qui ne connaît qu'un sourire, et ses yeux, qui semblent toujours chercher une erreur dans une addition. Quoi que vous en disiez je reconnais Claire : seulement la présence de son portrait dans cet atelier m'explique bien des choses, et particulièrement la raison qui vous porte à m'en exclure ; mais on aurait pu arranger cela pour la commodité de tout le monde. Je ne serais pas venu à l'heure des séances.

— Comment ! dit Lazare avec un pénible étonnement, vous supposez...

— Laissez-moi achever, reprit Eugène en arrêtant par un geste une protestation de Lazare. Je ne tire de la venue de Claire chez vous aucune conclusion qui puisse sérieusement m'alarmer, ou offenser votre loyauté que je ne mets pas en cause. J'aurais de la répugnance à vous croire capable d'avoir fait usage, pour me nuire dans son affection, des confidences que vous avez reçues à propos de la véritable nature de mes sentiments pour elle. Comment et pourquoi vous vous en êtes épris, je pourrais vous l'expliquer, si vous ne le saviez pas mieux que moi. Claire vous aura séduit à son insu, je n'en fais pas doute, précisément par tous les côtés que j'apprécie le moins chez une femme, par la modestie de ses goûts, par l'inaltérable douceur de son caractère, par cette beauté vague qui ne se précise que sous l'empire d'impressions un peu vives, dont sa tranquille nature évite le retour beaucoup plus qu'elle ne le recherche. Ajoutez à cela une intelligence sérieuse, réservant seulement pour l'art et ce qui s'en approche des facultés d'enthousiasme et de passion que je souhaiterais lui voir appliquer moins spécialement. Cela plus que le reste aura, j'imagine, fait naître entre elle et vous une fraternité de race à laquelle mon ignorance bourgeoise n'a pas le droit de prétendre. Par ceux de vos entretiens auxquels j'ai assisté, je devine quels étaient vos entretiens du tête-à-tête. Le jour où vous avez soupçonné les dangers qu'on peut courir à faire quotidiennement de l'esthétique avec une jolie femme dont on a l'amant pour ami, vous avez cessé de venir, espérant que l'absence arrêterait le mal à son début; mais soit que vous ne l'ayez pas pris à temps, soit que le mal ait eu des racines plus profondes que vous ne l'aviez cru, l'expérience vous a donné un démenti. Ceci est la première phase de votre passion, car c'en est une.....

— Vous l'ai-je nié? répliqua Lazare.

Eugène étendit en souriant sa main vers le portrait de Claire. — Devant une telle preuve, cela serait inutile.

— Mon ami, s'écria Lazare, je vous donne ma parole d'honneur que ce portrait est une œuvre de souvenir. Et tenez, s'il faut tout vous dire, j'ai presque du regret que nos relations aient pris, depuis quelque temps, un certain tour d'intimité qu'elles n'avaient pas auparavant.

— Je le comprends, répliqua Eugène avec une certaine vivacité. Cette intimité devient un obstacle devant lequel se cabrent vos scrupules, qui dans d'autres circonstances auraient passé outre. Je suis votre ami, je vous l'ai prouvé, j'ai tout à l'heure manifesté le désir de vous le prouver encore, et cette amitié vous gêne. Que nous devenions étrangers, vous n'avez plus aucune raison de ménagements, je rentre à vos yeux dans le droit commun ; votre passion continue, puisqu'elle peut agir en liberté, à obéir à l'égoïste devise du désir : chacun pour soi. En deux mots, ajouta Eugène en désignant la toile où souriait la figure de Claire, vous n'hésiteriez plus à dire à l'original ce que vous dites sans doute au portrait.

Lazare se promenait à grands pas dans son atelier en cassant par petits morceaux le manche d'une brosse qu'il tenait à la main. — Je ne sais pas si vous allez bien me comprendre, dit-il enfin ; mais j'affirme que tout ce que vous allez entendre est la vérité, et, si singulière qu'elle vous paraisse, vous m'obligerez en y ajoutant foi. Et d'abord, je vous le répète, madame Claire n'est jamais venue ici, et je ne l'ai pas vue depuis le jour où j'ai été chez elle pour la dernière fois. Lorsque je me suis condamné à ne plus la voir pour la raison que vous savez, j'espérais bien que cette absence amènerait l'oubli ; ce n'était là, à ce qu'il paraît, qu'un remède de bonne femme. Malgré moi, toutes mes pensées retournaient aux lieux que j'avais quittés : ma vie était troublée et bouleversée, comme je vous le disais un jour, par un amour entré chez moi ainsi qu'un coup de vent par une fenêtre. C'est alors que j'ai songé à utiliser cet amour tout en le servant.

Eugène dressa la tête et parut écouter avec plus d'attention.

— J'arrive à l'origine de ce portrait, continua Lazare; elle vous expliquera quelle véritable signification peut avoir sa présence dans mon atelier, et fera, je l'espère, disparaître toute équivoque de votre esprit. On m'avait dit, et j'avais lu souvent, que l'amour possédait une puissance d'inspiration dont l'art pouvait faire son profit. Des chroniques ont cité des exemples de chefs-d'œuvre qui n'avaient pas d'autre source. J'ai voulu renouveler l'expérience, j'ai fait poser mes souvenirs, et j'ai commencé ce portrait. Je vous en ai dit assez pour craindre de vous dire tout. J'avouerai donc que j'avais un double but en me mettant à l'œuvre. D'abord je me rapprochais de celle dont je m'étais éloigné volontairement pour des raisons que je vous ai fait connaître. Ensuite cette tentative devait avoir pour résultat de fixer mes irrésolutions. Si la passion de l'homme avait un écho dans le travail de l'artiste, l'œuvre qu'il allait produire sous l'influence de cette passion en porterait l'empreinte. Ce portrait ne serait pas seulement une reproduction plus ou moins fidèle d'une figure périssable, mais une création vivante. Alors tout était dit. Au lieu de combattre cet amour comme j'avais tenté de le faire, je l'acceptais avec ferveur. Amant, je faisais de ma passion l'hôte assidu de ma solitude, où elle eût été reine, à la condition qu'elle se ferait l'esclave de l'artiste aux heures du travail, — que le sentiment deviendrait un instrument.

— Et, dans votre opinion, que vous a répondu l'expérience? demanda Eugène

— Vous le voyez, répondit Lazare en indiquant sa toile.

— Si vous me demandez mon impression exacte, dit le jeune homme, je vous répéterai ce que je vous ai dit déjà : — C'est Claire à n'en pas douter. Cependant, exposez publiquement cette figure, je doute qu'elle attire le regard, parce que l'exactitude même de sa ressemblance la rejette dans la foule des types insignifiants qui n'intéressent personne.

— Alors ceci est la preuve de mon impuissance, répondit Lazare. Cette figure ne ressemble donc pas au modèle que je voulais incarner dans le monde de l'art! Ce n'est qu'un masque froid où manque la vie qui perpétue les œuvres, et le sceau qui est l'empreinte de la création.

— Enfin, demanda Eugène, la conclusion? En supposant que le miracle païen se renouvelât pour vous, et que cette image peinte s'animât sur cette toile et descendit devant vous comme autrefois la statue devant Pygmalion, que lui diriez-vous?

— Rien, répondit Lazare, car je ne reconnaîtrais pas ma Galathée.

— Vous êtes fou, mais votre folie est amusante, interrompit Eugène. Cependant, puisque vous convenez que votre expérience a échoué, que deviendra votre amour ? Vous comprenez que cela m'intéresse.

— Mon amour, dit Lazare en regardant sa toile, mon impuissance l'a blessé ; laissez-lui le temps de mourir.

— Vous me préviendrez pour l'enterrement, répliqua Eugène. Seulement permettez-moi de vous dire une chose.

— Dites.

— C'est que ma très-faible intelligence n'atteint pas à la hauteur de votre système. Cette bizarre transformation de la passion en instrument, comme vous dites, me paraît tout simplement le dernier mot de l'égoïsme, et je la trouve monstrueuse.

Ainsi que Lazare venait de le faire pressentir, la passion de l'artiste pour Claire, ou du moins la préoccupation d'esprit à laquelle il avait cru donner ce nom, s'était éteinte dans l'isolement, comme une lampe dans un lieu sans air. Il avait presque gardé rancune à la jeune femme du temps inutile que lui avait fait perdre le stérile souvenir qu'il avait emporté d'elle. Environ deux mois après la visite qu'il avait reçue d'Eugène, il lui écrivit ce mot, qui devait avoir pour lui une signification convenue : « Je vous invite à l'enterrement. Venez. »

Cet étrange billet tomba entre les mains de Claire qui en demanda l'explication à Eugène. Celui-ci se rappela ce que Lazare lui avait dit de la mort de son amour ; il ne put s'empêcher de rire et livra à sa maîtresse le mot de l'énigme. Elle en rit avec lui, mais demeura rêveuse quand elle fut seule. Cette révélation surprenait Claire au milieu des dernières crises qui précèdent la fin d'une passion épuisée par les lassitudes d'une longue lutte. Depuis l'absence de Lazare, Eugène avait repris son train de vie ordinaire, et dans la solitude où il la laissait, Claire avait souvent regardé la place occupée autrefois par l'artiste. Aux heures mêmes où celui-ci évoquait son souvenir pour le fixer sur la toile, elle appelait son image pour l'asseoir auprès d'elle au coin de cette cheminée où ils avaient passé de si bonnes soirées. En apprenant l'existence de cet amour posthume, elle ne s'en offensa pas. Peu à peu cette idée d'avoir été aimée par Lazare combla dans son cœur le vide que venait chaque jour y faire la pensée de ne l'être plus par Eugène. Celui-ci, emporté au courant des distractions qui l'éloignaient de plus en plus de sa maîtresse, ne prenait point garde aux singuliers changements qui se produisaient en elle, tant dans ses manières que dans son langage. Un jour, sans pleurs, sans plainte, sans reproche, ils se quittèrent, n'ayant rien à se pardonner, tant ils avaient déjà oublié tous deux le mal qu'ils avaient pu se faire l'un à l'autre, pendant une époque de leur vie, dont le dernier chapitre devait être un adieu froidement poli, comme peuvent en échanger deux étrangers qui, après avoir voyagé ensemble, se séparent pour aller chacun de son côté. Eugène, engagé vers ce temps dans une intrigue demi-sérieuse qui tendait sous ses pas la chausse-trappe d'un contrat de mariage, ne voyait que très-rarement Lazare, qui ignorait sa rupture avec Claire. Lazare, l'apprit de la jeune femme elle-même, dont il reçut à son grand étonnement la visite un matin. La voyant vêtue de noir il ne put s'empêcher de lui demander à quelle occasion elle était en deuil.

— Mais, répondit-elle en souriant, depuis un certain billet de faire-part qui m'est tombé entre les mains.

— Et, dit Lazare, si le mort en question faisait comme mon patron ?

Claire ne répondit pas... ce jour-là.

FIN.

TABLE DES MATIÈRES.

Pages.

DÉDICACE..
INTRODUCTION..

I

FRANCIS... 1
   I. — Le début...................................... 1
   II. — L'homme au gant.............................. 15
   III. — Le convoi du docteur....................... 44
   IV. — Les Buveurs d'eau........................... 63
   V. — La réception................................. 82
   VI. — La princesse russe.......................... 96

II

HÉLÈNE.. 109
   III. — L'Atlas................................... 130
   IV. — Le cimetière............................... 168
   V. — Le grand I vert............................. 183
   VI. — Les aveux.................................. 200
   VII. — L'Émigrante............................... 240

III

LAZARE.. 265
   I. — La grand'mère............................... 265
   II. — La marraine................................ 278
   III. — Eugène.................................... 293
   IV. — Claire..................................... 339

FIN DE LA TABLE.

F. AUREAU. — Imprimerie de LAGNY

www.ingramcontent.com/pod-product-compliance
Lightning Source LLC
Chambersburg PA
CBHW050731170426
43202CB00013B/2252